Radikale Theologie

Forum Theologische Literaturzeitung

ThLZ.F 23 (2010)

Herausgegeben von Ingolf U. Dalferth
in Verbindung mit Albrecht Beutel, Beate Ego, Andreas
Feldtkeller, Christian Grethlein, Friedhelm Hartenstein,
Christoph Markschies, Karl-Wilhelm Niebuhr, Friederike
Nüssel und Martin Petzoldt

Ingolf U. Dalferth

Radikale Theologie

EVANGELISCHE VERLAGSANSTALT
Leipzig

Ingolf U. Dalferth, Dr. theol., Dr. h. c., Dr. h .c., Jahrgang 1948, ist seit 1995 Ordinarius für Systematische Theologie, Symbolik und Religionsphilosophie an der Universität Zürich und seit 1998 auch Direktor des Instituts für Hermeneutik und Religionsphilosophie in Zürich. Seit 2008 lehrt er zudem als Danforth Professor of Philosophy of Religion an der Claremont Graduate University in Kalifornien. Dalferth ist u. a. Hauptherausgeber der »Theologischen Literaturzeitung« (Leipzig) und der Publikationsreihe »Religion in Philosophy and Theology« (Tübingen) sowie Mitherausgeber der »Hermeneutischen Untersuchungen zur Theologie« (Tübingen). In den Jahren 2005 und 2006 erhielt er die Ehrendoktorwürden der Theologischen Fakultäten von Uppsala und Kopenhagen.

Die Deutsche Nationalbibliothek verzeichnet diese Publikation in der Deutschen Nationalbibliografie; detaillierte bibliografische Daten sind im Internet über ‹http://dnb.dnb.de› abrufbar.

3. Auflage 2013
© 2010 by Evangelische Verlagsanstalt GmbH, Leipzig
Printed in Germany · H 7374

Gedruckt auf alterungsbeständigem Papier

Umschlag und Innenlayout: Kai-Michael Gustmann, Leipzig
Druck und Binden: Hubert & Co., Göttingen

ISBN 978-3-374-02786-6
www.eva-leipzig.de

Let us say ›God‹ only when
we absolutely cannot avoid it.

R. W. Jenson

Vorwort

Dass dieses Buch in der Reihe Forum Theologische Literaturzeitung als erster Band der Neukonzeption erscheinen kann, war bis vor Kurzem nicht absehbar. Zu viele Freunde der Kirche schienen der Überzeugung, die theologische Buchproduktion in Leipzig sei am besten dadurch zu fördern, dass man sie zum Erliegen bringt. Zum Glück ist es anders gekommen.

Ich danke allen, die sich dafür eingesetzt haben, und nenne stellvertretend Herrn Arnd Brummer, der sich als verlässlicher Freund der Theologie erwiesen hat. Mein besonderer Dank gilt Frau Dr. Annette Weidhas, die sich für das unzeitgemäße Thema einer radikalen Theologie interessiert hat, und Frau Elisabeth Neijenhuis sowie meinem Assistenten Dr. Hartmut von Sass, die sich gewissenhaft um die Umbruchkorrektur verdient gemacht haben.

Ich widme die Studie meinem Lehrer Eberhard Jüngel, in dessen Texten ich immer wieder Neues entdecke und der nach wie vor verwundert sein dürfte, was ich aus seiner Theologie herauslese.

Mai 2010   Ingolf U. Dalferth

Inhalt

Einleitung 13

I. Hermeneutische Theologie 23
   1. Eine philosophische Perspektive 24
   2. Theologische Perspektiven 28

II. Tendenzen der Hermeneutik im 20. Jahrhundert 31
   1. Verstehen als Ziel hermeneutischer Arbeit 33
   2. Typen der Hermeneutik 36
   3. Ansätze philosophischer Hermeneutik 40

III. Leitideen des Verstehens 45
   1. Psychologische und grammatische Interpretation ... 45
   2. Werkhermeneutik (Verstehen von etwas) 48
   3. Subjekthermeneutik (Verstehen des Selbstverstehens) .. 49
   4. Ereignishermeneutik (Verstehen des Verstehens) 51

IV. Theologische Hermeneutik und
    hermeneutische Theologie 59
   1. Verstehen des Verstehens Gottes 59
   2. Ansätze theologischer Hermeneutik 63
   3. Glaubensverstehen und theologisches Verstehen 67
   4. Negative und radikale Theologie 69
   5. Verstehen im Horizont der Offenbarung 72
   6. Das hermeneutische Erbe Bultmanns und Barths
      in der hermeneutischen Theologie 77

V. Das hermeneutische Denkmodell:
   Sprache als Wortgeschehen 83
   1. Sprache als Selbstauslegung des Seins 83
   2. Authentische vs. nichtauthentische Sprache 85

3. Sprache als Wortgeschehen 87
4. Wortgeschehen als theologische Grundkategorie 90

VI. Zur Kritik der hermeneutischen Theologie 99
1. Das Verstummen der Debatte 99
2. Sein als Selbstauslegung: Die Sinn-Ontologie
der hermeneutischen Theologie 104
  2.1 Sinnprozess: Die Mit-Struktur des Sinns 105
  2.2 Sinnmedien: Die Durch-Struktur des Sinns 106
  2.3 Selbstauslegung: Die Als-Struktur des Sinns . . . 107
  2.4 Geschehen: Die Zeitlichkeit des Sinns 108
  2.5 Verstehen: Die Für-Struktur des Sinns 109
3. Selbstauslegung und Erkenntnis: Zur Erkenntnistheorie der hermeneutischen Theologie 112
  3.1 Akt-Extentionalität vor Akt-Intentionalität 112
  3.2 Ereignis als Widerfahrnis 114
  3.3 Selbstauslegung und begriffliche Konstruktion 122
  3.4 Einheit und Vielfalt der Selbstauslegung 127
  3.5 Rekonstruktion vs. Präskription 130
  3.6 Selbstauslegung und Wahrheit 133
  3.7 Selbstauslegung und Kopräsenz 137

**VII. Zum hermeneutischen Ansatz der
hermeneutischen Theologie** 139
1. Von geschehener zu geschehender Verkündigung . . 139
2. Unvereinbare hermeneutische Verfahren 141
3. Kombination von Texthermeneutik und
Sachhermeneutik 142
4. Ungelöste Probleme 145
5. Das Gemeinsame im Verschiedenen 148
6. Die theologische Problematik der Kategorie
des Wortgeschehens 151

VIII. Hermeneutische Theologie als radikale Theologie 157
1. Divergenzen hermeneutischer Theologie 157

2. Wortgeschehen und Sprachereignis 160
3. Wort-Gottes-Hermeneutik 164
4. Theologische Ereignishermeneutik 165
5. Hermeneutik göttlicher Subjektivität 168
6. Hermeneutische Theologie heute? 170

IX. Radikalisierung der Moderne 173
   1. Vorwärts leben, rückwärts verstehen 173
   2. Radikale vs. moderne Theologie 176
   3. Von extremsten Positionen aus radikal denken 184
   4. Radikale Hermeneutik und radikale Theologie 187

X. Phänomenologie und Theologie 193
   1. Radikal denken 193
   2. Gegen die Vermengung von Theologie und
      Philosophie 194
   3. Vollzugssinn als phänomenologischer Schlüssel 202
   4. Aporien einer phänomenologischen Theologie 206
   5. Gottes Nichtphänomenalität 211

XI. Resonanzanalyse der Offenbarung 219
   1. Bultmanns Glaubenstheologie 219
   2. Barths Offenbarungstheologie 223
   3. Systematische Unbestimmtheit und dogmatische
      Konstruktion 228
   4. Ereignishermeneutik der anaphorisch-
      kataphorischen Struktur des Glaubens 229

XII. Radikale Theologie 235
   1. Heideggers Verstehensgrenze 236
   2. Sub ratione dei 242
   3. Ontologische Plastizität der Phänomene 244
   4. Möglichkeitshorizonte und
      Wirklichkeitsdimensionen 247
   5. Die gewöhnliche Sichtweise: Real und Ideal 250

6. Radikale Konversion: Alt und Neu 254
7. Radikal neu: Glaube und Unglaube 259
8. Radikal anders: Schöpfer und Schöpfung 261
9. Radikale Präsenz radikaler Andersheit 267
10. Radikale Kontingenz und Trinität 271
11. Radikales Zeugnis 274
12. Distanzierung und Desorientierung 275
13. Neuorientierung 279
14. Gottes wirksame Gegenwart als Thema
    der Theologie 280

Einleitung

Dieses Buch ist ein Beitrag zur hermeneutischen Theologie im 21. Jahrhundert. Es analysiert kritisch das Programm dieser wichtigen Richtung evangelischer Theologie im 20. Jahrhundert, nicht um sie theologiegeschichtlich einzuordnen und angesichts veränderter Problemlagen und neuer Herausforderungen der Vergangenheit zu überantworten, sondern um ihre Anliegen verständlich zu machen und in der Gegenwart pointiert zur Geltung zu bringen. Hermeneutische Theologie hat in all ihren Versionen versucht, sich nicht den Trends und Modethemen der Zeit anzupassen, sondern die Aufgabe und Bestimmung evangelischer Theologie unter den Bedingungen der säkularen Gegenwart radikal ernst zu nehmen, sie also nicht an den religionsnostalgischen oder religionskritischen Wunschvorstellungen mehr oder weniger wohlmeinender Zeitgenossen auszurichten, sondern aus der Wurzel christlicher Theologie im christlichen Glauben zu entwickeln. Ihre Anliegen waren und sind die einer radikalen Theologie. Um die geht es in diesem Buch.

Theologie ist Denkarbeit, und radikal denkt nicht, wer meint, dabei ›RADIKAL‹ groß- und ›denken‹ kleinschreiben zu müssen. Radikal sind Theologinnen und Theologen aber auch nicht dann, wenn sie ihre ganze Energie darauf richten, das Logos-Moment in ›Theo-logie‹ zu maximieren, indem sie das Theos-Moment minimieren. Das ist eine ebenso erfolgversprechende Strategie wie den Ast abzusägen, auf dem man sitzt. Man ist nicht dann ein besonders radikaler Theologe, wenn man alle Anstrengungen darauf richtet zu zeigen, dass es nicht nötig, möglich, sinnvoll oder angebracht sei, von Gott zu reden, sondern dass stattdessen die Menschen, ihre Erfahrungen, Nöte,

Probleme, religiösen Orientierungen, antireligiösen Vorbehalte oder areligiösen Lebensweisen ins Zentrum theologischen Denkens und kirchlichen Handelns gestellt werden müssten. Die Alternative ist eine Karikatur. Was hier gegeneinandergestellt wird, schließt sich theologisch nicht aus, sondern fordert sich gegenseitig.

Der reformatorischen Einsicht in eine elementare und umfassende Korrelation von Gotteserkenntnis und Menschenverständnis (*cognitio dei* und *cognitio hominis*) wird man allerdings nicht dadurch gerecht, dass man der Alltagserfahrung des menschlichen Lebens in der Welt und deren wissenschaftlicher Erforschung das Sahnehäubchen der Religion oder des Transzendenzbezugs aufsetzt. Dass es Religion und Religionen gibt, ist für christliche Theologie nicht der größtmögliche Glücksfall, sondern kann zur Ablenkung von ihrer eigentlichen Aufgabe führen. Solange man das, was ›Religion‹ genannt wird, als einen empirischen Sonderbereich oder Teilaspekt des menschlichen Lebens versteht, mit dem sich Theologie beschäftigt bzw. beschäftigen kann, macht man die Möglichkeit von Theologie von einer strittigen Wirklichkeit abhängig, die man – je nachdem – säkular schrumpfen oder postsäkular an Boden gewinnen sieht. Zudem hat sich für die wissenschaftliche Bearbeitung dieses empirischen und historischen Phänomenbereichs seit Längerem die Religionswissenschaft etabliert, mit der eine so ausgerichtete Theologie in einen unglücklichen Konkurrenzstreit gerät. Doch das ist unnötig. Theologie muss sich mit der Religionswissenschaft nicht darum streiten, wer sich besser, angemessener oder berechtigter mit den Religionsphänomenen im menschlichen Leben auseinandersetzt. Sie gewinnt ihr gegenüber auch keinen Vorteil, wenn sie das Religionsthema anthropologisch oder soziologisch fundamentalisiert, also die Menschen grundsätzlich durch die Struktur von Religiosität bestimmt sieht (so dass sie auch dann nicht ohne Religion sind, wenn sie empirisch keine Religion praktizieren) oder die Gesellschaft grundsätzlich durch die Funktion von Religion geprägt versteht (so dass es areligiöse Menschen, aber keine religionsfreie Gesellschaft geben kann). Theologie hat es primär mit Gott, nicht mit Religion zu tun. Sie hat es mit wie auch immer bestimmter Religion nicht mehr zu tun als mit anderen Bereichen und Aspekten menschlichen Lebens. Und sie hat es auch dann primär mit Gott zu tun, wenn Gott für sie nur aufgrund von Gottes Beziehung zum menschlichen Leben und dessen Beziehung zu Gott ein Thema sein kann. Gott ist keine Größe im Leben und in der Welt neben anderen. Vielmehr gäbe es ohne Gott keine Welt und kein Leben und damit auch keine Möglichkeit, sich mit Gott oder Religion oder irgendetwas anderem zu befassen.

Das hat Folgen für die Theologie. Wer sich auf Gott ausrichtet, muss *alles* in den Blick nehmen, nicht nur den Sonderbereich religiöser Phänomene im menschlichen Leben. Insofern greift das Problemfeld theologischen Denkens prinzipiell über die Beschäftigung mit Religion und Religionen hinaus, steht kulturwissenschaftlichen Fragestellungen also nicht von vornherein näher als naturwissenschaftlichen oder lebenswissenschaftlichen. Theologie richtet sich auf Gott, nicht indem sie Gott zu einem Sonderthema neben anderen macht, sondern indem sie alles im Licht der wirksamen Gegenwart Gottes wahrnimmt, zu verstehen sucht, erforscht und durchdenkt. Sie ist Theo-logie, insofern sie sich darum bemüht, den Logos der Phänomene dieser Welt zur Sprache zu bringen, den diese im Licht der Präsenz Gottes manifestieren oder verdecken.

Dass sie das tut, zeichnet Theologie als *Theologie* aus. Wie sie es tut, kennzeichnet sie als *radikale* Theologie. Radikale Theologie thematisiert nicht nur alles im Licht der Gegenwart Gottes, sondern sie tut das in einem ganz bestimmten Horizont und von einem ganz bestimmten Standpunkt aus: dem des radikalen Orientierungswechsels vom Unglauben zum Glauben. Dieser Wechsel ist nicht selbst vollziehbar, sondern ein ganz kontingentes Ereignis, das die Betroffenen aus gutem Grund nicht sich oder anderen, sondern allein Gott zuschreiben. Damit wird es nicht etwa erklärt und seine Kontingenz theologisch entschärft, vielmehr wird seine unerklärliche Kontingenz gerade umgekehrt durch den Verweis auf Gott festgehalten, gesteigert und vertieft. Indem sie konsequent und kompromisslos von diesem Ereignis her denkt, dessen Kontingenz durch den Verweis auf Gott radikal gesteigert wird, wird Theologie radikal. Sie entfaltet einen Ereignishorizont, in dem es durch den Rekurs auf Gott Raum für unableitbar Neues und damit eine neue Sicht auf alles gibt.

Radikale Theologie zielt nicht darauf, den Orientierungswechsel vom Unglauben zum Glauben herbeizuführen oder seine Möglichkeit aus vorgegebenen Erfahrungstatsachen oder Vernunftprinzipien zu deduzieren. Beides wäre töricht und Ausdruck einer gründlichen Verwirrung darüber, was für theologisches Denken möglich und sinnvoll ist und was nicht. Sie geht vielmehr von diesem Orientierungswechsel aus und sucht ihn, die Bedingungen seiner Möglichkeit sowie die Voraussetzungen und Folgen seiner Wirklichkeit von dieser selbst her zu erhellen und verständlich zu machen. Gäbe es diesen Wechsel nicht, gäbe es auch keine radikale Theologie. Das ihr Vorgegebene besteht aber nicht im empirischen Vorliegen bestimmter Lebensphänomene (Bekehrungserlebnisse), sondern im radikalen Wechsel des Orientierungsrahmens, in dem Lebensphänomene erlebt und verstanden werden. Dieser Wechsel ist nicht an bestimmte Phänomene gebunden, sondern kann überall auftreten, auch wenn er sich stets konkret ereignet, sofern er überhaupt stattfindet. Biographisch kann sich dieser Wechsel als sich plötzlich ereignendes oder unmerklich geschehendes Widerfahrnis vollziehen, das anderen kaum auffallen mag und einem selbst nur im Rückblick bemerkbar wird. Darin entspricht es dem christlichen Paradigma dieses Wechsels im Bekenntnis zu Jesus Christus, das diesen als den zur Sprache bringt, in dem sich das Ende des alten und der Anfang des neuen Lebens ereignet hat: Die Welt ging zu Ende und eine neue Welt hat begonnen, und (fast) niemand hat es gemerkt. Gäbe es die Kirche nicht, würde man sich nicht daran erinnern. Aber dass es die Kirche gibt, ist kein Verdienst der Kirche. Und dass es sie noch immer gibt, auch nicht.

Radikal ist dieser Wechsel im biographischen wie im geschichtlichen Fall, weil er ein Neuanfang des Lebens ist, nicht nur eine Veränderung im Leben, ein Neuwerden (eschatologisches Ereignis), nicht nur ein Anderswerden (geschichtliches Ereignis). Zwar lässt sich dieser Orientierungswechsel lebensgeschichtlich und weltgeschichtlich immer auch als eine Veränderung und ein Anderswerden beschreiben und so in die Kontinuitäten des Lebens und der Geschichte einzeichnen. Aber seine Pointe ist, dass in diesen Kontinuitäten die Reihe des Alten nicht fortgesetzt, sondern eine Reihe des ganz Neuen begonnen wird, die nicht nur eine neue Reihe des Alten ist: Im Leben und in der Geschichte ist nicht nur ein anderer Fall des Alten, sondern etwas radikal Neues entstanden. Damit kann nicht mehr einsinnig, sondern nur noch eschatologisch differenziert (Alt/Neu) von Leben und Geschichte geredet werden. Allerdings nicht so, dass das Vorher das Alte und das Nachher das Neue ist, sondern so, dass die Unterscheidung von Alt und Neu auf das Leben und die Geschichte zuvor und das Leben und die Geschichte danach angewandt wird: *Alles* wird unter dem eschatologischen Unterscheidungsgesichtspunkt des Alten und des Neuen neu gesehen. Ebendeshalb ist es eine *radikale* Orientierungsveränderung.

Der radikale Orientierungswechsel vom Unglauben zum Glauben führt nicht zu einem neuen Leben in einer anderen Welt, sondern zu einer neuen Sicht des Lebens in dieser Welt. In dieser Sicht wird alles neu gesehen, auch das biographische bzw. geschichtliche Wechselgeschehen, das zu dieser Sicht führt. Dass dieses als Anderswerden verstanden und wissenschaftlich mit allen gängigen Mitteln erforscht werden kann, wird also nicht etwa bestritten, sondern betont. Doch das Entscheidende würde verfehlt, wenn nicht beachtet würde, dass dieses Anderswerden im Glauben *als Neuwerden* verstanden und gelebt wird. Dem wird man nicht gerecht, wenn man es nur als hyperbolische Ausdrucksweise dessen versteht, was im ›eigentlichen‹ und wissenschaftlich strengen Sinn eben nur ein Anderswerden ist: Es gibt im Leben und in der Geschichte kein Neuwerden, sondern nur permanentes Anderswerden. Hat ein Leben erst einmal begonnen, kann es nicht mehr neu, sondern nur noch anders werden, solange es überhaupt wird und nicht beendet ist. Ist es neu, dann war es vorher noch nicht da (substantielles Werden), war es schon da, dann kann es nur noch anders, aber nicht mehr neu werden (akzidentielles Werden). Neu ist ein Leben daher nur am Anfang, und der liegt ihm stets im Rücken. Aber auch sein Anfang ist ein Anderswerden, nicht des neuen Lebens, sondern des Zusammenhangs, in dem es auftritt. Tritt neues Leben auf, dann tritt es in den Zusammenhang der Geschichte ein. In diesem Zusammenhang aber ist sein Neuwerden ein Anderswerden dieses Zusammenhangs: Nicht das neue Leben, sondern die Geschichte verändert sich. Alles Neuwerden ist so ein Anderswerden, aber nicht jedes Anderswerden auch ein Neuwerden. Nichts, was da ist, kann neu werden, und wo immer Neues wird, ist sein Werden das Anderswerden eines Zusammenhangs, in dem es auftritt. Nicht das Neuwerden, sondern das Anderswerden ist die alles dominierende Kategorie.

Betrachtet man den Orientierungswechsel vom Unglauben zum Glauben ausschließlich in diesem Sinn als Anderswerden eines Lebens, dann erhebt man die ›gewöhnliche‹ Sicht zum Maßstab der theologischen und verfehlt damit deren Pointe. Diese versteht nicht alles Neuwerden ›letztlich‹ als Anderswerden, auch das Werden des Glaubens, sondern sie versteht *dieses bestimmte* Anderswerden *als Neuwerden*. Das geht nur, weil und insofern der Glaube einen prinzipiellen Überschuss gegenüber allen Phänomenen des Lebens in den Sequenzen des Anderswerdens hat. Er lässt sich nicht auf eine Menge empirisch beschreibbarer Phänomene reduzieren, die in einem Leben zunächst nicht da und dann da sind, so gewiss es ihn nicht gibt ohne Lebensphänomene. Doch er selbst ist kein Phänomen im Leben, ein Fürwahrhalten dessen, was man vorher nicht für wahr gehalten hat (ein kognitives, emotionales, den Willen, die Einstellung, die Haltung betreffendes Anderswerden), sondern ein grundsätzlich neuer Horizont, in dem alle Phänomene des Lebens auf neue Weise verstanden werden (ein radikales, also nicht auf ein Anderswerden zurückführbares Neuwerden). Nur in diesem Horizont kann man überhaupt von einem Wechsel vom Unglauben zum Glauben sprechen: Wie der Glaube ist auch der Unglaube kein besonderer Bestand von Phänomenen, die sich durch Abgrenzung von anderen Phänomenen im Leben bestimmen ließen. Er ist vielmehr eine Sichtweise des menschlichen Lebens insgesamt, die dieses in all seinen Dimensionen und mit all seinen Phänomenen in seinem Verhältnis zu Gott versteht und beurteilt und damit prinzipiell mehr in den Blick rückt, als dieses von sich aus in seinem Horizont sehen und von sich sagen kann. Nicht von den Lebensphänomenen, sondern nur vom Glauben her kann der Unglaube ein Thema werden, und nicht an den Lebensphänomenen, sondern allein am Verhältnis zu Gott entscheidet sich, was Glaube ist. Ohne Rekurs auf Gott lässt sich daher nicht explizieren, was hier mit ›Neuwerden‹ bezeichnet wird. Wird auf diesen Rekurs verzichtet, dann kommt auch das Neuwerden nur als ein Anderswerden in den Blick und die theologische Pointe wird verspielt.

Auch hier kommt es freilich darauf an, wie man auf das rekurriert, was hier ›Gott‹ genannt wird. Es wäre wenig gewonnen, wenn dieser Gottesbezug nur ein theologisches Konstrukt und christliches Interpretament wäre, eine Denkform, die für das, was mit ihr zu denken versucht wird, auch verzichtbar wäre, ohne Wesentliches zu verlieren. Doch alles *coram deo* zu verstehen, heißt nicht, dass man auf diesen *coram deo*-Bezug auch verzichten könnte, weil ja immer noch alles *coram mundo* oder *coram seipso* verstehbar sei. Das ist theologisch ein fataler Irrtum. Man denkt die Welt und das Leben nicht anders, wenn man es ohne diesen Gottesbezug denkt, sondern man denkt theologisch strenggenommen nichts mehr, weil es nichts mehr zu denken gibt – nichts, was sich denken ließe, und niemanden, der etwas denken könnte. Mit dem Gottesbezug verliert man nicht nur eine Sichtweise, sondern es verschwinden die Phänomene.

Radikale Theologie versteht den Gottesbezug daher weder als willkürlichen noch als notwendigen Deutehorizont, den sie epistemisch und hermeneutisch entwirft. Sie entfaltet ihn vielmehr als Horizont des ihr vorgegebenen Ereignisses, in dem es durch Gottes wirksame Gegenwart zum Wechsel vom Unglauben zum Glauben kommt. Es ist der Horizont eines ganz und gar kontingenten Ereignisses, das nicht sie konstituiert, sondern durch das sie überhaupt erst möglich wird. *Coram deo* zu leben und zu denken, heißt nicht, das Leben im Bezug auf Gott und Gott im Horizont des Lebens zu verstehen, sondern umgekehrt, Gott im Bezug auf das Leben und das Leben im Horizont des Ereignisses zu verstehen, in dem Gott seine Gegenwart im menschlichen Leben so erschließt, dass dieses nicht bleibt, was es war, sondern wird, was es ist: der Ort, wo in der Schöpfung die Präsenz des Schöpfers an den Geschöpfen erfahren wird.

Dieses Werden denkend zu entfalten, ist das Projekt einer radikalen Theologie. Sie gründet sich auf nichts, was sie denkt, sondern misst ihr Denken an dem, was sie gründet. Das macht ihr Denken radikal experimentell, jederzeit offen für Revisionen, sofern diese durch das gefordert werden, von dem her sie denkt, was sie denkt. Sie kann nur denken, was nicht selbstwidersprüchlich, sondern möglich ist, und sie kann das nur denken, weil sie selbst möglich und nicht unmöglich ist. Ohne die stille Kraft des Möglichen, die sie entfaltet, gäbe es sie nicht. Diese ist ihr vorgegeben in dem Ereignis, dem sie nachdenkt. Sie kann diesem nicht nachdenken, ohne es so zu verstehen, wie es sich in, mit und unter seinen Missverständnissen gegen und durch diese selbst verständlich macht. Um dieses Verstehen aus dem mannigfachen Nicht- und Missverstehen herauszuhören und herauszuheben, muss sie kritisch hermeneutisch verfahren, das Missverstehen also als Missverstehen und das Verstehen als Verstehen deutlich machen. Das war die Aufgabe, die sich die hermeneutische Theologie im 20. Jahrhundert gestellt hat. Mit ihrer Analyse setze ich daher ein.

I. Hermeneutische Theologie

Alles hat seine Zeit. Die hermeneutische Theologie hatte ihre Zeit – in den sechziger, siebziger und achtziger Jahren des vergangenen Jahrhunderts. Das ist viel. Im Unterschied zu manchen anderen theologischen Strömungen blieb sie nicht nur Ankündigung und Programm, sondern hat eine Vergangenheit, an die zu erinnern sich lohnt. Aber hat sie auch eine erwähnenswerte Gegenwart, oder gar eine Zukunft? Gibt es Anlass und Gründe, das fortzusetzen, was von Bultmannschülern (und Schülerschülern) wie Ernst Fuchs, Gerhard Ebeling oder Eberhard Jüngel vor zwei oder drei Generationen begonnen wurde? Und was wäre denn fortzusetzen, wenn man das fortsetzen wollte?

Ich unterstelle nicht, dass es darauf nur eine Antwort gäbe.[1] Aber um überhaupt antworten zu können, ist vor jedem Blick voraus ein orientierender Blick zurück zu richten. Was in der evangelischen Theologie unter dem Namen ›hermeneutische Theologie‹ fungiert, lässt sich nur idealisierend auf einen Nenner bringen. Natürlich gibt es Gemeinsamkeiten, aber auch deutliche Differenzen.

---

[1] Vgl. U. H. J. KÖRTNER, Zur Einführung: Glauben und Verstehen. Perspektiven Hermeneutischer Theologie im Anschluß an Rudolf Bultmann, in: DERS. (Hg.), Glauben und Verstehen. Perspektiven hermeneutischer Theologie, Neukirchen-Vluyn 2000, 1–18; H. VETTER, Hermeneutische Phänomenologie und Dialektische Theologie. Heidegger und Bultmann, a. a. O., 19–38; O. BAYER, Hermeneutische Theologie, a. a. O., 39–55; U. H. J. KÖRTNER, Theologie des Wortes Gottes. Positionen – Probleme – Perspektiven, Göttingen 2001; DERS., Hermeneutische Theologie. Zugänge zur Interpretation des christlichen Glaubens und seiner Lebenspraxis, Neukirchen-Vluyn 2008.

Im Unterschied zur theologischen Hermeneutik, die es in vielen Versionen innerhalb und außerhalb des Christentums gibt,[2] ist die hermeneutische Theologie eine Richtung der evangelischen Theologie in der zweiten Hälfte des 20. Jahrhunderts, deren Entwicklung theologisch mit der reformatorischen Vertiefung und Fortschreibung der Theologie Bultmanns und philosophisch mit der Geschichte der philosophischen Hermeneutik des 20. Jahrhunderts seit Heidegger aufs Engste verknüpft ist.[3]

1. EINE PHILOSOPHISCHE PERSPEKTIVE

Diese Entwicklungen kann man unter verschiedenen Gesichtspunkten und von verschiedenen Standpunkten aus beschreiben, und damit auch das, was unter ›hermeneutischer Theologie‹ alles verstanden wurde, wird oder werden kann. In seinem verdienstvollen Buch *Philosophie und Hermeneutische Theologie. Heidegger, Bultmann und die Folgen*[4] bietet O. Pöggeler eine philosophische Erzählung, die materialreich und detailliert den verschiedenen Diskussionssträngen dessen nachgeht, was er im Gefolge von Heidegger und Bultmann ›hermeneutische Theologie‹ nennt. Was darunter allerdings genau zu verstehen ist, bleibt dunkel und geht unter in der Unübersichtlichkeit der theologie- und philosophiegeschichtlichen Reminiszenzen, die Pöggeler umfangreich ausbreitet. Bis ins Schlusskapitel hinein bleibt unklar, was er unter ›hermeneutischer Theologie‹ versteht

---

2 Vgl. u. a. J. LAUSTER, Religion als Lebensdeutung. Theologische Hermeneutik heute, Darmstadt 2005; U. H. J. KÖRTNER, Einführung in die theologische Hermeneutik, Darmstadt 2006.

3 In dieser Studie wird unter ›Theologie‹ stets christliche Theologie verstanden. Weitere Näherbestimmungen werden bei Bedarf angegeben.

4 O. PÖGGELER, Philosophie und Hermeneutische Theologie. Heidegger, Bultmann und die Folgen, München 2009.

oder verstanden haben will. Zwar ist unübersehbar, auf welche theologischen und philosophischen Debatten des 20. Jahrhunderts er sich bezieht, und er bezieht nicht nur verschiedene Stränge der protestantischen Theologie des 20. Jahrhunderts, sondern noch die jüngsten Publikationen des gegenwärtigen Papstes in seine Erzählung mit ein. Aber in diesen vielfältigen Diskussionen wurde sehr unterschiedlich, zuweilen gegensätzlich und oft (ab)wertend von ›hermeneutischer Theologie‹ gesprochen, und Pöggeler versäumt es, in diese Unbestimmtheit orientierende Bestimmung zu bringen.

Auch sein als systematischer Höhepunkt angekündigtes Schlusskapitel bleibt an diesem Punkt vage. Zwar annonciert der Verlag, am »Schluss des Buchs steht der Versuch, von der Philosophie her systematisch zu bestimmen, was hermeneutische Theologie sein kann«.[5] Und auch Pöggeler selbst kündigt an, es »soll in systematischer Weise gefragt werdeb [sic!], wie die Philosophie eine Theologie ins Spiel bringen hilft, die das Adjektiv ›hermenentuisch‹ [sic!] für sich beansprucht.«[6] Aber der Anspruch wird nicht eingelöst. Pöggeler knüpft an Ebeling an, der mit ›hermeneutischer Theologie‹ die fundamentaltheologische »Frage nach dem Grund der Notwendigkeit von Theologie überhaupt« gemeint habe.[7] Das werde aber in einer nicht nur christlichen, sondern protestantischen Engführung beantwortet, die noch nicht einmal »die bildende Kunst des christlichen Zeitalters« oder den »Gregorianische[n] Gesang« zu würdigen vermöge, geschweige denn – wie doch schon Heidegger – »die Erfahrung von Natur und Kunst«, die »griechische[...] Tragödie«, »den Zen-Buddhismus« oder den »Taoismus«.[8] Und Pöggeler

---

5 A. a. O., Rückumschlag.

6 A. a. O., 283.

7 Pöggeler, a. a. O., 295. Vgl. G. Ebeling, Hermeneutische Theologie?, in: Ders., Wort und Glaube II, Tübingen 1969, 99–120.

8 A. a. O., 296.

fragt, ob »man nicht heute, wo die Erdteile sich enger zusammengeschlossen haben, die Rede von einer ›hermeneutischen‹ Theologie von diesem weltweiten Gespräch her entfalten« müsse[9] und das, »was wir hermeneutische Theologie nennen, als Hermeneutik weltweiter Ansätze« verschiedener religiöser und kultureller Traditionen zu entfalten sei.[10] Hermeneutische Theologie, so könnte man das auf den Punkt bringen, müsse als Kulturhermeneutik der Religionen konzipiert werden.[11]

Allerdings sieht Pöggeler richtig, dass dann die »Ausrichtung auf ›Theologie‹ ... ein Problem« wird:[12] »In einer hermeneutischen Theologie muss die Frage zur Herzmitte werden, ob wir den Schritt zum Theologischen überhaupt tun müssen oder dürfen.«[13] Wäre es nicht besser, sich auf das Hermeneutische zu beschränken und auf das Theologische zu verzichten? Sollte man sich nicht auf das Verstehen religiöser, kultureller, anthropologischer Phänomene konzentrieren und, wie »ein Philosoph wie Franz von Baader gegenüber Hegel und Schelling« zu Recht betont habe, »die Folge der Religionen nicht durch metaphysische Prinzipien festgelegt sehen« wollen?[14] In der Tat: Wird unter ›Theologie‹ eine metaphysische Prinzipienwissenschaft der Religionen verstanden, dann kann man dem nur zustimmen. Aber so kann man sie nur verstehen, wenn man nicht verstanden hat, worum es der hermeneutischen Theologie evangelischer Provenienz ging. Pöggelers breiter Bericht verfehlt auf eigentümliche Weise die Pointe der Sache, über die er so ausführlich berichtet. Er kommt zu keiner klaren Sicht, weil er sich in der Vielfalt des Historischen und der Unbestimmtheit des

---

9 A. a. O.
10 A. a. O., 297.
11 Vgl. zu diesem Ansatz I. U. Dalferth/Ph. Stoellger (Hg.), Hermeneutik der Religion, Tübingen 2007.
12 Pöggeler, Philosophie, 297.
13 A. a. O.
14 A. a. O.

Hermeneutischen verliert und zugleich an einem Theologieverständnis festhält, das nicht das der hermeneutischen Theologie
ist. Für ihn kann am Ende daher allenfalls ein »Wechselspiel
zwischen der Philosophie und einer hermeneutischen Theologie« stehen, das »immer wieder neu auszutragen« bleibt.[15]

Das Problem dieser Position liegt nicht im Philosophieverständnis, auch nicht in der völlig berechtigten Forderung, die
Vielfalt und Verschiedenheit der Kulturen und Religionen hermeneutisch zu berücksichtigen, sondern in der fehlenden Klärung des Theologieverständnisses. So schreibt er:

> »Als Philosophie darf ein Bemühen gelten, das die Fragen der Men-
> schen aufnimmt und dabei keine Frage abweist. Diese Philosophie
> steht immer in einem gesellschaftlich-geschichtlichen Kontext. Sie
> muss einweisen in Glaubens- und Verhaltensweisen, durch die Men-
> schen sich bestimmen lassen. Diese Einweisung kann dann zu einer
> kritischen Aufnahme des Gelebten führen. Wenn von einer hermeneu-
> tischen Theologie gesprochen wird, dann wird zugestanden, dass der
> theologische Ansatz überhaupt seine Problematik hat. So kann der eine
> sich mit seiner Glaubensentscheidung vom anderen abheben; dabei
> bleibt er aber eingebunden auch in übergreifende Vorgaben der gro-
> ßen Kulturen. [...] Daraus resultiert für die Philosophie die Verpflich-
> tung, sich jedem grundlegenden Ansatz im Dialog und Widerstreit der
> Kulturen zu stellen, diesem Dialog und Widerstreit aber jene Offenheit
> zu lassen, die immer neu und auch schmerzlich sich durchsetzt.«[16]

Als Bestimmung der Aufgabe einer hermeneutisch orientierten
Philosophie ist das zustimmungsfähig, zumal nicht nur die in -
terpretative, sondern auch die kritische Verpflichtung der Philosophie hervorgehoben wird. Doch während die Philosophie
auf eine problemorientierte Einweisung in die »Glaubens- und
Verhaltensweisen, durch die Menschen sich bestimmen lassen«
konzentriert wird, wird der hermeneutischen Theologie die

---

[15] A. a. O.
[16] A. a. O.

Aufgabe einer »kritischen Aufnahme« dessen zugedacht, was in der Vielfalt der Kulturen und Religionen faktisch gelebt wird. Diese kritische Aufnahme muss allerdings keineswegs die problematische Form einer Theologie annehmen, die auf normative Aussagen zielt und eine Glaubensrichtung anderen gegenüber privilegiert. Entsprechend wird hermeneutische Theologie auf die Erinnerung beschränkt, »dass der theologische Ansatz überhaupt seine Problematik hat«. Mehr als diese selbstkritische Funktion einer Problemanzeige kann Pöggeler ihr philosophisch nicht abgewinnen. Doch das ist zu wenig. Hermeneutische Theologie ist nicht nur das, was jede kritische Theologie auszeichnen sollte. Sie erschöpft sich auch nicht darin, sich selbst als Problem zu sehen. Sie hat eine positive Aufgabenstellung. Doch die bleibt hier dunkel.

2. Theologische Perspektiven

Pöggelers Buch lässt die Aufgabe ungelöst, das Theologieverständnis der hermeneutischen Theologie zu klären und ein theologisches Verständnis von hermeneutischer Theologie auszuarbeiten. Das soll in dieser Studie im Blick auf die deutschsprachige evangelische Theologie des vergangenen Jahrhunderts nachgeholt werden. Auch in ihr wird es nicht nur um Rekonstruktion, sondern auch um Kritik gehen. Aber es soll darüber hinaus der Versuch gemacht werden, die Kerneinsicht hermeneutischer Theologie kritisch aufzunehmen und konstruktiv weiterzudenken. Es geht nicht nur um einen philosophie- und theologiegeschichtlichen Bericht, sondern um einen theologischen Beitrag zur Debatte.

Der kritische Blick zurück ist allerdings Voraussetzung dafür, in konstruktiver Weise fortschreiten zu können. Dieser Blick wäre in entscheidender Hinsicht blind, wenn nicht gesehen würde, dass sich in der ins Auge gefassten theologischen

Tradition zwei deutlich verschiedene Richtungen der hermeneutischen Theologie unterscheiden lassen. Beide orientieren
sich in reformatorischer Tradition zentral am Mensch gewordenen *verbum dei*[17], weil das der einzige Ort ist, an dem (und von
dem her) man von Gott reden muss, wenn man überhaupt
etwas sagen will[18]; und beide stellen den elementaren Zusammenhang von *cognitio dei* und *cognitio hominis* ins Zentrum,
wenngleich mit charakteristisch verschiedener Akzentuierung.
Die eine Richtung wird durch Ebeling, die andere durch Fuchs
und Jüngel repräsentiert.

Die theologische Pointe von Ebelings Ansatz war es, die reformatorischen Züge in Bultmanns Theologie durch konsequenten

---

[17] Vgl. G. EBELING, Hermeneutische Theologie?, a. a. O.; E. FUCHS, Das Wort
Gottes, in: DERS., Zum hermeneutischen Problem in der Theologie. Die
existentiale Interpretation, Tübingen 1959, 323–333; DERS., Das Sprachereignis in der Verkündigung Jesu, in der Theologie des Paulus und im Osterge-
schehen, a. a. O. 281–305; DERS., Das Neue Testament und das hermeneutische Problem, in: DERS., Glaube und Erfahrung. Zum christologischen
Problem im Neuen Testament, Tübingen 1965, 136–173, bes. 150–157; DERS.,
Neues Testament und Wort Gottes, ThLZ 97 (1972), 1–16. Fuchs' Texte muss
man schwäbisch lesen, sonst erschließen sie sich kaum. »One has the feeling
that Fuchs would be saying something marvelously important if he were
saying anything at all«, wie R. W. JENSON, The Knowledge of Things Hoped
For. The Sense of Theological Discourse, New York 1969, 196, treffend notiert
hat. Wer mit der Lektüre von Fuchs' Texten Schwierigkeiten hat und kein
Schwäbisch versteht, der kann sich an die Arbeiten von E. Jüngel halten.
Dort werden in hermeneutischer Pünktlichkeit alle Sätze zwischen den
Gedanken von Fuchs geboten, die dieser ungeschrieben gelassen hat.

[18] Es gibt in der menschlichen Erfahrungswelt keinen einzigen Punkt, an dem
man von Gott reden müsste oder an dem man nicht immer noch manches
Wichtige zu sagen hätte, auch wenn man darauf verzichtet, von Gott zu sprechen. Vom *Wort Gottes* oder von *Gottes Selbstoffenbarung* aber kann man
nicht sprechen, ohne von Gott zu reden, und wer das nicht will oder kann, für
den gibt es keinen Grund, nicht ganz auf den Gebrauch des Ausdrucks ›Gott‹
zu verzichten, weil sich alles, was man mit ihm sagen könnte, auch ohne ihn

Rückgang auf Luther, Schleiermacher und Bonhoeffer herauszuarbeiten und in eine lutherische, an der Unterscheidung von
Gesetz und Evangelium orientierte Wort-Gottes-Hermeneutik
zu integrieren. Durchgeführt wurde das im Rahmen einer am
Leitbegriff des Wortgeschehens entwickelten Wirklichkeitsherme-
neutik, in der die *cognitio dei* von der – durch die Dialektik von
Sünde und Glaube geprägten – *cognitio hominis* her entfaltet wird.

Die theologische Pointe der Ansätze von Fuchs und vor allem
Jüngel dagegen war es, in konsequenter Exegese neutestament-
licher Texte im Horizont der Sprachreflexionen des späten Heidegger und der trinitarischen Wort-Gottes-Hermeneutik Barths
eine offenbarungstheologische Hermeneutik der sich frei ereignenden und selbst vermittelnden Gottesgegenwart zu entfalten. Ihr Leitbegriff war das Sprachereignis und sie wurde ausgearbeitet als eine Möglichkeitshermeneutik, in der alles, auch die
cognitio hominis, von der sich selbst als solche erschließenden
cognitio dei her entfaltet wird.

Auch philosophisch setzen beide Richtungen der hermeneutischen Theologie unterschiedliche Akzente. Während Ebeling
eine relationale Wirklichkeitsontologie propagierte, die in den
Spuren der Subjekt-Hermeneutik der Moderne entwickelt wurde, skizzierte Jüngel eine dynamische Möglichkeitsontologie, die
den Weg in eine nachmoderne Ereignis-Hermeneutik eröffnete.

Zur Erläuterung dessen, was damit gemeint ist, rufe ich
knapp einige zentrale Entwicklungslinien der Hermeneutik im
20. Jahrhundert in Erinnerung.

---

sagen lässt. Umgekehrt gilt, dass christliche Theologie – gerade deshalb, weil
sie an diesem Punkt von Gott nicht *nicht* reden kann, wenn sie überhaupt
etwas sagen will, aber gerade hier von Gott auch in ganz bestimmter Weise
reden muss, um wirklich von Gott zu sprechen – von hier aus dann auch mit
gutem Grund überall dort Gott thematisieren kann, wo es keine Notwendigkeit gibt, das zu tun. In diesem formalen Sinn ist christliche Theologie Offenbarungstheologie, oder sie ist überflüssig, weil ihre Gottesrede zum aus-
tauschbaren Interpretament erfahrener und erfahrbarer Wirklichkeit wird.

II. Tendenzen der Hermeneutik im 20. Jahrhundert

Hermeneutik in all ihren Versionen ist Praxis und Theorie einer Kunst – der Kunst des Umwegs zum Verstehen.[19] Verstehen ist eine fundamentale Weise, in der wir im Vollzug unseres Lebens auf unsere Umwelt (Anderes), Mitwelt (Andere) und uns selbst bezogen sind. Im Unterschied zum Wahrnehmen sind wir dabei nicht von dem betroffen, was ist und uns in der einen oder anderen Weise bestimmt (Befindlichkeit, Passivität), sondern auf das ausgerichtet, was möglich ist und uns erlaubt, uns in der einen oder anderen Weise selbst zu bestimmen (Freiheit, Aktivität). Wir nehmen wahr, was ist (Sein), und verstehen das, was für uns oder andere möglich und sinnvoll ist (Sinn).

Sinn ist das, was wir verstehen, wenn wir (etwas) verstehen. Nichts hat per se einen Sinn, sondern etwas hat Sinn immer nur im Bezug auf ein mögliches oder wirkliches Verstehen. Zwar lässt sich nicht nur das verstehen, was wirklich ist, sondern auch Mögliches, Fiktives und Imaginäres, aber nur für den, der verstehen kann, gibt es Sinn, und verstehen kann nur, wer nicht nur möglich, sondern wirklich ist, und zwar so, dass er nicht sein kann, ohne zu verstehen. Heidegger hat das, was so ist, ›Dasein‹ genannt. Nur für Instanzen, die die Struktur von ›Dasein‹ haben, gibt es Sinn. Nicht Sein per se hat Sinn (›p ist sinnvoll‹ bzw. ›Wenn p ist, dann ist p sinnvoll‹), sondern Sein hat Sinn nur im Horizont von Dasein (›p ist sinnvoll für ...‹ bzw. ›Ist p sinnvoll, dann gibt es jemanden, für den p sinnvoll ist‹). Genauer: Nur für jemanden, der verstehen kann, kann etwas *sinnvoll oder sinnlos* sein. Das heißt, nur im Bezug auf ein mögliches Verstehen kann etwas als sinnvoll oder sinn-

---

19 Wie E. Fuchs, Das Neue Testament und das hermeneutische Problem, 150, betont: »Zu Hause spricht man nicht, damit man versteht, sondern weil man versteht!« Wenn das nicht mehr geschieht, werden hermeneutische Bemühungen notwendig.

los bestimmt werden, wo es aber verstehende Wesen gibt, gibt es nichts, was nicht unter der Orientierungsdifferenz *sinnvoll/sinnlos* bestimmt werden könnte. Als verstehende Wesen leben wir immer schon in einer Sinn-Welt, nicht in einer neutralen Welt der Fakten (oder Fakten und Werte), und nur weil wir in einer Sinn-Welt leben, kann vieles in ihr für uns auch sinnlos sein. Für die naturwissenschaftliche Sichtweise mag es nur Ereignisse und Fakten, aber keinen Sinn geben. Aber es gibt naturwissenschaftliche Forschung nur in einer Welt, in der das, was ist, für die, die es erforschen, *im Prinzip* sinnvoll und verständlich ist, weil sie es im Horizont einer Lebenspraxis thematisieren, in der alles, was wahrgenommen werden kann, von ihnen in der einen oder anderen Weise auch verstanden werden kann.[20] Nur wer versteht, kann wissenschaftlich forschen, auch wenn das, was erforscht wird, keine Sinnphänomene, sondern Seinsprobleme sind. Nicht *die Welt* hat Sinn (also *das, was* wir wahrnehmen bzw. wahrnehmen können), sondern *für uns* hat die Welt Sinn (also für die, die *auf bestimmte Weise* – alltäglich oder wissenschaftlich – wahrnehmen): Sinn ist kein Prädikat der Welt, sondern unserer Beziehung auf die Welt.

Wahrnehmen und Verstehen werfen unterschiedliche Probleme auf, die zu epistemologischen oder hermeneutischen Reflexionen Anlass geben. Wie unser *Wahrnehmen* durch die Leitunterscheidung von *Sein und Nichtsein* bestimmt ist und sich an der Modalität der *Wirklichkeit* orientiert (wir können nur wahrnehmen, was wirklich ist), so ist unser *Verstehen* an der Leitunterscheidung von *Sinn und Sein* ausgerichtet und orientiert sich an der Modalität der *Möglichkeit* (wir können nur verstehen, was sinnvoll und damit möglich ist). Wahrnehmen loziert uns in einer konkreten Situation (wir sind, wo wir jeweils wahrnehmen), Verstehen eröffnet uns den Horizont, in dem wir uns in dieser Situation verhalten können (wir sind, was wir jeweils sein können). Beides gehört zusammen, und beides kann fehlgehen.

---

[20] Faktisch ist und bleibt uns vieles unverständlich und hat keinen Sinn. Aber wir können es nur gegen den Hintergrund des Verständlichen als *unverständlich* charakterisieren und in Abhebung vom Sinnvollen als *sinnlos*.

Nicht alles, was wir wahrzunehmen meinen, ist wirklich auch der Fall: Wir können uns irren. Und nicht alles, was wir zu verstehen meinen, haben wir auch richtig verstanden: Wir können uns täuschen. Wir irren uns, wenn wir für wirklich halten, was nicht wirklich ist, oder wenn wir nicht für wirklich halten, was wirklich ist. Und wir täuschen uns, wenn wir für uns oder andere für sinnvoll halten, was für sie oder uns nicht möglich ist, oder wenn wir nicht für sinnvoll halten, was möglich ist. Nicht alles, was ist, nehmen wir auch wahr; nicht alles, was wir wahrnehmen, verstehen wir auch; und nicht alles, was wir verstanden zu haben meinen, haben wir auch verstanden oder könnte (von uns oder von anderen) nicht auch noch besser verstanden werden. Vieles bleibt uns unverständlich, und nicht immer ist klar, ob wir es nicht verstanden haben oder ob es sich nicht verstehen lässt.

Wo Verstehen in dieser Weise misslingt und Nicht- oder Missverstehen das Leben behindert, wo direkte Wege des Verstehens verstellt oder nicht aufzufinden sind, da sucht die Hermeneutik Mittel und Wege, das Ziel indirekt zu erreichen und durch methodisch reflektierte Verfahren (besseres) Verstehen zu ermöglichen.

1. Verstehen als Ziel hermeneutischer Arbeit

Das kann in verschiedenen Bereichen des Lebens durchaus verschieden geschehen, und entsprechend verschieden ist das, was auf der Grundlage des skizzierten fundamentalen Verstehensverhältnisses zum jeweils Möglichen im Blick auf konkrete Verstehensprobleme als Hermeneutik praktiziert wird. Methodisch geht es in diesen konkreten Feldern stets um das, was das vom Götterboten Hermes der griechischen Mythologie abgeleitete Wort ›Hermeneutik‹ andeutet: um ein Verständlichmachen, Erklären, Auslegen, Dolmetschen, Übersetzen oder um ein Übertragen eines fremden, dunklen oder unverständlichen

Sinnzusammenhangs aus einer anderen Verstehenswelt in die eigene. Es geht um eine Transformation von Dunklem in Helles bzw. Helleres, an deren Ende etwas verstanden wird, was vorher nicht verstanden wurde – sei es, weil es nicht verständlich war, sei es, weil wir es nicht verstehen konnten.

Die Fragen, auf die Hermeneutiken eine Antwort zu geben versuchen, sind daher stets Verstehensfragen, auch wenn diese sehr unterschiedlich sein können. Ohne Anspruch auf Vollständigkeit lassen sich mindestens die folgenden Typen von Verstehensfragen unterscheiden:

– Konkrete Verstehensfragen zur Beseitigung einer bestimmten Unklarheit: Was heißt ›apokatastasis panton‹ oder ›Jesus ist der Christus‹; was zeigen die Mona Lisa oder Guernica; was steht in der kaum zu entziffernden Klausur?

– Disziplinäre Verstehensfragen zur Beantwortung der Frage nach den adäquaten Verfahren zur Lösung von Verstehensproblemen in einem bestimmten Bereich: Wie muss man vorgehen, um die Schrift, das Grundgesetz, Bachs Kunst der Fuge, die Mayaruinen auf der Halbinsel Yucatán oder den Freskenzyklus von Piero della Francesca in der Hauptchorkapelle von San Francesco in Arezzo richtig zu verstehen?

– Methodische Verstehensfragen zur Klärung der Verfahren, Bedingungen und Grenzen des Verstehens überhaupt: Was muss man tun, um überhaupt sachgerecht verstehen zu können? Wie lässt sich eine Kultur verstehen, die einem fremd ist? Woran kann oder soll man sich orientieren, um die eigene oder eine andere Religion zu verstehen? An welchen Punkten stoßen welche Verfahren an ihre Grenzen?

– Wissenschaftstheoretische Verstehensfragen, die nach der Methodologie eines ganzen Typs von Wissenschaft wie etwa den Geistes-, Kultur- oder Lebenswissenschaften fragen: Wie lassen sich Sinnprodukte menschlicher Kulturleistungen verstehen, wie sie in Monumenten, Werken, Handlungen, Schriften, Reden der Vergangenheit und Gegenwart vorliegen? Wie sind die Leistung und Grenze der Verfahren zu verstehen, mit denen Biologie oder Neurowissenschaft menschliches Leben untersuchen?

– *Philosophische Verstehensfragen*, die den Sinn und die Grenzen des Verstehens überhaupt zu eruieren suchen: Was heißt und was ist eigentlich Verstehen? Was leistet es und was nicht? Was setzt es voraus? Wo sind seine Grenzen? Gehört es wesentlich zum menschlichen Leben oder ist es eine hilfreiche Lebensstrategie, die man erlernen kann, auf die unter Umständen aber auch verzichtet werden kann oder muss?

Jede dieser Fragen führt auf andere Weise auf das unter dem Titel ›hermeneutischer Zirkel‹ verhandelte Problem. Machen sie doch deutlich, dass wir immer schon Verstandenes in Anspruch nehmen müssen, um im jeweils zur Debatte stehenden Sinn verstehen zu können; dass also nichts verstanden werden kann ohne ein leitendes Vorverständnis, und dass nichts verstanden wird, ohne dass dieses Vorverständnis im aktuellen Verstehen korrigiert, bestätigt oder vertieft wird.

Jede dieser Fragen zieht dementsprechend auch ein unterschiedliches Verständnis von ›Hermeneutik‹ nach sich. Gemeinsam ist ihnen ein Doppeltes. Zum einen suchen sie etwas (ein Interpretandum) durch etwas (ein Interpretans) als etwas (ein Interpretat) zu verstehen; insofern ist die Hermeneutik – die Kunstlehre vom Verstehen – eine Teildisziplin der Semiotik, der Lehre von den Zeichenprozessen. Zum anderen haben sie immer dann eine Tendenz zur problematischen Universalisierung, wenn sie *alles* als Interpretandum verstehen und *jedes* Interpretandum selbst als ein hermeneutisches Auslegungsgeschehen von Interpretandum, Interpretans und Interpretat ansehen. Dann wird nicht nur alles zu einem Verstehensproblem, sondern jedes Verstehensproblem wird als Verstehen von schon Verstandenem bestimmt und damit hermeneutisch ein ins Unendliche verweisender Regress unterstellt.

Doch nicht nur das ist verstehbar, was selbst die Struktur von Verstehen hat, sondern *für uns* gibt es nichts, was wir nicht immer schon irgendwie verstehen würden, sofern es in unserer Lebenswelt und Lebenspraxis eine Rolle spielt. Verstehbarkeit ist keine Eigenschaft von Dingen oder Sachverhalten, mit deren Hilfe wir verstehbare von nicht verstehbaren Dingen oder Sachverhalten unterscheiden könnten. Verstehbarkeit ist vielmehr ein Modus der Beziehung von Dingen oder Sachverhalten *auf uns* in bestimmten Praxiszusammenhängen, in denen sie durch unsere Beziehung auf sie für uns einen bestimmten Sinn haben. Nichts hat *per se* einen Sinn, sondern alles immer nur *für uns* (bzw. für jemanden). Dass alles verstanden werden kann, heißt daher nicht, dass alles, was ist, verstehbar ist, sondern dass nur das verstanden werden kann, für das es jemanden gibt, *für den* es verstehbar ist. Nicht ›alles ist verstehbar‹ ist wahr, sondern ›alles und nur das ist verstehbar, was *für jemanden* verstehbar ist‹.

2. Typen der Hermeneutik

Man muss nun allerdings beachten, dass der Gebrauch des Ausdrucks ›Hermeneutik‹ häufig oszilliert zwischen der Bezeichnung dessen, was man tut, wenn man etwas zu verstehen oder verständlich zu machen sucht, und der Bezeichnung der Lehre von dieser Praxis. Ist Hermeneutik zunächst die Praxis konkreter Interpretation in alltäglichen oder wissenschaftlichen Verständigungsprozessen, wird sie in der hellenistischen Antike und dann zugespitzt im Lauf der Neuzeit als literarische, theologische oder juristische Hermeneutik zur Technik oder Methode der (Text)-Interpretation, seit Schleiermacher zur Kunstlehre des Verstehens von (schriftlich fixierten) Lebensäußerungen überhaupt, seit Dilthey zur Methodologie der nichterklärenden Geisteswissenschaften insgesamt, und seit Heidegger und Gadamer zur philosophischen Theorie menschlicher Grundbefindlichkeit in der Welt.

Damit tritt die Aufgabe einer fundamentalen Klärung des Phänomens des Verstehens überhaupt, nicht nur die Analyse von Verstehensprozessen ins Zentrum. Eine solche bot z. B. auch die traditionelle vorromantische (pietistische) Hermeneutik, die den Vollzug des Verstehens als *Auslegen, Verstehen* und *Anwenden* und die entsprechende Verstehenskompetenz als *subtilitas explicandi, intelligendi* und *applicandi* beschrieb. Doch die Frage nach dem Verfahren des Verstehens kann immer nur auf methodische oder methodologische Probleme führen. Philosophische Probleme wirft erst die selbstreferentiell-kritische Frage nach dem Verstehen des Verstehens auf. Diese markiert einerseits den Schritt von der Reflexion zur Selbstreflexion des Verstehens, insofern sie sich selbstbezüglich auf sich selbst richtet und damit zum Übergang von empirisch-methodologischen zu philosophischen Theorien des Verstehens nötigt. Andererseits impliziert sie eben als solche – wie Habermas zu Recht betont hat – immer auch die Frage nach der »Grenze des hermeneutischen Verstehens«[21] und ist deshalb kritisch an der Leitdifferenz von Verstehen und Nicht-Verstehen (in seiner jeweils relevanten Bestimmung) orientiert. Ohne nach den Grenzen des Verstehens zu fragen, lässt sich das Phänomen des Verstehens philosophisch nicht klären.

Typisierend lässt sich diese Entwicklung zusammenfassen als Fortentwicklung der hermeneutischen Fragestellung von der Fokussierung auf das Problem des Verstehens *von etwas* (klassische Hermeneutik) über das der Aktivität des *Verstehens* von etwas (Subjektivitätshermeneutik der Moderne: 19. Jh.) zu dem des *Verstehens des Verstehens* (philosophische Hermeneutik: 20. Jh.). Dieses philosophische Problem wird im 20. Jahrhundert auf sehr verschiedenen Wegen bearbeitet, deren Grundausrichtung sich exemplarisch durch Zentralbegriffe wie *Subjekt*

---

[21] J. Habermas, Der Universalitätsanspruch der Hermeneutik, in: Ders., Hermeneutik und Ideologiekritik, Frankfurt am Main 1971, 120–159, 133.

(Lonergan), *Sprache* (Wittgenstein), *Existenz* (Heidegger), *Le-benswelt* (Blumenberg), *Wirkungsgeschichte* (Gadamer), *Gegen-ständlichkeit* (Figal) oder *Vermittlung* (Ricœur) charakterisieren lassen. Sie alle werfen auf unterschiedliche Weisen Fragen nach der *Universalität und Fundamentalität des Verstehens* auf, die zur Überführung philosophischer Hermeneutik in eine herme-neutische Philosophie führen. Aber sie provozieren auch Fragen nach den Grenzen, dem Anderen, der Medialität und der *Ver-meidbarkeit des Verstehens*, die in den hermeneutikkritischen Entwürfen der vergangenen Jahrzehnte im Zentrum stehen (postmoderne Anti-Hermeneutiken: 20.–21. Jh.).

So ist das Grundproblem der Hermeneutik zunächst allge-mein das *Verstehen von etwas*. Konzentriert sich die Fragestel-lung auf den Gegenstand bzw. Gegenstandsbereich des Verste-hens (das *Wen-oder-was* des Verstehens), kommt es neben der Bearbeitung konkreter Verstehensprobleme zur Ausbildung be-stimmter Bereichshermeneutiken wie der theologischen, juris-tischen und literarischen Hermeneutik und zur Ausdifferenzie-rung von Hermeneutiken am Leitfaden des Zeichencharakters der betrachteten Phänomene (Schrift-, Handlungs-, Bildherme-neutiken usf.).

Konzentriert sich die Fragestellung dagegen auf das *Verste-hen von etwas*, also die Subjekte (das *Wer* des Verstehens) bzw. die Verfahrensweisen des Verstehens (das *Wie* des Verstehens), kommt es zur Ausarbeitung einer hermeneutischen Methodo-logie als einer bestimmten Weise des kognitiv-epistemischen und emotional-gefühlsmäßigen Umgangs mit der kulturell-personalen Dimension unserer Umwelt (kulturelle Sinnproble-me).

Das Grundproblem der philosophischen Hermeneutik des 20. Jahrhunderts dagegen ist nicht die Frage einer Methodologie des Verstehens, sondern das *Verstehen des Verstehens*, die Frage also, was Verstehen sei, worin es bestehe, wie es sich vollziehe, was es leiste, unter welchen Bedingungen es möglich sei, wo seine Grenzen liegen, und was es besage, dass verstanden bzw. nicht verstanden wird (das *Was, Dass, Wo* und *Wie* des Verstehens). Eine weitgespannte Reihe philosophischer Ansätze versucht, diese Frage in sehr unterschiedlichen philosophischen Theorien des Verstehens zu beantworten (Heidegger[22], Gadamer, Lonergan[23], Blumenberg).

Wo das Verstehen des Verstehens nicht nur als eine philosophische Frage unter anderen, sondern als Fundamentalaufgabe philosophischen Denkens verstanden wird, kommt es zum Übergang von einer philosophischen Theorie des Verstehens zu einer *hermeneutischen Philosophie.* Diese kann (wie bei Figal) die Vergegenständlichungsprozesse des Verstehens als hermeneutischen Grundvollzug der Erfahrung des Gegenständlichen überhaupt entfalten.[24] Oder sie kann sich (wie bei Ricœur) auf die kulturellen Vermittlungs- und Begrenzungsphänomene konzentrieren, die alle konkreten Gestalten individuellen und gemeinsamen Verstehens und Selbstverstehens charakterisieren.

Wird dagegen, wie in den poststrukturalistischen[25], dekonstruktivistischen und postmodernen (Anti-)Hermeneutiken der letzten Jahrzehnte (Derrida, Foucault), der Akzent nicht auf das Verstehen des Verstehens, sondern auf das der Unnötigkeit oder Unmöglichkeit von Verstehen gelegt, rücken die Stil- und Tra-

---

[22] Im Rahmen seiner Hermeneutik der Faktizität (M. HEIDEGGER, Ontologie. Hermeneutik der Faktizität, GA 63, ²1995) beschreibt Heidegger das Verstehen als »das Wachsein des Daseins für sich selbst« (GA 63, 15), das sich darin erweist, dass dieses sich mitteilt und auslegt, so dass es anhand seiner (Selbst-)Auslegungen sich selbst verständlich werden kann.

[23] B. LONERGAN, Insight. A Study of Human Understanding, London 1958, XXVIII.

[24] Vgl. die Rezension von J. ZOVKO, in: ThLZ 135 (2010), 72–74.

[25] Vgl. K.-M. BOGDAL, Problematisierungen der Hermeneutik im Zeichen des Poststrukturalismus, in: Grundzüge der Literaturwissenschaft, hg. v. H. L. Arnold und H. Detering, München 1996, 137–156.

ditionsbrüche, die Dekonstruktion aller Direktheit und Unmittelbarkeit, die Umwegstruktur, Medialität und Leiblichkeit sowie das Andere des Verstehens in seinen vielfältigen Bestimmungen und Gestalten ins Zentrum der Aufmerksamkeit.[26]

3. Ansätze philosophischer Hermeneutik

Die Leitfrage der philosophischen Hermeneutik nach dem Verstehen des Verstehens, den Grenzen des Verstehens und der Differenz von Verstehen und Nicht-Verstehen wurde im 20. Jahrhundert exemplarisch auf dreifache Weise zu beantworten gesucht.

Subjektivitätsphilosophische Ansätze im Gefolge des Neukantianismus oder des transzendentalphilosophisch gewendeten Neuthomismus verstehen das Verstehen als Geflecht kognitiver Grundoperationen des menschlichen Subjekts, die zu einem normativen Muster apriorisch und universal gültiger, selbstbezüglicher, miteinander verbundener und unveränderlicher Operationen des menschlichen Geistes in seinem deutenden Umgang mit der Welt und sich selbst verknüpft sind. Die Grenzen des Verstehens ergeben sich dementsprechend aus den Bedingungen der Möglichkeit und Gültigkeit dieser kognitiven Operationen. Exemplarisch wurde dieser Ansatz von Bernhard Lonergan vertreten: »Thoroughly understand what it is to understand, and not only will you understand the broad lines of all there is to be understood but also you will possess a fixed base, an invariant pattern, opening upon all further developments of understanding«.[27]

---

[26] G. W. Bertram, Hermeneutik und Dekonstruktion. Konturen einer Auseinandersetzung in der Gegenwartsphilosophie, München 2002; E. Angehrn, Interpretation und Dekonstruktion. Untersuchungen zur Hermeneutik, Weilerswist 2003.

[27] Lonergan, Insight, XXVIII.

Der *sprachphänomenologische Ansatz* ersetzt die Konzentration auf das Subjekt durch die Konzentration auf die Sprachgemeinschaft. Er kritisiert das Verständnis des Subjekts als individuelles Operationszentrum, dessen intersubjektive Konstitution und konkret-geschichtliche Prägung nicht zureichend gewürdigt seien. Die Frage nach konkreten Verstehensmustern einer Sprachgemeinschaft tritt so an die Stelle der Frage nach dem apriorischen und universal gültigen Muster des Verstehens. So versteht etwa der spätere Wittgenstein Verstehen als sprachlich und sozial vermitteltes Deuteverhalten zur Wirklichkeit, in dem wir etwas als etwas sehen, deuten, interpretieren und erfahren. Solches Verstehen vollzieht sich immer (im weitesten Sinn) sprachlich und, da es keine bloße Privatsprache gibt, damit auch immer in intersubjektiv begründeter Form. Denn Sprache kann man lernen, man lernt sie von anderen, und indem man mit der Sprache auch zu verstehen lernt, erwirbt man über andere die Kompetenz zu verstehen und etwas verständig zu tun. Alle individuellen Prozesse des Sehens, Deutens, Interpretierens, Übersetzens, Auslegens etc. vollziehen sich so im Rahmen einer sprachlich vermittelten sozialen Lebensform. In dieser haben sie auch ihre Grenze, insofern sie auf letzte Unmittelbarkeiten führen, die man in dieser nennen, aber nicht mehr hintergehen, sondern im Nennen nur zeigen kann. Methodisch kontrolliertes Verstehen heißt deshalb aufzeigen, wie etwas verstanden wird, unter welchen Regeln dieses Verstehen steht und wo die Grenzen dieses Verstehens sind: Es heißt das Sprachspiel bzw. die Lebensform beschreiben und seine Grammatik rekonstruieren, in dem sich das infrage stehende Verstehen vollzieht und ausdrückt.

Der *existenzphänomenologische Ansatz* schließlich versteht das Verstehen als grundlegenden ontologischen Modus des Vollzugs menschlicher Existenz in dieser Welt, der allen spezifischen Operationen des menschlichen Subjekts und allen ontischen Ausformungen menschlicher Sprachgemeinschaften

immer schon vorausgeht und diese erst ermöglicht und begründet. Dieser Ansatz wurde im 20. Jahrhundert in drei ein-
flussreichen Versionen vertreten.

Die *existentialontologische Version* von Heideggers ›Hermeneutik der Faktizität‹[28] bzw. (in *Sein und Zeit*) ›Analytik des
Daseins‹ konstatiert einen ursprünglichen Zusammenhang von
Verstehen und Selbstverstehen, der jeder Subjekt-Objektspal-
tung vorausliegt. Verstehen, in dem das Dasein sich ›immer
schon‹ in seinem Sein und in seiner Welt versteht, ist kein epis-
temisches Verhalten des Subjekts zu bestimmten Erkenntnis-
objekten, sondern Vollzugsweise des In-der-Welt-Seins des
Daseins selbst. Das Dasein ist gegenüber anderem Seienden
dadurch ausgezeichnet, dass es der Ort ist, an dem Sein sich als
Existenz vollzieht, d. h. als verstehendes Verhalten eines konkret
da seienden Lebens zu seinem kontingenten Sein in der Welt
und seinen damit im Horizont der Zeit gegebenen jeweils bestimmten Lebensmöglichkeiten. Dieser Verstehensmodus des
Daseins als solchem ist die ontologische Bedingung der Möglichkeit jedes konkreten Verstehens und manifestiert sich im
Lebensvollzug in der Bewegung des Vorverständnisses, das jedem einzelnen Verstehensakt vorausgreift und durch das er
dauerhaft bestimmt bleibt. Ein von methodischem Bewusstsein
geleitetes Verstehen muss diese Vorstruktur des Verstehens
stets beachten, indem es seine Antizipationen von der zu verstehen gesuchten Sache her kritisch zu kontrollieren und das wissenschaftliche Thema einer Auslegung gegen die Willkür von
Einfällen und Beschränktheiten durch Ausarbeitung von Vor-
habe, Vorsicht und Vorgriff kritisch zu sichern sucht.[29]

Die *wirkungsgeschichtliche Version* von Gadamers Hermeneutik des Gesprächs entfaltet diesen ursprünglichen Zusam-

---

[28] Vgl. die Rekonstruktion dieser Bemühungen bei P. Stagi, *Der faktische
Gott*, Würzburg 2007. Dazu meine Rez. in: ThLZ 134 (2009), 737–739.

[29] Vgl. M. Heidegger, *Sein und Zeit*, Tübingen [11]1967, 151 ff.

menhang von Verstehen und Selbstverstehen präzisierend über eine Analyse des Überlieferungszusammenhangs, in dem jeder Verstehende als solcher immer schon steht. Verstehen ist »niemals ein subjektives Verhalten zu einem gegebenen ›Gegenstande‹ ..., sondern [gehört] zur Wirkungsgeschichte, und das heißt: zum Sein dessen ..., was verstanden wird«[30]. Wir partizipieren immer schon an einem Gespräch, in dem uns das zu Verstehende in schon verstandener Weise zugespielt wird. Methodisch kontrolliertes Verstehen muss die Struktur dieser Dialogsituation, ihren durch Zeit und Geschichte vermittelten Charakter und die ihr inhärente Dialektik von Frage und Antwort ausarbeiten. Dabei ist zu beachten, dass das uns so zugespielte Welt- und Selbstverständnis nicht nur aus den Fragen und Antworten entsteht, die sich zwischen den Sprechenden entwickeln, sondern wesentlich auch von den Dingen her, von denen die Rede ist und in deren wirkungsgeschichtlichen Zusammenhang wir im Gespräch immer schon gestellt sind.

Die *gegenstandshermeneutische Version* von Figals hermeneutischer Philosophie der Gegenständlichkeit hat diesen Punkt von Gadamers Hermeneutik aufgegriffen und zu einer philosophischen Fundamentaldisziplin ausgebaut. Ein Gegenstand ist Figal zufolge »kein beliebiges Ding, sondern etwas, *sofern es gegenüber ist*. Ein Gegenstand ist etwas im Gegen-Stand«[31] Alles, was so gegenständlich begegnet, ist eine »Gegenständlichkeit der Welt«[32], die Möglichkeiten des Verstehens eröffnet. Diese Verstehen provozierende Gegenständlichkeit der Gegenstände ist in ihrer Interpretation und Auslegung festzuhalten und nicht durch Theoriebildungen zu ersetzen, wie kritisch gegen die Ent-

---

30 H.-G. Gadamer, Vorwort zur 2. Auflage [von Wahrheit und Methode], Gesammelte Werke 2, Hermeneutik II, Tübingen 1986, 437-448, 441.

31 G. Figal, Gegenständlichkeit. Das Hermeneutische und die Philosophie, Tübingen 2007, 126.

32 A. a. O., 135.

gegenständlichungsprozesse der modernen Wissenschaft gesagt wird. Insofern wird Hermeneutik zur philosophischen Fundamentaldisziplin, die gegenüber den Entgegenständlichungstendenzen moderner Theoriebildungen die Phänomene des Gegenständlichen im menschlichen Leben zu ›retten‹ versucht. »Dass wir uns auf die Dinge beziehen und zugleich durch sie betroffen sind, dass wir inmitten der Dinge sind und doch anders als sie, ist ein Schlüssel dazu, was ›Leben‹ in Hinblick auf uns und für uns bedeutet.«[33]

---

33 A. a. O., 361.

III. Leitideen des Verstehens

Es gibt kein Verstehen, das nicht in bestimmtem Rahmen, unter bestimmten Voraussetzungen und unter leitenden Vorannahmen stattfinden würde. Diese zu beachten und herauszuarbeiten, ist eine zentrale Aufgabe kritischer Hermeneutik. Die meist unthematischen Rahmenbedingungen eines Verstehensversuchs zeigen sich an vielen Stellen: am Standpunkt eines Interpreten, an den Interpretationsverfahren, an dem, was für selbstverständlich gehalten wird, in entscheidender Hinsicht aber auch daran, wie und als was das Interpretandum bestimmt wird. Denn wie man bestimmt, was man zu verstehen sucht, entscheidet darüber, welche Verstehensfragen gestellt und untersucht werden. Dieses leitende Vorverständnis, das in der Wie-Bestimmung des Verstehensgegenstands zum Ausdruck kommt, nenne ich ›Leitidee des Verstehens‹.

1. Psychologische und grammatische Interpretation

Es liegt auf der Hand, dass es verschiedene derartige Leitideen gibt. Schleiermacher hatte die Aufgabe des Verstehens als reproduktive Wiederholung der ursprünglichen gedanklichen Produktion eines in der Rede kommunizierten Sinns aufgrund der Kongenialität der Geister bestimmt.

> »Wie jede Rede eine zwiefache Beziehung hat auf die Gesamtheit der Sprache und auf das gesammte Denken ihres Urhebers: so besteht auch alles Verstehen auf den zwei Momenten die Rede zu verstehen als herausgenommen aus der Sprache, und sie zu verstehen als Thatsache im Denkenden.
> 1. Jede Rede sezt voraus eine gegebene Sprache. Man kann dies zwar

auch umkehren, nicht nur für die absolut erste Rede sondern auch für den ganzen Verlauf, weil die Sprache wird durch das Reden; aber die Mittheilung sezt auf jeden Fall die Gemeinschaftlichkeit der Sprache also eine gewisse Kenntniß derselben voraus. Wenn zwischen die unmittelbare Rede und die Mittheilung etwas tritt also die Kunst der Rede anfängt: so beruht dies theils auf der Besorgniß es möchte dem hörenden etwas in unserem Sprachgebrauch fremd sein.

2. Jede Rede ruht auf einem früheren Denken. Man kann dies auch umkehren aber in Bezug auf die Mittheilung bleibt es wahr, denn die Kunst des Verstehens geht nur bei fortgeschrittenem Denken an.

3. Hiernach ist jeder Mensch auf der einen Seite ein Ort in welchem sich eine gegebene Sprache auf eine eigenthümliche Weise gestaltet, und seine Rede ist nur zu verstehen aus der Totalität der Sprache. Dann aber auch ist er ein sich stetig entwickelnder Geist, und seine Rede ist nur als eine Thatsache von diesem im Zusammenhange mit den übrigen.

Das Verstehen ist nur ein Ineinandersein dieser beiden Momente.«[34]

Alles Verstehen wird dementsprechend als unendlicher Prozess angesehen, der sich entlang zweier Achsen bewegen kann: der Einordnung des Interpretandum in den Produktions- und Lebenszusammenhang des Autors (psychologische Interpretation) und seine Einordnung in den sprachlichen Gesamtzusammenhang der Bearbeitung des Themas, um das es jeweils geht (grammatische Interpretation). Im einen Fall versteht man einen Text als *Werk eines Autors* (Werk-Verstehen), im anderen als *Text unter Texten* einer bestimmten Art[35] (Text-Verstehen). Verstehen gibt es nur als »ein Inaneinandersein dieser beiden Momente«[36], des grammatischen und des psychologischen. »Beide stehen einander völlig gleich und mit Unrecht würde man die grammatische

---

34 F. D. E. Schleiermacher, Hermeneutik, hg. v. H. Kimmerle, Heidelberg 1959, 80 f.

35 Hier liegt der Grund für eine weitere Vielfalt des Verstehens: Man kann Texte im Bezug auf andere Texte unter einer Vielzahl von formalen (Sprache, Struktur, Genre usf.) und inhaltlichen (Thema) Gesichtspunkten verstehen.

36 Schleiermacher, Hermeneutik, 81.

Interpretation die niedere und die psycholog[ische] die höhere nennen.«[37] Entsprechend braucht ein Interpret für die »glückliche Ausübung« seiner Kunst einerseits »Sprachtalent« und andererseits das »Talent der einzelnen Menschenkenntniß«.[38] Er braucht jeweils beides, denn beide Interpretationsperspektiven lassen sich nicht von einander trennen, sondern in der jeweiligen Verstehenshinsicht des Interpreten immer nur unterschiedlich gewichtet zueinander ins Verhältnis setzen. »Die psychol[ogische] ist die höhere wenn man die Sprache nur als das Mittel betrachtet, wodurch der einzelne Mensch seine Gedanken mittheilt; die grammat[isch]e ist dann bloß Hinwegräumung der vorläufigen Schwierigkeiten.«[39] Umgekehrt ist die »grammat[isch]e ... die höhere ... wenn man den einzelnen Menschen aber nur als einen Ort für die Sprache betrachtet und seine Rede nur als das worin sich diese offenbart. Alsdann wird die psychol[ogische] völlig untergeordnet wie das Dasein des einzelnen Menschen überhaupt. Aus dieser Duplicität folgt von selbst die vollkommene Gleichheit.«[40] Doch diese Gleichheit folgt keineswegs ›von selbst‹. Dass beide Verstehensbemühungen letztlich auf dasselbe Verstehen hinauslaufen sollen, blieb bei Schleiermacher eine unausgewiesene Erwartung.

Ohne es zu intendieren, waren mit der Unterscheidung der psychologischen und grammatischen Interpretation zwei Hauptrichtungen der philosophischen Hermeneutik präfiguriert, die sich im 20. Jahrhundert entwickeln sollten. Folgt man der Verschiebung des Fokus hermeneutischer Bemühungen von den sprachlichen und nichtsprachlichen *Werken* über die diese produzierenden bzw. gebrauchenden *Subjekte* auf den *Ereigniszu-*

---

37 A. a. O.
38 A. a. O., 82.
39 A. a. O., 81.
40 A. a. O.

sammenhang des Lebens, ohne den es nichts zu verstehen gäbe noch jemanden, der verstehen könnte, dann lassen sich in der Hermeneutik des 20. Jahrhunderts drei charakteristische Leitideen unterscheiden, nämlich *Werk, Subjekt* und *Ereignis*. Diese haben auch die Ausformung der Hermeneutik in der Theologie geprägt, wie die zentralen Ansätze einer klassischen *Werkhermeneutik*, einer modernen *Subjekthermeneutik* und einer transmodernen *Ereignishermeneutik* belegen.

2. Werkhermeneutik (Verstehen von etwas)

Werkhermeneutische Ansätze verstehen das Interpretandum als Produkt eines Produzenten nach dem Täter-Tat-Modell: Handlungen, Texte, Schriften, Gedichte, Bilder, Partituren, Gebäude, Städte, Kulturphänomene im Allgemeinen wurden *von jemandem produziert*, von dem bzw. von denen sie unterschieden sind. Sie sind nur, weil sie *von jemandem gemacht* wurden. Es ist daher stets möglich und sinnvoll, nach der Intention des Produzenten zu fragen, um das Produkt zu verstehen. Diese Intention bestimmt den Sinn des Produkts (also das, was und wie es ist) und steuert die Art, es richtig zu verstehen.

Gegenüber dieser Perspektive sind Unterscheidungen wie die von Schrift, Bild oder Monument sekundär. Sie sind zwar Werke verschiedener Zeichenart, Medialität und Funktion, doch solange sie als Werke von Autoren angesehen werden, werden sie im Prinzip am Leitfaden derselben Verstehensfragen zu verstehen gesucht. Auch die systematische Unterscheidung von Autorintention, Werkintention und Rezipientenintention verlässt den werkhermeneutischen Ansatz nicht grundsätzlich, weil sie im Blick auf ein Werk gemacht wird, dessen Existenz (Dass) und Charakter (Was) sich wesentlich seinem Produzenten verdankt.

Theologisch dominiert dieses Modell in der klassischen Exegese und Bibelwissenschaft, sowohl in ihrer traditionellen Gestalt, in der Gott als Autor der beiden Bücher (*liber scripturae* und *liber mundi* bzw. *naturae*) gedacht wird, als auch in der modernen Form historisch-kritischer Exegese, in der die biblischen Texte als Schriften bestimmter Autoren oder Redaktoren verstanden werden. Darüber hinaus charakterisiert es grundsätzlich alle theologischen Ansätze, die am Leitfaden der Unterscheidung von Produzent und Produkt vorwiegend an der Unterscheidung von Schöpfer und Geschöpf orientiert sind und zwischen dem göttlichen Autor der Schrift und den menschlichen Autoren der Schriften unterscheiden.

Die Zentralkategorie so orientierter hermeneutischer Theologie ist der Sinn, der sich in seinem jeweiligen Zeichenträger (Medium) findet, weil er ihm *gegeben wurde* bzw. *gegeben wird* – vom Autor und/oder vom Rezipienten: Aller Sinn verdankt sich einer Sinngabe und damit einem Sinngeber, und nichts hat Sinn, dem kein Sinn gegeben wurde bzw. gegeben wird.

3. SUBJEKTHERMENEUTIK (VERSTEHEN DES SELBSTVERSTEHENS)

Subjekthermeneutische Ansätze verstehen das Interpretandum als das in jedem Verstehen mitgesetzte *Selbstverstehen*. Um etwas zu verstehen, ist das im Verstehen von etwas mitschwingende *Selbstverstehen* mitzuverstehen, ja dieses Selbstverstehen ist das eigentlich zu Verstehende, wie sich in der Vorurteilsanalyse zeigt. Das gilt nicht nur für das Selbstverstehen des Autors eines Werkes (*sensus auctoris*), sondern auch für das seiner Rezipienten (*sensus lectoris*). Das Sich-selbst-Verstehen und seine meist indirekten Ausdrucksformen treten damit ins Zentrum des hermeneutischen Interesses, und damit auch die Aufgabe, einen Autor bzw. Rezipienten ggf. besser zu verstehen, als er sich selbst verstand.

Die philosophische Hermeneutik des 20. Jahrhunderts von Heidegger, Gadamer und Blumenberg ist von manchen so gele-

sen und verstanden worden: als Versionen einer Subjekthermeneutik, in der es – daseinsanalytisch, wirkungsgeschichtlich oder
variationsphänomenologisch – um das Sich-selbst-Verstehen
des Menschen in der Welt, der Kulturwelt, der Geschichte geht.

Theologisch dominiert dieses Modell dort, wo im Gefolge
Schleiermachers das Verstehen von etwas als Verstehen im Kontext der Lebensgeschichte eines Autors konzipiert wird (anthropologische Version des Selbstverstehens), bzw. dort, wo in kos-
motheologischen Ansätzen von Hegel über Schelling bis zu
Pannenberg ein Prozess der Selbstwerdung, Selbstverwirkli-
chung oder des Sich-selbst-Verstehens Gottes entworfen wird
(kosmotheologische Version des Selbstverstehens Gottes), oder
in offenbarungstheologischen Ansätzen, wo Offenbarung als
Gottes Selbstoffenbarung seines ewigen Lebens unter den Bedingungen der Geschichte ausgelegt wird (offenbarungstheologische Version des Selbstverstehens Gottes).

Die Zentralkategorie so orientierter hermeneutischer Theologie ist das Wortgeschehen, in dem und durch das ein Glaubens-
subjekt konstituiert und zur Unterscheidung von Sünde und
Gnade, Lüge und Wahrheit befähigt wird. Sinn wird damit genauer bestimmt durch die Differenz von Wahrheit und Falschheit, wahrer Sinn als Resultat des Wahrmachens verstanden, dieses Wahrmachen aber nicht semantisch als Bestätigung einer
mehr oder weniger wahrscheinlichen Möglichkeit durch das
kontingente Faktum seiner Wirklichkeit (truthmaker) konzipiert, sondern existenziell als Prozess, in dem der Sinngeber
unter dem Differenzgesichtspunkt von Wahrheit und Lüge so
bestimmt wird, wie er coram deo in Wahrheit ist: Ein Sinn ist
wahr, wenn er sich einem wahrhaften Sinngeber verdankt, und
das entscheidet sich an seinem Verhältnis zu Gott.

Grammatisch betrachtet symbolisieren Gott, Mensch und
Teufel die dabei grundsätzlich möglichen drei Konstellationen:
nur Wahrheit und keine Lüge (Gott); Wahrheit und Lüge
(Mensch); keine Wahrheit und nur Lüge (Teufel). Gott redet

immer wahr, der Teufel lügt stets, beim Menschen weiß man nicht, woran man ist. Im Blick auf Gott fällt das Verstehen daher mit dem Erkennen der Wahrheit zusammen: Wer Gott versteht, der kennt die Wahrheit. Im Blick auf den Teufel hat der verstanden, der versteht, dass es nichts Wahres zu verstehen gibt: Wer den Teufel versteht, der weiß, dass er lügt. Und im Blick auf den Menschen stellt sich mit jedem Verstehen stets die Frage, wie zwischen Wahrheit und Falschheit, Wahrheit und Lüge, Wahrem und Unwahrem unterschieden werden kann.

4. Ereignishermeneutik (Verstehen des Verstehens)

Ereignishermeneutische Ansätze knüpfen an den zweiten Hauptstrang von Schleiermachers Hermeneutik an: das Verstehen von etwas als bestimmte Sinnverwebung im Kontext der Gesamtgeschichte der Texte, in denen ein Thema sprachlich behandelt wird. Dabei steht allerdings in Aufnahme des von Heidegger in Abgrenzung vom Gehalts- und Bezugssinn herausgestellten Vollzugssinns[41] nicht der Text als Ergebnis, sondern das konkrete Vertexten als Ereignis im Zentrum des Interesses, also nicht das resultierende Sinngebilde, sondern die Dynamik des Sinnbildens, und zwar nicht primär in seinen aktivischen, sondern passiv-pathischen Aspekten.[42]

---

[41] M. HEIDEGGER, Phänomenologie des religiösen Lebens (GA 60, 248), unterscheidet in seiner Einleitung in die Phänomenologie der Religion (WS 1920/21) zwischen dem Gehaltssinn (dem ›Was‹ der Erfahrung), dem Bezugssinn (dem ›Wie‹ der Erfahrung) und dem Vollzugssinn (dem Wie des Wie der Erfahrung). Der Vollzugssinn ist – so präzisiert M. JUNG, Das Denken des Seins und der Glaube an Gott. Zum Verhältnis von Philosophie und Theologie bei Martin Heidegger, Würzburg 1990, 46 – »die Art und Weise, in der der Bezugssinn (die im intentionalen Akt vorliegende Relation) selbst vollzogen wird«.

[42] In gezielter Abgrenzung von Ditheys Hermeneutik des Erlebnisses und

Das zeigt sich am deutlichsten in der texthermeneutischen
Variante der Ereignishermeneutik, in der es um das Verstehen
von Texten als vielschichtigen Sinngebilden geht, die eine zeit-
bezogene (und sich deshalb immer wieder verändernde) Verknüpfung, Verdichtung und Verwebung von Sinnmöglichkeiten zu einer bestimmten Sinnkonstellation darstellen. Nicht
der Autor, sondern der Text steht im Vordergrund, und zwar so,
dass nicht der Produzent (*sensus auctoris*) oder das Produkt (*sensus operis*) das hermeneutische Interpretandum sind, sondern
das Sinnereignis der Produktion des Textes. Allerdings wird
dieses nicht als *jemandes Produzieren* verstanden und der resultierende Text daher auch nicht als Werk eines Autors. Im Gegenteil: Nicht, dass es jemand herstellt oder hergestellt hat, interessiert, sondern der kreative Sinnprozess, der sich hier vollzieht,
also die konkrete Verwebung von Sinneinheiten zu einem Text
und die mannigfachen Bezüge zu anderen Zeichen, Texten, Bil-
dern, Monumenten oder sonstigen Sinneinheiten, die dabei in
Anspruch genommen, aber auch neu ermöglicht werden.

Jeder Text kommt aus einer Sinngeschichte und ist zugleich
möglicher Anfang einer neuen. In jedem Text verdichten sich
Stränge früherer Sinnkonkretionen und werden neue Sinnbe -

---

faktisch auch von Husserls Phänomenologie des Erlebens (vgl. die Kategorie des ›intentionalen Erlebnisses‹ in Husserls Logischen Untersuchungen, Tübingen 1986, II, 1, 343 ff.) hatte Franz Rosenzweig schon 1918-
1919 den Begriff des *Ereignisses* ins Zentrum seines Werkes *Der Stern der
Erlösung* gestellt, und zwar in der bezeichnenden, den passiv-pathischen
Widerfahrnischarakter hervorhebenden Zuspitzung des ›ereigneten Ereignisses‹ (GS 2, 178). Vgl. dazu B. Casper, Transzendentale Phänomenalität
und ereignetes Ereignis. Der Sprung in ein hermeneutisches Denken im
Leben und Werk Franz Rosenzweigs, in: P.-L. Coriando (Hg.), Vom Rätsel
des Begriffs. FS F. W. v. Herrmann, Berlin 1999, 359; ders., Die Gründung
einer philosophischen Theologie im Ereignis, in: Dialegesthai. Rivista tele-
matica di filosofia 5 (2003) (http://mondodomani.org/dialegesthai).

züge eröffnet. Beides ist zu beachten, wenn man ein Textereignis verstehen will. Nur weil es diese Bezüge gibt, kann man einen Text überhaupt verstehen: Wäre alles neu, bliebe es völlig unzugänglich. Aber weil die Bezüge zurück und voraus potentiell unerschöpflich sind, ist ein Text nie abschließend zu verstehen: Die Bedingungen der Möglichkeit, einen Text zu verstehen, erweisen sich zugleich als Bedingungen der Unmöglichkeit, ihn abschließend und auf nur eine Weise zu verstehen.[43]

Das beste Anwendungsfeld dieser Ereignishermeneutik stellen gegenwärtig die Zeichenereignisse im globalen Netz des Internet dar, das als Repertoire und Ressource unbegrenzter Sinnverwebungen und Sinnbezüge fungiert. Texte erscheinen auf dem Bildschirm als momentane Sinngewebe, deren Stränge sich nach allen Richtungen verfolgen lassen und über andere aktuelle Texte hinaus in nicht auszulotende Möglichkeitsräume verweisen. Dass sie Autoren oder einen Anlass haben, wie viele Autoren an einem Text mitgeschrieben haben oder wie ein Text von wem schon verstanden wurde, all das ist für ihr Verständnis hermeneutisch weitgehend ohne Belang. Jeder Text hat faktisch andere Texte im Rücken, steht im Kontext anderer Texte und macht neue Texte möglich. Die Vielfalt der Sinnbezüge zu anderen Sinnprodukten ist potentiell unendlich, die Sinn-

---

43 Darauf zielt Derridas antihermeneutisch gemeinte Kontrastierung von Wort und Schrift, die Sinn nicht als Ereignis in der Gegenwart, sondern nur als Spur aus der Vergangenheit zu verstehen vermag. Diesem Ansatz folgen auch die in der sog. Postmoderne dominierenden Verstehensstrategien der Sinnverschiebung von Texten und des Nachzeichnens der gegenläufigen Prozesse von Sinnabbau und Sinnaufbau im Textverstehen, ohne die es keinen bestimmten Textsinn gibt: Kein Textsinn ist stabil, sondern jeder Sinn eines Textes ist eine zeitpunktbezogene Fixierung von Sinnmöglichkeiten durch einen Rezipienten, die sich im Rahmen der in der jeweiligen Textstruktur angelegten Möglichkeiten jederzeit wieder verflüssigen und durch die Einbeziehung neuer Bezüge für andere Rezipienten einen anderen Sinn erschließen kann.

plastizität von Texten dementsprechend kaum zu beschränken. Nicht das Sinngefüge des Textes, sondern das Verstehensereignis und damit das konkrete Verstehen hier und jetzt legt fest, was verstanden wird, auch wenn man weiß, dass es von anderen oder zu einem anderen Zeitpunkt auch anders verstanden werden kann: Es ist nicht der Sinn eines Textes, der das Verstehen bestimmt, sondern das konkrete Verstehen hier und jetzt legt fest, was der Sinn eines Textes ist.

Ist alles Verstehen in diesem Sinn an den konkreten Akt des Verstehens gebunden, und lebt Verstehen von dem, was ihm an verstehbaren Sinnmöglichkeiten zugespielt wird, dann hat das paradoxe Folgen. Verstehen kann man dann nur hier und jetzt, aber das, was man versteht oder zu verstehen meint, lässt sich hier und jetzt nicht verstehen. Ist die Totalität der Sinnbezüge das, was einen Text zu dem macht, was er ist, dann lässt sich nicht nur kein Text erschöpfend verstehen, sondern jedes konkrete Verstehen scheint kaum etwas anderes zu sein als ein Willkürakt: Selbst wenn man hier und jetzt nicht anders verstehen kann, als man versteht, versteht man doch nur, weil man im Blick auf die zugespielten Sinnmöglichkeiten auch anders verstehen könnte. Kann man aber immer auch anders verstehen, dann hat man nie etwas verstanden. Die Bedingung der Möglichkeit des Verstehens ist zugleich die Bedingung seiner Unmöglichkeit.

Es ist möglich, dass das im Extrem zum verantwortungslosen Umgang mit Texten führen kann: ›Ich nehme (als Autor), was sich mir bietet‹[44] und ›Ich verstehe (als Leser), wie ich will‹. Doch das muss nicht so sein. Es kann auch gerade umgekehrt ein Vorgang sein, in dem in einer konkreten Situation ein Sinn

---

44 Unter dem Gesichtspunkt der Autorschaft und des geistigen Eigentums ist das sich hier abzeichnende Problem inzwischen zum öffentlichen Thema geworden. Vgl. die Debatten um H. Hegemann, Axolotl Roadkill, Berlin 2010, und D. Shields, Reality Hunger. A Manifesto, New York 2010.

anhand eines Zeichenmediums einem Interpreten so impo-
niert, dass nicht dieser den Text, sondern der Text ihn interpretiert, ja ihn als ein bestimmtes Verstehenssubjekt überhaupt
erst konstituiert: ›Ich verstehe so, weil ich nicht anders kann‹.
Nicht der Interpret legt dann den Text aus, sondern der Text den
Interpreten – und ebendas gilt es zu verstehen.

Die hermeneutische Orientierung am konkret-kontingenten
Verstehensereignis legt ein grundlegend anderes Verhalten im
Umgang mit Texten nahe, bei Rezipienten wie bei Produzenten.
Es kommt zu einer folgenreichen Entkoppelung von Autorschaft und Eigentum,[45] Autorschaft vollzieht sich »als Auswahl
aus einem Menu«[46], und Formen kollektiver Autorschaft lösen
das »romantische Modell des einsamen Einzelautors« ab, das
ohnehin »nur einen sehr kleinen Platz in der Geschichte der
menschlichen Kultur« einnimmt.[47] Konsequent werden Zitate
nicht mehr als Zitate gekennzeichnet, weil das Produzentenmo-
dell der Werkhermeneutik mit seiner eindeutigen Unterscheidung von Autor und Rezipient, Originaltext und Kopie[48], Eigen-

---

45 I. SCHNEIDER, Konzepte von Autorschaft im Übergang von der ›Guten-
    berg‹- zur ›Turing‹-Galaxis, in: zeitenblicke 5 (2006), Nr. 3, [2006-12-03], http://
    www.zeitenblicke.de/2006/3/Schneider/index—html, URN:urn:nb.de.

46 L. MANOVICH, Black Box – White Cube, Berlin 2005, 10. Vgl. DERS., The
    Language of New Media, Cambridge, MA/London 2001, 116 ff.

47 MANOVICH, Black Box, 7.

48 Der Umgang mit alttestamentlichen Zitaten in neutestamentlichen Kon-
    texten verlangt von hier aus, anders bewertet zu werden. Entscheidend für
    ihr Verständnis ist nicht der traditionelle Herkunftszusammenhang, der
    im Zitat re-präsentiert und damit aktualisiert wird, sondern die Neukon-
    stituierung von Sinn im Gebrauch einer Wendung, die erst in diesem
    Gebrauch diesen Sinn erhält und ihn nicht von anderen Zusammenhän-
    gen her mittransportiert. Der christologische Gebrauch alttestamentlicher
    Verheißungen ist damit nicht von vornherein ein verwerflicher Miss-
    brauch von Früherem, sondern ein neues Sinnereignis, eine neue Sinnver-
    dichtung in einem anderen Kontext, die neue Sinnbezüge schafft und

tümer und Eigentum, Besitzer und Besitz verabschiedet ist. Es kommt auf das Sinnereignis im Jetzt an, das sich allenfalls retrospektiv als mannigfache Verdoppelung und Verschiebung von anderen Sinnlinien im differenzierten Möglichkeitsraum des Zeichensinns analysieren lässt. Die hermeneutisch entscheidende Frage ist nicht, von wem ein Sinngebilde stammt oder was es ›eigentlich‹ besagt, sondern, wo es wie von wem aus welchem Grund verstanden wird, welche neuen Sinnmöglichkeiten es eröffnet und welche alten dabei aufgenommen und fortgesetzt, beendet oder ausgeschlossen werden. Das Ereignis zählt, die Zukunft, die es eröffnet, und was dadurch zur Vergangenheit wird. Verstehen wird dynamisch, und diese Dynamik gilt es, hermeneutisch zu verstehen.

Diese hermeneutische Konzeption hat in den Ansätzen von Fuchs und Jüngel eine Parallele, allerdings mit einer zusätzlichen theologischen Pointe. Auch sie achten nicht auf den Produzenten, sondern das Produkt (den Text), auch sie verstehen diesen Text nicht als Werk, sondern als Manifest eines Ereignisses, aber sie verstehen dieses Ereignis nicht nur als Verstehensanlass, sondern als *Ausdrucksgestalt eines sich selbst verstehbar erschließenden Sprachereignisses.* Das unverfügbare Moment des Sich-Ereignens, des frei Eintretens, des Sich-Erschließens dominiert, und das heißt aufseiten des Menschen, das Betroffenwerden durch ein Widerfahrnis, das einen passiv zu etwas Neuem macht, so dass man sich, seine Welt, Gott und alles Übrige in radikal anderer Weise sieht und versteht, als man es bislang getan hat und tun konnte.

Was sich da ereignet und wie das zu verstehen ist, was einem in dieser Weise als Unterbrechung des eigenen Lebenszusammenhangs widerfährt, lässt sich in allen nur denkbaren Weisen

---

nahelegt, die vorher so nicht zu finden waren, und damit neue und nicht vorhersehbare Verstehensmöglichkeiten erschließt.

missverstehen, nicht verstehen und falsch verstehen. Jeder Zug einer Hermeneutik des Verdachts und hermeneutischen Kritik und Selbstkritik behält hier sein gutes Recht. Nur verlieren Verdacht und Kritik ihre Pointe und ihr Kriterium, wenn sie nicht auf das Freilegen dessen abzielen, was als Ereignis widerfahren ist und den Prozess der Re-Vision, des Andersverstehens und der Neu-Interpretation alles je und je schon Verstandenen und Verstehbaren in Gang gesetzt hat. Nicht die Frage nach der leitenden Autorintention ist im Umgang mit Texten daher die entscheidende Frage, nicht die Eruierung der historischen Ursprungssituation eines Textes und auch nicht die Suche nach einem im Text fixierten dogmatischen Sinn. Entscheidend ist vielmehr das Aufmerksamwerden auf das Ereignis, dem sich der Text verdankt und das er mit seiner Wirklichkeit als Text bezeugt, und auf die von diesem Ereignis freigesetzten und zugespielten Möglichkeiten des Verstehens, Selbstverstehens und Lebens, die sich nie anders aufdecken lassen als dadurch, dass sie dem Missverstehen, Falschverstehen und Nichtverstehen korrigierend und kritisierend abgerungen werden. Theologisch ist der Sinn eines Textes nicht in dem zu suchen, was ihm als Autorintention voraus- oder als faktischer Anlass zugrunde liegt, sondern in dem, was sich durch ihn dem Verstehenden als Wahrheit seines Lebens erschließt. Der ›eigentliche‹ Sinn eines Textes ist der, durch den sich mir im verstehenden Umgang mit dem Text in Kritik und Korrektur meiner je wirksamen Selbst-, Welt- und Gottsicht erschließt, wer ich eigentlich – d. h. *coram deo* – bin.

Auch die Trinitätstheologie wird dementsprechend nicht als Selbstverstehenshermeneutik eines Suprasubjekts verstanden und konzipiert, sondern als Ereignisontologie der Selbstoffenbarung Gottes. Gott ist nicht hinter oder vor dem Offenbarungsereignis zu suchen, er ist das Ereignis des Offenbarwerdens seiner selbst, insofern sich darin für Menschen wiederholt, was Gott an und für sich ist; und dieses Offenbarungsereignis findet nicht so statt, dass man es im Modus der Vergangenheit thematisieren könnte, sondern dort, wo Gott für jemanden im Umgang mit dem *verbum externum* des Evangeliums (Textverstehen) durch das Sprachereignis des Ausgelegtwerdens durch das Evangelium (Wort Gottes-Verstehen) als Gott verständlich wird. Das theologische Interpretandum ist dementsprechend nichts hinter oder vor dem Text, wofür dieser nur als Zeichen stünde, sondern der Text selbst, und zwar als das Geschehen, in dem er wird, was er für jemanden ist, indem er einer Person die Augen für das öffnet, was sie in ihrer Situation vor Gott bisher nicht oder nicht so gesehen und verstanden hat. Nicht ein Autor legt sich hier in einem Text aus (expressiver Sinn), ein Adressat wird durch das Textereignis vielmehr so verändert, dass er sich und seine Welt nicht mehr so verstehen kann wie zuvor (transformativer Sinn), sondern zur kritischen Unterscheidung von richtigem und falschem, adäquatem und misslungenem, irreführendem und weiterführendem Verstehen genötigt wird.

Die Zentralkategorie so orientierter hermeneutischer Theologie ist das *Sprachereignis* (Wahrheitsereignis), in dem das gegenwärtig wird, was Verstehen in seinem ganzen Umfang als Selbstverstehen, Weltverstehen und Gottverstehen überhaupt erst möglich, aber zugleich auch unausweichlich macht: Wo sich die Wahrheit ereignet, kann man sich nicht nicht verstehend zu ihr verhalten. Denn Wahrheit ist das, was einen wahr macht, also von dem, was man ist, verändert zu dem, was man dadurch wird. Wer von der Wahrheit betroffen wird, findet sich in einer Differenz vor, die ihn nötigt, sich verstehend zu ihr zu verhalten, sie also im Blick auf das, was war, und das, was wird, im Licht dieses Wahrheitsereignisses in bestimmter Weise zu verstehen. Nur wer sich so neu zu verstehen beginnt, versteht sich überhaupt. Um das Verstehen dieses Veränderungsereignisses geht es der theologischen Ereignishermeneutik.

IV. Theologische Hermeneutik und hermeneutische Theologie

Ist das damit knapp umrissene Grundproblem philosophischer Hermeneutik das Verstehen des Verstehens, so ist das der neueren (d. h. sich nicht nur als Bereichshermeneutik entwerfenden) theologischen Hermeneutik – so könnte man zugespitzt und alle weiteren Präzisierungen zurückstellend sagen – das *Verstehen des Verstehens Gottes.*

1. Verstehen des Verstehens Gottes

Das freilich ist eine vieldeutige Formulierung, deren genaueres Verständnis an der Bestimmung des Ausdrucks ›Gott‹ sowie an der Deutung des Genetivs der Wendung ›Verstehen Gottes‹ hängt: Geht es um eine *Verstehen dessen, wie Gott selbst sich versteht (gen. subjectivus),* oder um ein *Verstehen dessen, wie Menschen Gott verstehen (gen. objectivus),* oder um ein *Verstehen des Verstehens, das Gott gibt (gen. auctoris),* bzw. um ein *Verstehen dessen, dass Gott der ist, der uns zu verstehen ermöglicht* (Verstehen Gottes [*gen. objectivus*] als Schöpfer des Verstehens [*gen. auctoris*]) bzw. um ein *Verstehen dessen, dass Gott der ist, der uns Gott zu verstehen ermöglicht),* und damit um ein *Verstehen, in dem Menschen Gott so verstehen, wie Gott selbst sich ihnen zu verstehen gibt* (Verstehen Gottes [*gen. objectivus*] als Nachvollzug und Aneignung von Gottes Selbstverstehen [*gen. subjectivus*] aufgrund von Gottes Sich-selbst-zum-Verstehen-geben [*gen. auctoris*])?

Alle diese Lesarten implizieren unterschiedliche Gottesverständnisse (Gott als göttliches Verstehenssubjekt, als Urgrund menschlichen Verstehens, als Verstehen ermöglichendes Schöpfungsereignis, als ursprüngliches Selbstverstehensereignis, als sich selbst vermittelndes Selbstverstehen, usf.) und sie alle spielen in der hermeneutischen Theologie eine Rolle. Im Blick auf das *Verstehen* des Verstehens Gottes und damit im Blick auf das, was theologische Hermeneutik gegenüber der philosophischen auszeichnet, steht aber auf jeden Fall ein *menschliches Verstehen* des wie auch immer verstandenen Verstehens Gottes zur Debatte. Auch dieses menschliche Verstehen kann allerdings verschieden aufgefasst werden: als Gott-Verstehen der Glaubenden (Verstehen erster Ordnung) oder als Verstehen ihres Verstehens Gottes (Verstehen zweiter Ordnung), und dieses kann seinerseits wieder entweder im Horizont des Glaubensverstehens erster Ordnung vollzogen werden (als theologisches Verstehen) oder von einem anderen Standpunkt aus (als historisches, empirisches, religionswissenschaftliches, psychologisches, soziologisches usf. Verstehen). Sofern es nicht nur um das Verstehen Gottes im Glauben (Verstehen erster Ordnung), sondern um das Verstehen dieses glaubenden Verstehens Gottes im Horizont des Glaubensverstehens erster Ordnung geht, ist dies eine Frage theologischer Reflexion und damit der Selbstreflexion des Glaubens, der sich denkend auf sich selbst bezieht, um sich, seinen Gegenstand, Grund und Vollzug zu verstehen.

Auch diese theologische Verstehensbemühung ist kritisch an der Grenze des Glaubensverstehens interessiert und damit an der Leitdifferenz zwischen dem Verstehen Gottes im Glauben und seinem Miss- bzw. Nicht-Verstehen im Unglauben orientiert. Nun gibt es Glauben nicht gleichursprünglich mit dem Unglauben, aber man kann auch nicht ohne Rekurs auf den Glauben Phänomene des Unglaubens oder ohne Abgrenzung vom Unglauben Phänomene des Glaubens identifizieren. Es gibt Glauben nur als radikalen, alles in ein neues Licht rückenden Wechsel vom Unglauben zum Glauben. Dieser Wechsel kann sich als umstürzende Unterbrechung eines Lebens (Dislozierung) oder als kaum bemerkbares Werden im Leben ereignen (Umorientierung). So oder so findet er stets *in* einem Leben statt (niemand wird als Glaubender geboren, sondern wer Glaubender wird, wird das im Vollzug seines Lebens), aber er ist nicht nur ein weiteres Ereignis in der Reihe der Ereignisse eines Lebens (auch wenn er so immer auch beschrieben werden kann) oder der Beginn einer neuen Ereignisreihe in diesem Leben (auch wenn das immer auch der Fall ist), sondern eine radikale Positions-, Horizont- und Orientierungsveränderung, die alles Bisherige, Jetzige und Künftige in ein neues Licht rückt: das Licht der Gegenwart Gottes, die im Vergangenen, Gegenwärtigen und Künftigen zwischen dem, was ihr entspricht (Glaube), und dem, was ihr nicht entspricht (Unglaube), zu unterscheiden nötigt. Nicht von Anfang an oder in neutraler Perspektive, sondern erst rückblickend von diesem Wechsel her kann und muss aber auch zwischen Unglaube und Glaube unterschieden werden: Alle Menschen leben entweder im Unglauben oder im Glauben; niemand lebt im Glauben, der nicht aus dem Unglauben kommt; und niemand, der lebt, lebt neutral, also weder im Unglauben noch im Glauben.

Das hat zwei wichtige Folgen. Einerseits ist das Verstehen Gottes im Glauben damit nie anders gegeben als in Form einer kritischen Korrektur und Umwandlung des Miss- und Nicht-Verstehens Gottes im Unglauben: Das Verstehen Gottes im Glauben lässt sich nie als solches, sondern immer nur in kritischer Differenz zum Miss- bzw. Nicht-Verstehen Gottes im Unglauben bestimmen.[49] Andererseits ist das Verstehen Gottes im Glauben

---

49 Auch wenn das im Gefolge Kierkegaards immer wieder versucht wurde, lässt sich darauf keine negative Phänomenologie des Glaubens gründen, die aus Phänomenen des Unglaubens die darin mit- oder vorausgesetzte Alternative des Glaubens erschließt. So könnte nur verfahren werden, wenn sich Phänomene des Unglaubens unabhängig vom Glauben identifizieren ließen. Doch das geht nicht. Auf diese Weise kommen immer nur Phänomene des Lebens, aber nicht Phänomene des Unglaubens in den Blick. Um aber Lebensphänomene als Phänomene des Unglaubens bestimmen zu können, muss auf den Glauben Bezug genommen werden. Und

nicht ablösbar von dem nicht selbst bewirkten, sondern als Widerfahrnis erfahrenen Wechsel vom Unglauben zum Glauben und damit hermeneutisch wesentlich durch diesen radikalen Wechsel bestimmt. Vom Unglauben aus gibt es weder Anlass noch Sinn noch die Möglichkeit, sich selbst zum Glauben zu bestimmen. Dazu müsste unter ›Gott‹ nicht nur das gedacht werden, was wir uns denken, sondern Gott müsste so bekannt und zugänglich sein, wie Gott sich selbst kennt und zugänglich macht: als Gott, an den man aus freien Stücken glauben kann, weil er sich selbst als guter Gott zur Geltung bringt. Vom Glauben aus dagegen wird der Wechsel vom Unglauben zum Glauben nicht als eigene Leistung, sondern als unverdientes und unerwartetes Geschenk Gottes wahrgenommen und bekannt. Unter ›Gott‹ wird dementsprechend der verstanden, der Menschen vom Unglauben zum Glauben, aus der Gottferne in die Gottesnähe, aus dem Tod ins Leben führt. Vom Verstehen Gottes im Glauben kann in der Selbstunterscheidung vom Nicht-Verstehen Gottes im Unglauben nur gesprochen werden, insofern Gott als Gegenstand und Grund dieses Glaubens genau der ist, dem der Vollzug des Wechsels vom Unglauben zum Glauben zu verdanken ist.

---

um Lebensphänomene als Phänomene des Glaubens beschreiben zu können, muss nicht nur abgrenzend auf den Unglauben, sondern auch explizit auf Gott Bezug genommen werden, dem sich der Wechsel vom Unglauben zum Glauben und damit die Differenz zwischen Glauben und Unglauben verdankt. Ohne Rekurs auf Gott lässt sich diese Differenz nicht verdeutlichen oder theologisch sinnvoll verwenden: Sie ist keine deskriptive begriffliche Differenz zur Klassifizierung von Lebensphänomenen, sondern eine Orientierungsdifferenz des Glaubenslebens, das sich und alles Übrige im Licht und im Horizont des Gott zu verdankenden Wechsels vom Unglauben zum Glauben versteht.

2. Ansätze theologischer Hermeneutik

Das wird nicht immer in der nötigen Klarheit gesehen. Zur Analyse des Verstehens Gottes im Glauben in der Unterscheidung von seinem Nicht-Verstehen im Unglauben werden vielmehr alle genannten philosophischen Ansätze religionsphilosophisch und theologisch aufgegriffen.

Subjektivitätstheoretisch wird Gott verstanden als letzter Real- und Möglichkeitsgrund sowohl der unser Verstehen konstituierenden kognitiven Operationen (Selbst) als auch des mit ihnen und durch sie Verstandenen (Welt). Das Verstehen Gottes wird damit entweder im Argumentationshorizont einer kosmologischen oder einer reflexionsphilosophischen Begründungsfigur entwickelt. Ersteres belegt exemplarisch Lonergans philosophische Theologie,[50] Letzteres in unterschiedlicher Weise Rahners transzendentalhermeneutische Theologie der intersubjektiv vermittelten Selbstmitteilung Gottes[51] oder Herms' transzendentalsemiotische Erfahrungstheologie der schlechthinnigen Transzendenzabhängigkeit des semiosischen Selbsts.[52] Grundproblem dieser Versuche ist, dass sie dazu neigen, die Leitdifferenz theologischer Hermeneutik von der Differenz *Verstehen/Nicht-Verstehen Gottes* auf die Differenz *Verstehen Gottes/Verstehen Nicht-Gottes* umzustellen. Ihre Verstehensbemühung orientiert sich dementsprechend nicht mehr an der – wie vor allem Ebeling[53]

---

50 LONERGAN, Insight.

51 K. RAHNER, Grundkurs des Glaubens. Einführung in den Begriff des Christentums, Freiburg 1977, 122 ff.

52 E. HERMS, Theologie – eine Erfahrungswissenschaft, München 1978; DERS., Die Einführung des allgemeinen Zeichenbegriffs. Theologische Aspekte der Begründung einer reinen Semiotik durch Ch. W. Morris, in: DERS., Theorie für die Praxis. Beiträge zur Theologie, München 1982, 164–188.

53 G. EBELING, Wort Gottes und Hermeneutik, in: DERS., Wort und Glaube, Tübingen ³1967, 319–348, 334.341; DERS., Theologie zwischen reformato -

und in seinem Gefolge Trowitzsch[54] betont haben – theologisch in der Sündenlehre zu entfaltenden Problematik rechten und falschen Verstehens Gottes, sondern an der schöpfungstheologisch entfalteten kosmologischen bzw. anthropologischen Differenz zwischen Gott und Welt bzw. Gott und Selbst. Formal handelt es sich nur um eine unterschiedliche Bestimmung des Bereichs des in der Leitdifferenz theologischer Hermeneutik verwendeten Negationsoperators. Doch die materialen theologischen Konsequenzen sind erheblich.

Sprachphänomenologisch wird das Verstehen Gottes als Verstehen der Art und Weise expliziert, in der wir faktisch von Gott sprechen. Welches Verständnis von ›Gott‹ liegt unserem Reden zu und von Gott zugrunde und steuert unseren religiösen Sprachgebrauch? Die Antwort, wie die sich an Wittgenstein anschließenden Versuche von Peter Winch, Rush Rhees, D. Z. Phillips[55] und anderen belegen, ist nur konkret über eine deskriptive Analyse religiösen Sprachverhaltens zu gewinnen. Will diese nicht der bloßen Normativität des Faktischen huldigen, muss sie allerdings das faktische Verstehen Gottes kritisch an dem messen, wie Gott verstanden werden muss, wenn wirklich Gott verstanden werden soll. Zu einer kritischen Rekonstruktion der Grammatik einer religiösen bzw. (im Fall des christlichen Glaubens) einer christlichen Lebensform kann es daher nur kommen, wenn die sprachphänomenologische Analyse mit einer aus dem Selbstverständnis des Glaubens gewonnenen

---

rischem Sündenverständnis und heutiger Einstellung zum Bösen, in: Ders., Wort und Glaube III, Tübingen 1975, 173–204; Ders., Das Problem des Bösen als Prüfstein der Anthropologie, in: Ders., Wort und Glaube III, 205–224; Ders., Dogmatik des christlichen Glaubens I, Tübingen 1979, 156 f.

54 M. Trowitzsch, Verstehen und Freiheit. Umrisse einer theologischen Kritik der hermeneutischen Urteilskraft, Zürich 1981.

55 D. Z. Phillips, The Concept of Prayer, London 1965; Ders., Faith and Philosophical Enquiry, London 1970; Ders., Religion Without Explanation, Oxford 1976; Ders., Faith after Foundationalism, London 1988.

theologischen Normierung verbunden, also dogmatisch fundiert wird.[56]

Existenzphänomenologisch schließlich wird das Verstehen Gottes unter Voraussetzung des fundamentalen Zusammenhangs zwischen Verstehen und Selbstverstehen auf dem Weg existentialontologischer, wirkungsgeschichtlicher oder gegenständlichkeitshermeneutischer Analysen zu explizieren versucht. So betont Bultmann in Aufnahme reformatorischen Gedankenguts nicht nur den unlöslichen Zusammenhang von Gottes- und Selbsterkenntnis, sondern spitzt diesen in der Weise zu, dass die Analyse des menschlichen Selbstverständnisses den Schlüssel zum Gottesverständnis darstellt.[57] Das gilt in doppelter Hinsicht. Einerseits begreift Bultmann das mit unserem jeweiligen Selbstverständnis gesetzte Vorverständnis oder vorgängige Lebensverhältnis zu der infrage stehenden Sache als die Bedingung der Möglichkeit alles Verstehens, insofern etwas verstehen ihm zufolge grundsätzlich heißt, »es in seinem Bezuge auf sich, den Verstehenden, verstehen, sich mit oder in ihm verstehen«[58]; und er sucht das im Rückgriff auf die Daseins- und Vorverständnisanalysen Heideggers in *Sein und Zeit* kritisch zu entfalten. Andererseits wird die Besonderheit des christlichen Glaubens und seines Gottesverständnisses als die Ermöglichung und Eröffnung eines neuen gläubigen Selbstverständnisses beschrieben, in dem der Mensch seine Eigentlichkeit gewinnt; und auch das wird von Bultmann als inhaltliche, nämlich unter den Gesichtspunkten von Sünde und Glaube bestimmte Fassung der formalen Existenzbestimmungen aus *Sein und Zeit* entfaltet.

---

56 Vgl. I. U. DALFERTH, Religiöse Rede von Gott, München 1981, 269–494.

57 R. BULTMANN, Welchen Sinn hat es, von Gott zu reden?, in: DERS., Glauben und Verstehen I, Tübingen [8]1980, 26–37; DERS., Das Problem der Hermeneutik, in: DERS., Glauben und Verstehen II, Tübingen 1952, 211–235.

58 R. BULTMANN, Das Problem der »natürlichen Theologie«, in: DERS., Glauben und Verstehen I, 294–312, 295 f.

Diese Orientierung an einem existentialontologischen Daseinsverständnis, das theologisch im Horizont einer kritischen Analyse des Selbstverstehens unter der Differenzbestimmung von Sünde und Glaube interpretiert wird, wird seitens des von Gadamer entwickelten wirkungsgeschichtlichen Ansatzes als subjektivitätsphilosophisches Missverständnis Heideggers kritisiert. Das menschliche Selbst ist nicht der Bezugs- und Angelpunkt allen Verstehens, sondern seinerseits durch einen Geschehenszusammenhang konstituiert: das Geschehen des Gesprächs oder der Überlieferung. Da dieses sich vorzüglich in und durch Sprache vollzieht, ist in Anlehnung an den späteren Heidegger auch die Verstehens- und Selbstverstehensanalyse am Leitfaden der – seinsgeschichtlich gedeuteten – Sprache vorzunehmen. Nicht mehr die Existenz, sondern die Sprache wird damit zum zentralen Orientierungsrahmen der Verstehensanalyse.

Das gilt auch dort, wo gegenständlichkeitshermeneutisch betont wird, dass das Gespräch seine Pointe darin hat, über etwas zu sein, und dass die Erhellung dieses Gegenstandsbezugs die hermeneutische Aufdeckung der Grundbedingungen ist, unter denen in diesem Gegenstandsbereich geredet, gedacht und erkannt wird. Erst gegenständlichkeitsorientierte Fragestellungen führen die theologische Hermeneutik nicht nur von der Konzentration auf das Subjekt zur Fokussierung auf das Zeichenmedium Sprache, sondern darüber hinaus auf das, worauf sich die hermeneutische Verstehensbemühung responsorisch richtet, weil das zu Verstehende ebendas ist, was den Anstoß zum Verstehen gibt, indem es die Fragen des Verstehens überhaupt erst provoziert. Dieser Gedanke liegt aufseiten der Theologie der sich antihermeneutisch gebärdenden phänomenologischen Dogmatik Karl Barths ebenso zugrunde wie der offenbarungshermeneutischen Theologie Eberhard Jüngels[59] oder auf philosophischer Seite der responsorischen Wahrnehmungsphänomenologie von Bernhard

---

59 E. Jüngel, Gottes Sein ist im Werden. Verantwortliche Rede vom Sein Got-

Waldenfels und der Gegenständlichkeit konstituierenden Fundamentalhermeneutik Günter Figals – unbeschadet aller tiefgreifenden Differenzen zwischen diesen Ansätzen.

3. Glaubensverstehen und theologisches Verstehen

Wenn es in der *theologischen Hermeneutik* um das *Verstehen des Verstehens Gottes* geht, dann geht es selbstverständlich um das Verstehen des *menschlichen* Verstehens Gottes. Aber daraus ist nicht in der gängigen Weise zu schließen, dass es deshalb entweder um ein *Nichtverstehen(können) Gottes* gehen müsse (weil Gott kein möglicher Gegenstand menschlichen Verstehens sei) oder um das *Verstehen menschlicher Gotteskonstrukte* (weil wir nur verstehen könnten, was wir selbst symbolisch bilden). Es ist keine zwingende Alternative, dass Menschen Gott entweder nicht oder nur ihre eigenen Gotteskonstrukte verstehen können. Wir verstehen zwar immer nur zeichenvermittelt, aber wir verstehen dabei nicht nur Zeichen, sondern durch Zeichen Wirkliches, Mögliches und Notwendiges. Wenn es menschliches Verstehen Gottes gibt, dann ist auch dieses zeichenvermittelt. Aber das heißt nicht, dass es deshalb nur ein Verstehen menschlicher Gotteszeichen sein könne. Ebenso wenig gilt, dass menschliches Verstehen Gottes von vornherein unter der Prämisse des immer noch größeren Nichtverstehens stünde, und dass man ebendas verstehen müsse, wenn man das Verstehen Gottes verstehen wolle: Nicht dass Gott nicht verstanden werden kann, ist das Höchste, was man im Blick auf Gott verstehen kann, sondern – soll von Gott zu reden überhaupt eine lebens-

---

tes bei Karl Barth. Eine Paraphrase, Nachdruck der 4. Aufl. 1986, Tübingen 1998; DERS., Gott als Geheimnis der Welt. Zur Begründung der Theologie des Gekreuzigten im Streit zwischen Theismus und Atheismus, Tübingen [7]2001.

relevante Pointe haben – gerade umgekehrt, dass Gott verstanden werden kann, weil er selbst sich als Gott verständlich macht.

Hier teilen sich die Wege zwischen der klassischen Tradition theologischer Hermeneutik, die vom *Nichtverstehen Gottes* ausgeht, und der hermeneutischen Theologie, die vom *Verstehen Gottes* her denkt. Die Differenz manifestiert sich in der Doppeldeutigkeit der Wendung *Verstehen Gottes*, die sich zweifach verstehen lässt – als Verstehen von *etwas als Gott* oder als Verstehen von *Gott als etwas*.

So kann sich menschliches Verstehen zum einen auf *etwas* richten, was es *als Gott* versteht. Dann ist es entweder, wie in der metaphysischen Tradition, ein Fall des interpretierenden Verstehens von *etwas* (Objektivierung von etwas als Gott), oder, wie im Gefolge des Idealismus, eine Form des sich über sich selbst aufklärenden *Selbstverstehens* (Verstehens *von sich selbst*), das Gott nicht im Modus des Verstehens (als Objekt), sondern des Selbstverstehens (als Subjekt) zu verstehen sucht (Gott als Grund des Selbstverstehens). Im einen wie im anderen Fall bedarf es eines kohärenten Gotteskonzepts, um etwas als Gott verstehen zu können.

Oder menschliches Verstehen richtet sich auf *Gott*, den es *als etwas* versteht. Dann bedarf es zwar nicht eines vorgängigen Gotteskonzepts, aber es kann – da Gott nicht als ein zu Verstehendes unter anderem gegeben ist – nur dann wirklich Gott und nicht nur ein Gottesverständnis bzw. einen Gottesbegriff verstehen, wenn Gott *sich selbst als Gott verständlich macht*. Dass das geschieht, ist der strenge Begriff von Offenbarung als Selbstoffenbarung, und in der Tat rekurrieren alle Religionen, die *zu und von Gott* und nicht nur über etwas als Gott zu reden beanspruchen, in diesem Sinn auf eine von ihnen bekannte und vorausgesetzte Gottesoffenbarung.

Die Differenz beider Verständnisse der Wendung ›Verstehen Gottes‹ hat nichts damit zu tun, dass es im einen Fall um ein indirektes und vermitteltes, im anderen dagegen um ein direk-

tes und unmittelbares Verstehen gehe.[60] Alles Verstehen ist zeichenvermittelt, und nichts wird *als etwas* verstanden, das nicht
durch etwas als etwas verstanden würde: ›Etwas als etwas verstehen‹ heißt stets ›etwas durch etwas als etwas verstehen‹. Das gilt
für den Fall ›etwas als Gott verstehen‹ ebenso wie für den Fall
›Gott als etwas verstehen‹. In beiden Fällen wird Gott vermittelt
durch Medien verstanden (Zeichen, Wort, Schrift, Bild), niemals
aber unmittelbar.

4. Negative und radikale Theologie

Für Denker in der Tradition *negativer Theologie* besagt das, dass
wir es immer nur mit *Zeichen* für Gott tun haben, nicht mit
dem Gott, auf den sie verweisen.[61] Ist Gott aber stets jenseits der
Zeichen, durch die er zu verstehen gesucht wird, dann ist er im
Letzten nicht verstehbar. Zeichen sind endlich, Gott aber unendlich. Negative Theologie ist dementsprechend die Grundform aller Theologie.

Demgegenüber betont *radikale Theologie* nicht etwa eine
zeichenfreie Unmittelbarkeit im Verstehen Gottes, sondern im
Gegenteil einen Zeichengebrauch, in dem die Zeichen Gott
nicht verstellen, sondern vergegenwärtigen. Im Ereignis des
Verständlichwerdens Gottes als Gott – also im Ereignis der
Selbstoffenbarung Gottes – wird die Differenz zwischen Zeichen
und Gott nicht eingezogen, sondern so zugespitzt, dass die frag-

---

[60] Vgl. V. Hoffmann, Vermittelte Offenbarung. Ricœurs Philosophie als
Herausforderung der Theologie, Mainz 2007, Kap. 1.

[61] Dass das nicht alles ist, hat die klassische Theologie durchaus gewusst,
wenn sie in augustinischer Tradition solche Zeichen, in denen Signifikant
und Signifikat systematisch zu unterscheiden sind, von den sakramentalen Zeichen abhob, in denen das Signifikat (Gott) im konkreten Signifikanten (Brot und Wein) präsent ist.

lichen Zeichen wesentlich *mehrfach determiniert* sind: Gott verschwindet nicht hinter den Zeichen, sondern *wird mit ihnen so präsent*, dass er für die Verstehenden anhand dieser Zeichen als Gott verständlich wird. Zeichen vermitteln Gott, nicht weil sie aufhörten, als Zeichen auf Gott zu verweisen und damit von Gott verschieden zu sein, sondern weil sich im Gebrauch dieser Zeichen etwas ereignet, was die Betroffenen retrospektiv im Bekenntnis zum Ausdruck bringen, Gott selbst habe sich ihnen verständlich gemacht.

›Offenbarung‹ ist insofern eine theologische Kategorie zur Analyse und Interpretation der responsorischen Bekenntnisstruktur des Glaubens (›nicht ich, sondern Gott‹; ›nicht durch eigene Vernunft und Kraft, sondern der Heilige Geist durch das Evangelium‹), keine Beschreibungskategorie eines historischen, empirischen oder – im weiten Sinn – phänomenalen Ereignisses der Erfahrungswelt.

Als ein solches *disclosure*-Ereignis[62] oder ›Erschließungserlebnis‹ wird Offenbarung in der Tradition eines ›christlichen Empirismus‹[63] bzw. im Gefolge Schleiermachers[64] immer wieder beschrieben. Dabei wird auf ein Erleben abgehoben, das kein vom Subjekt in der Kontinuität seiner Lebensvollzüge gewonnene, aufgebaute oder erarbeitete Erfahrung oder Einsicht ist, sondern den Erfahrungszusammenhang so unterbricht, dass etwas Unerwartetes und Überraschendes ins Bewusstsein tritt.

---

[62] Vgl. I. RAMSEY, Miracles: An Exercise in Logical Map Work, Oxford 1952; DERS., Religious Language: An Empirical Placing of Theological Phrases, London 1957; DERS., Christian Discourse: Some Logical Explorations, London/New York 1965; DERS., Models and Mystery, London/New York 1964; DERS., Models for Divine Activity, London 1973; J. H. GILL, Ian Ramsey: To Speak Responsibly of God, London 1976; I. U. DALFERTH, Religiöse Rede, 19.

[63] Vgl. I. RAMSEY, Christian Empiricism, hg. v. J. H. Gill, London 1974.

[64] E. HERMS, Offenbarung (1985), in: DERS., Offenbarung und Glaube. Zur Bildung des christlichen Lebens, Tübingen 1992, 168–220, 176 ff.

Doch das ist zu unspezifisch, um theologisch überzeugen zu können. So richtig die Betonung eines unverfügbaren Ereignisses ist, das dieses Erleben auslöst, so alltagssprachlich vage und theologisch unklar ist es, das für sich genommen als ›Offenbarung‹ zu bezeichnen. Der Charakter eines ›Erschließungserlebnisses‹ in diesem Sinn eignet keineswegs nur religiösem, sondern auch ästhetischem Erleben, ja im weitesten Sinn jedem Erfahrungsakt, so dass ›Offenbarung‹ und ›Erfahrung‹ koextensiv zu werden drohen. Diese Weite und Kontinuität wird genau als Stärke dieses Offenbarungsverständnisses verstanden, und man sieht die theologische Aufgabe nur noch darin, das besondere religiöse Erleben von anderen Arten des Erlebens zu unterscheiden. Doch keine Phänomenologie religiöser Erlebnisse kann verbergen, dass sie keine eigene Klasse von Phänomenen beschreibt, sondern sich der Interpretation von Erlebnissen in einem kontingenten kulturellen und religiösen Kontext verdankt: Nicht das Erleben ist religiös, sondern das Erleben bzw. das Erlebte wird religiös verstanden und gedeutet. Und das heißt: Nicht das, was erlebt wird, ist religiös, sondern wie es verstanden und gedeutet wird.

Doch damit verliert der Rekurs auf generelle oder besondere ›Offenbarungserlebnisse‹ seine Pointe. Denn ob das Erleben ›senkrecht von oben‹, ›vertikal‹ oder ›lateral‹ ausgelöst wird, ist zweitrangig gegenüber dem, dass es immer durch bestimmte Medien vermittelt geschieht und zur ›religiösen Offenbarung‹ nur im Zusammenhang kontingenter kultureller Interpreta-tionsprozesse wird. ›Offenbarung‹ ist damit im Entscheidenden nicht das, *was* erlebt wird, sondern, *wie* etwas erlebt wird. Die theologisch entscheidende Frage ist dementsprechend nicht, wie ›religiöse Erschließungserlebnisse‹ im Unterschied von anderen zu beschreiben sind, sondern wie das, was erlebt wird, verstanden wird bzw. werden muss, damit es zu Recht ›Offenbarung‹ genannt werden kann. Das aber kann man nicht ohne Rekurs auf eine kontingente religiöse Interpretationstradition beantworten. Der Begriff der ›Offenbarung‹ muss deshalb in entscheidender Hinsicht als Interpretament, nicht als Bezeichnung des Gegenstand der Interpretation verstanden werden. Es ist ein Interpretament, das deutlich macht, dass in bestimmten Phänomenen *mehr* gesehen wird, als diese von sich aus zeigen: dass sie Zeichen der verborgenen Anwesenheit Gottes sind.

In diesem Sinn wird mit ›Offenbarung‹ theologisch kein bestimmtes Phänomen, keine besondere Erfahrung und auch kein besonderer Typ von Erfahrungen bezeichnet, sondern ein neuer Blickpunkt auf alles, nämlich der Blickpunkt dessen, dem sich der Glaube anaphorisch verdankt und das er responsorisch als seinen Grund, seinen Gegenstand und seinen Gehalt zur Sprache bringt. In diesem Gesamtzusammenhang theologischer Selbstauslegung deutet sich der Glaube mit der Kategorie der ›Offenbarung‹ einerseits im Blick auf das, dem er sich verdankt (Grund) und auf das er sich richtet (Gegenstand): Gott, wie er sich in Jesus Christus durch den heiligen Geist für Menschen, die ihn als Sünder ignorieren und nicht wahrhaben wollen, zugänglich und glaubbar gemacht hat, nämlich als erbarmende, zurechtbringende, Gerechtigkeit schaffende Liebe. Und andererseits legt sich der Glaube im Horizont dieser Kategorie daraufhin aus, wie Menschen dadurch gesehen werden (nämlich als Sünder und Glaubende), wie der Gott, an den sie glauben, dadurch verstanden wird (als ihnen kreativ zugewandte Vaterliebe), und wie die Welt, in der sie leben, damit in den Blick kommt (als Gottes Schöpfung). Und wie das Erste den Grund und Gegenstandsbezug des Glaubens in den Blick rückt, so bringt das Zweite den Gehalt des Glaubens zur Sprache, den dieser theologisch differenziert entfaltet.

5. Verstehen im Horizont der Offenbarung

Weil sie sich so verstehen, sehen Glaubende alles anders. Nur im Gesamtzusammenhang des theologischen Selbstauslegungsprozesses des Glaubens ist von ›Offenbarung‹ zu reden daher sinn-voll. Die Kategorie ›Offenbarung‹ markiert den uns unverfügba-ren Bezugspunkt des Horizonts, in dem alles neu und anders verstanden wird. Wo im christlichen Denken theologisch ›Offen-barung‹ gesagt wird, wird dementsprechend ein Explikations-prozess eröffnet, in dem auch von Gott, Glaube, Jesus Christus, dem Geist, der Schöpfung, dem Sünder, Gottes Reich, der Kirche, vom Tod und ewigen Leben usf. die Rede ist bzw. sein wird. *Alles muss neu gesagt werden,* weil es durch das, von dem her der Glaube sich responsorisch versteht, zum Wechsel vom Unglau-ben zum Glauben, vom Tod zum Leben, vom Alten zum Neuen gekommen ist.

Der Rekurs auf die bloß formale Struktur eines Erschlie-ßungsgeschehens (›disclosure situation‹) der Art »A erschließt in der Situation B den Gehalt C für den Empfänger D mit dem Resultat E«[65] trägt dagegen nichts zur Erhellung des Verständ-nisses von Offenbarung in theologischem Sinn bei, da diese Strukturangabe eine Kommunikationssituation schematisiert, aber nicht die hermeneutische Struktur der *Selbstauslegung des christlichen Glaubens,* der sich mittels dieser Kategorie seine ihn konstituierende Passivität verständlich zu machen sucht. Er-schließungen gibt es viele. Offenbarung im christlich pointier-ten Sinn aber ist nur das, von dem her sich der Glaube responso-risch versteht, weil es dadurch zum Wechsel vom Unglauben zum Glauben gekommen ist: Ein Zeichenprozess wird zu Gottes Selbstoffenbarung, indem sich der Bezeichnete in, mit und un-ter den Zeichen als er selbst vergegenwärtigt, sofern im konkre-ten Gebrauch dieser Zeichen einem Menschen Gott *als Gott* ver-ständlich wird, so dass er sich und seine Welt im Bezug auf Gott neu und anders versteht.

---

65 CH. SCHWÖBEL, Offenbarung und Erfahrung – Glaube und Lebenserfah-rung. Systematisch-theologische Überlegungen zu ihrer Verhältnisbe-stimmung, in: MJTh III: Lebenserfahrung, Marburg 1990, 68–122, 72.

Werden Zeichen so gebraucht, d. h. verändern sie das Selbst-
und Weltverstehen eines Menschen in dieser Weise, – und es liegt
auf der Hand, dass sich solcher Gebrauch nicht methodisch regu-
lieren lässt, sondern nur ereignen kann[66] –, dann verbergen sie
Gott nicht, sondern vergegenwärtigen ihn. Sie verhindern nicht,
Gott als Gott zu verstehen, sondern sie ermöglichen das gerade.
Sie ermöglichen es allerdings so, dass Gott – oder Transzendenz,
Wahrheit, Quelle des Lebens, das Unbedingte oder welche Wendung auch immer man wählt, um von dem sich dabei verständlich Erschließenden zu reden – nicht als ontologisches Gegenüber, abstrakt Anderes oder epistemisch Unzugängliches verständlich wird, sondern als die Rückseite und der Hintergrund
des Verständlichen. Genauer: Das Selbstauslegungsereignis, aufgrund dessen religiös von und zu Gott, theologisch vom sich
selbst offenbarenden Gott, philosophisch von sich erschließen-
der Transzendenz oder religionsphilosophisch von der Selbstvergegenwärtigung des Unbedingten im Bedingten gesprochen
wird, wird als eine Unterbrechung des Erfahrungszusammen-
hangs erlebt, die eine neue Sicht auf alles Erfahrene und Erfahrbare eröffnet. Nicht jenseits der Zeichen, sondern mit deren
Gebrauch erschließt sich das, ohne das es keinen Zeichengebrauch geben könnte. Die Differenz zwischen Zeichen und Bezeichnetem wird dabei nicht aufgehoben, sondern dadurch bestimmt, dass das kontingente *Dass* dieser Differenz, die es ja nur
gibt, weil sich das ereignet, was sich nicht ereignen müsste, als
verstehbar und damit sinnvoll erschließt.

Die Differenz negativer und radikaler Theologie im Verstehen der Wendung ›Verstehen Gottes‹ besteht also nicht im
Gegensatz von zeichenvermitteltem und zeichenfreiem Verstehen. Sie ist an anderer Stelle zu suchen und hat Parallelen im

---

[66] »Who can explain it, who can tell you why. Fools give you reasons, wise men
never try.« (Some Enchanted Evening, Richard Rodgers, Oscar Hammer-
stein II).

Verstehen von Personen: Eine Person verstehen, heißt nicht, etwas (einen Körper) als Person verstehen, sondern eine Person so zu verstehen, wie sie sich im Kontext unserer Interaktionen mit Personen verständlich macht. In beiden Fällen geht es um ein zeichenvermitteltes Verstehen, aber unser Gehirn ist aus gutem Grund darauf spezialisiert, Zeichen, durch die Personen sich ausdrücken und zu verstehen geben, von anderen Zeichen zu unterscheiden. Wir sind »self-interpreting animals« (Charles Taylor) genau deshalb, weil wir diese Differenz zu machen wissen – im Blick auf andere und im Blick auf uns selbst. Lange, ehe wir über einen Personbegriff verfügen, können wir Personen verstehen und damit lernen, wie sich anderes Verstehen von diesem Verstehen unterscheidet.

Dass Gott sich selbst als Gott verständlich macht, heißt in diesem Sinn, von einem konkreten Zeichengeschehen zu sprechen, das – in der Regel nicht im Vollzug, sondern erst retrospektiv – so verstanden wird, dass sich dadurch Gottes Selbstverständnis als Gott anderen gegenüber erschließt; und ebendas ist nicht zu verstehen, ohne sich selbst und die Welt anders zu verstehen als zuvor. Im Licht dieses veränderten Selbst- und Weltverständnisses wird Gott aufgrund dieses Zeichengeschehens als der verstanden, der sich anderen gegenüber als Gott für ... offenbart und dabei sein Gottsein inhaltlich so konkretisiert, dass es in bestimmter Weise mithilfe zeitbedingter Medien symbolisiert und in dieser Gestalt kommuniziert und tradiert werden kann. In diesem Sinn versteht sich das Judentum in Bezug auf die Mosesoffenbarung responsorisch als Volk Gottes, das Christentum in Bezug auf die Christusoffenbarung als Leib Christi und der Islam in Bezug auf die Mohammedoffenbarung als die Gläubigen, die sich Gott unterwerfen und ganz hingeben (Muslime). Entsprechend wird Gott im Judentum als der Herr und Retter Israels, im Christentum als schöpferische und erlösende Liebe und im Islam als der erbarmende und barmherzige Weltenherrscher bekannt. Und wie es Glaube genannt wird, Gott so zu verstehen, wie Gott sich selbst versteht und den Menschen erschließt, so wird es *Unglaube* genannt, das nicht zu tun.

In christlichem Kontext wird *Glaube* normativ als *Glaube an Jesus Christus* konkretisiert, weil der Name Jesus für den konkreten geschichtlichen Lebenszusammenhang steht, in dem sich Menschen, die dann Christen wurden, Gottes Selbstverständnis als schöpferische und erlösende Liebe erschloss, so dass sie diesen Jesus als Christus titulierten. Dies kann nicht als wahr bekannt werden, ohne damit zugleich eine grundlegende Veränderung des eigenen Selbstverständnisses zum Ausdruck zu bringen: Indem man sich als jemand versteht, dem ohne ersichtlichen Grund Gottes schöpferische und erlösende Liebe zugute kommt, ist man nicht mehr der, der man war (ein Gott ignorierender Mensch), sondern einer, der auf Gottes Gegenwart im eigenen Leben aufmerksam geworden ist und dieses daher unter der Differenz von Sünde (Gott ignorierender Lebensvollzug) und Gnade (Gott geschenktes Leben) zu betrachten und zu verstehen lernt.

Sowohl das Verstehen Gottes im Glauben als auch das Nicht- oder Falschverstehen Gottes im Unglauben sind vom *theologischen Verstehen* dieses Verstehens und Nichtverstehens Gottes zu unterscheiden. Im theologischen Verstehen geht es nicht um ein glaubendes Verstehen Gottes, sondern um das *kritisch-reflektierende* Verstehen dieses glaubenden Verstehens, und das geht nicht, ohne sich zugleich auch um ein Verstehen des nichtglaubenden Nichtverstehens Gottes zu bemühen. Man kann sich nicht denkend auf den Glauben beziehen, ohne das Andere des Glaubens mitzubedenken. Deshalb ist die theologische Verstehensbemühung stets kritisch an der Grenze des Glaubensverstehens interessiert und orientiert sich damit an der Leitdifferenz zwischen dem Verstehen Gottes im Glauben und seinem Nicht-Verstehen im Unglauben.

6. Das hermeneutische Erbe Bultmanns und Barths in der hermeneutischen Theologie

Die Analyse dieses Verstehens und Nichtverstehens vollzieht sich in der theologischen Hermeneutik des 20. Jahrhunderts in engem Bezug zu den tiefgreifenden Veränderungen der philosophischen Hermeneutik. Das gilt für alle Phasen und Formen theologischer Hermeneutik in ihrem Bemühen, das Verstehen Gottes zu verstehen. Die Wendung zur Sprache, zur ›Sache‹ und (später) zur responsorischen Gegenständlichkeitshermeneutik wird seitens der Theologie aber besonders nachdrücklich von der *hermeneutischen Theologie* vollzogen. Bultmann, so kritisierte Ernst Fuchs, habe »die Sprachlichkeit der menschlichen Existenz« nicht hinreichend gewürdigt[67]. Und Ebeling meinte, Bultmann sei in seiner reformatorischen Orientierung nicht weit genug gegangen und habe die Bedeutung des Wortgeschehenscharakters von Gottes Wort und der Sprachlichkeit menschlicher Geschichtlichkeit nicht wirklich erfasst:[68] Im Blick auf die ›Sache‹ des Glaubens habe er die Begründung des christologischen Kerygmas in dem in Jesus zur Sprache gekommenen Geschehen des Wortes Gottes nicht gründlich genug herausge-

---

[67] E. Fuchs, Das hermeneutische Problem, in: E. Dinler (Hg.), Zeit und Geschichte. Dankesgabe an Rudolf Bultmann zum 80. Geburtstag, Tübingen 1964, 357-366, 364; ders., Was ist existentiale Interpretation?, in: Ders., Zum hermeneutischen Problem in der Theologie. Die existentiale Interpretation, Gesammelte Aufsätze I, Tübingen 1959, 107-115, 113-115; ders., Was ist ein Sprachereignis? Ein Brief, in: Ders., Zur Frage nach dem historischen Jesus, Gesammelte Aufsätze II, Tübingen 1960, 424-430, 427 ff.; ders., Jesus. Wort und Tat, Tübingen 1971, 141: »Der Unterschied zwischen Bultmann und mir zeigt sich darin, daß ich die ›Sprache‹ betont habe«.

[68] Ebeling, Wort Gottes und Hermeneutik, 333.338 ff.; ders., Die Frage nach dem historischen Jesus und das Problem der Christologie, in: Ders., Wort und Glaube, 300-318, 306 ff.; ders., Theologische Erwägungen über das Gewissen, in: Ders., Wort und Glaube, 429-446, 431 ff.

stellt[69] und die fundamentale hermeneutische Bedeutung der von Luther klar erkannten Sündenproblematik für die Analyse des immer schon sprachlich vermittelten Welt- und Selbstverständnisses menschlicher Existenz nicht tief genug erkannt.[70]

Mit dieser hermeneutischen Wende zur Sprache geht es Fuchs und Ebeling nicht nur um eine Betonung des sprachlich vermittelten Überlieferungsgeschehens, in dem wir immer schon stehen, wie in der zeitgenössischen Hermeneutik Gadamers. Der Sprachakzent der hermeneutischen Theologie wird vielmehr anders (und bei Ebeling und Fuchs je noch einmal verschieden) gesetzt. Um das zu verstehen, ist die Grunddifferenz der hermeneutischen Ansätze Barths und Bultmanns kurz in Erinnerung zu rufen. Ihre Versuche, das Verstehen des Verstehens Gottes theologisch zu verstehen, sind an unterschiedlichen Deutungen des Genitivs ›Verstehen Gottes‹ ausgerichtet.

Für Bultmann heißt es, dass es um *unser Verstehen Gottes* geht und dass dieses ebendeshalb *vom menschlichen Selbstverstehen her* zu entfalten ist.[71] Unter den Gegenständen unserer Erfahrungswelt, die wir verstehen können, kommt Gott nicht vor. Soll die Rede vom Verstehen Gottes daher nicht sinnlos sein, kann es sich angesichts der exklusiven Alternative von Verstehen und Selbstverstehen nur um ein Verstehen im Modus unseres

---

[69]   G. Ebeling, Theologie und Verkündigung. Ein Gespräch mit Rudolf Bultmann, Tübingen 1962, 51 ff.77 ff.115 f.122 ff. u. a. Vgl. H. Ch. Knuth, Verstehen und Erfahrung. Hermeneutische Beiträge zur empirischen Theologie, Hannover 1986, 63 ff.

[70]   Trowitzsch, Verstehen und Freiheit, 35 ff. Vgl. aber R. Bultmann, Das Problem einer theologischen Exegese des neuen Testamentes, in: Zwischen den Zeiten 3 (1925), 334–357, 353.

[71]   »... will man von Gott reden, so muß man offenbar von sich selbst reden.« R. Bultmann, Welchen Sinn hat es, von Gott zu reden?, in: Ders., Glauben und Verstehen I, 26–37, 28. Vgl. G. Ebeling, Zum Verständnis von R. Bultmanns Aufsatz: »Welchen Sinn hat es, von Gott zu reden?«, Wort und Glaube II, 343–371.

Selbstverstehens handeln. Wenn es überhaupt ein Verstehen Gottes gibt, dann ist das Selbstverständnis des im Wissen der Sache immer zugleich um sich selbst wissenden Menschen der Schlüssel zum Gottesverständnis, d. h. zu dem, wie Gott von uns verstanden wird und zu verstehen ist. Setzt man hier ein, dann muss theologisch der Sündenproblematik fundamentale hermeneutische Relevanz zugesprochen werden,[72] insofern es kein menschliches Selbstverständnis und damit auch kein von diesem her entfaltbares Verständnis Gottes gibt, das der Differenz von Geschöpflichkeit und Sündhaftigkeit des Menschen enthoben wäre.

Bei Barth dagegen geht es darum, wie *Gott uns und sich versteht*. Das heißt, *vom göttlichen Selbstverstehen* her ist das Verstehen Gottes und das dadurch bestimmte menschliche Selbst- und Weltverstehen zu entfalten: Gott zu verstehen, heißt, Gott so zu verstehen, wie Gott sich selbst versteht. Was aber soll damit gesagt sein? Und wie können wir um dieses göttliche Selbstverstehen wissen?

Beide Fragen beantwortet Barth mit dem Verweis auf Gottes Selbstoffenbarung in Jesus Christus. Versteht man das Ereignis des Lebens und Sterbens Jesu (das Jesus-Ereignis) im Licht des Auferweckungsbekenntnisses (Jesus ist der Christus) als *Selbstauslegung von Gottes Heilswillen für die Schöpfung* – und das ist eine folgenreiche hermeneutische Grundentscheidung[73] –, dann fordert die Logik der Selbstauslegung zu sagen, dass dort nur dann wirklich Gott als Gott verstanden wird, wenn Gott in und bei sich selbst so ist, wie er sich dort für andere auslegt und erschließt: Das Jesus-Ereignis macht Gott nur dann wirklich als

---

72 Vgl. auch W. Schultz, Die Grundlagen der Hermeneutik Schleiermachers, ihre Auswirkungen und ihre Grenzen, in: ZThK 50 (1953), 158–184, bes. 174 ff.179 ff.

73 Die hermeneutische Grundentscheidung ist, das Jesus-Ereignis und damit Gott, Mensch und Welt theologisch im Licht des Auferweckungsbekenntnisses zu verstehen.

Gott verständlich, wenn Gott sich dort so auslegt, wie er sich selbst als Gott versteht. Entsprechend folgt für die zweite Frage, dass Menschen um dieses göttliche Selbstverstehen nicht aufgrund einer ihnen eigenen Interpretationskompetenz wissen, die es ihnen erlaubte, das Jesus-Ereignis als Selbstauslegung Gottes zu deuten. Damit bliebe immer die Frage nach der Wahrheit dieser Deutung offen, so dass nicht von einem Wissen um Gottes Selbstverstehen gesprochen werden könnte. Das ist für Barth nur möglich, wenn dort wirklich Gott als Gott sich selbst für die Menschen verständlich macht – also als der, der sich selbst genau so und nicht anders für andere als Gott verständlich macht. Er nennt das die *Selbstoffenbarung Gottes,* also das Geschehen, in dem Gott die Selbstauslegung, die er selbst ist (Trinität), Menschen verständlich macht, indem er *etwas ganz Bestimmtes* in ihrer Geschichte (Jesus) *als etwas ganz Bestimmtes* in seinem Verhalten zu dieser Geschichte (Christus) *durch etwas ganz Bestimmtes,* das er selbst ist (Geist), erschließt.

Von dort her lässt sich sein göttliches Selbstverstehen theologisch (christologisch und pneumatologisch) so entfalten, dass mit Gründen von einem menschlichen Verstehen göttlichen Selbstverstehens gesprochen werden kann und nicht nur von einer allenfalls möglichen und auf jeden Fall hoch unwahrscheinlichen Deutung des Jesus-Ereignisses als Gottes Offenbarung. In der Gemeinschaft von Vater, Sohn und Geist versteht sich Gott immer schon selbst als überströmende Liebe zu dem von ihm Verschiedenen und legt uns dieses Selbstverständnis im Offenbarungsgeschehen von Kreuz und Auferstehung Jesu konkret geschichtlich aus. Nicht das menschliche Selbstverständnis, sondern die göttliche Selbstauslegung ist daher der Schlüssel zum Verstehen Gottes, d. h. zu dem, wie Gott von uns verstanden werden will und muss, um wirklich als Gott verstanden zu werden.

Auf dem Hintergrund der Entwürfe von Bultmann und Barth vertrat die hermeneutische Theologie der Nach-Bultmann-Ära ein Theologiekonzept, das alle Fragen der Theologie einheitlich im Orientierungsrahmen einer *Selbstauslegungs-Hermeneutik* zu entfalten suchte, deren Pointe die prinzipielle Priorität der *Selbstauslegung des von uns Auslegbaren gegenüber aller Fremdauslegung durch uns* ist. Begründet wird diese hermeneutische Grundorientierung mit Argumenten der folgenden Art: Heißt ›auslegen‹, dass ein Interpret ausdrücklich etwas (*Interpretandum*) für jemanden als etwas (*Interpretans*) interpretiert, dann fallen bei der Selbstauslegung Interpret und Interpretandum in diesem Vorgang zusammen, während dies bei der Fremdauslegung nicht der Fall ist. Nun können wir nichts auslegen, was uns nicht irgendwie erschlossen ist, und wir können nichts adäquat auslegen, was sich uns nicht irgendwie selbst erschlossen hat. Erschlossen aber wird uns alles entweder durch andere oder durch sich selbst. Folglich ist nichts mögliches Interpretandum für uns, es sei denn in Gestalt schon erfolgter Auslegung. Denn auch wenn etwas im Ereignis des Sich-Erschließens nicht in Erscheinung tritt, ohne sich zugleich zu verbergen, erscheint es doch gerade dabei *als etwas* und hat damit Auslegungsstruktur. Jedes uns mögliche Interpretandum ist so selbst als Differenzverhältnis von Interpretandum und Interpretans zu begreifen und hat damit Auslegungs- oder Selbstauslegungsstruktur. Konstituiert aber nicht erst das Auslegungsgeschehen, in dem wir etwas zum Gegenstand von Interpretation machen, das hermeneutische Differenzverhältnis von Interpretandum und Interpretans, sondern ist jedes Interpretandum selbst so strukturiert, dann hat hermeneutisch der Selbstauslegungsvorgang fundamentale ontologische Relevanz. Denn wir können nur auslegen, was auslegbar ist, viz. das Sein und seinen göttlichen Grund, sofern er sich uns erschließt. Auslegbar aber ist für uns nur das, was schon von anderen oder von sich selbst ausgelegt ist. Weil aber auch andere uns nur schon Ausgelegtes auslegen können, muss alle Auslegung letztlich auf Selbstauslegung des Auslegbaren zurückgeführt werden können in dem präzisen

Sinn, dass es ohne Selbstauslegung weder Auslegbares noch Auslegung noch Ausgelegtes gäbe.

Vom Standpunkt dieser (konsequent überhaupt nur theologisch entfaltbaren) *Selbstauslegungs-Hermeneutik* ist es ein Rückfall hinter die dort zur Verhandlung gestellte Problemlage, wenn man das Verstehensproblem in der Orientierung an der Leitdifferenz Sprache/Subjekt (Ausleger) im Rahmen einer Hermeneutik interpersonaler Kommunikation und nicht an der dieser vorgeordneten fundamentaleren Leitdifferenz Sprache/Sein (Auslegbares) im Rahmen einer theologisch fundierten Hermeneutik der sprachlichen Selbstmanifestation Gottes als des göttlichen Grundes allen Seins zu lösen sucht. Das hat auch theologische Gründe. Wie Bultmann gezeigt hatte, gerät eine Theologie, die sich auf objektive Heilstatsachen oder eine besondere Heilsgeschichte zu gründen sucht, zwangsläufig in epistemologische und theologische Aporien: Sie vermag ihren Ansatzpunkt nicht allgemeinverbindlich zu identifizieren bzw. im Horizont unserer Geschichte nur mythologisch zur Darstellung zu bringen. Er suchte sie daher statt auf Heilsgeschichte auf das existenzerhellende *Heilsereignis* des christlichen Kerygmas und den diesem korrespondierenden *Glauben* zu konzentrieren.[74] Die hermeneutische Theologie geht noch einen Schritt weiter, indem sie dieses Heilsereignis als *Sprachereignis* präzisiert.[75] Nicht mehr Existenz und Geschichte, sondern *Sprache* wird damit der fundamentale Explikationsrahmen theologischer Reflexion. Wie aber wird ›Sprache‹ dabei verstanden?

---

[74] Vgl. R. Bultmann, Heilsgeschehen und Geschichte. Zu Oscar Cullmann, Christus und die Zeit, in: ThLZ 73 (1948), 659–666, 665.

[75] Vgl. J. M. Robinson, Die Hermeneutik seit Karl Barth, in: Ders./J. B. Cobb (Hg.), Die Neue Hermeneutik, Zürich/Stuttgart 1965, 13–108, 83 f.

V. Das hermeneutische Denkmodell: Sprache als Wortgeschehen

Bultmann blieb im Wesentlichen bei der Rezeption der existentialontologischen Analysen Heideggers aus den zwanziger Jahren stehen. Dessen Entwicklungen nach der Rückkehr nach Freiburg und der Entfremdung im Gefolge der unterschiedlichen Einschätzungen des nationalsozialistischen Aufbruchs wurden von ihm theologisch nicht mehr rezipiert.

1. SPRACHE ALS SELBSTAUSLEGUNG DES SEINS

Anders die Schülergeneration Bultmanns, die sich maßgeblich an den Sprachreflexionen des späteren Heidegger (Fuchs) und der wirkungsgeschichtlichen Traditionshermeneutik Gadamers orientiert (Ebeling). Sprache ist für sie nicht nur menschliches Mittel zum Sprechen über Mögliches und Wirkliches, sondern das Medium, in dem und durch das sich das Sein selbst so auslegt, dass wir es auslegen, über es sprechen und es erkennen können. Sprache, schreibt Ernst Fuchs, »läßt das Sein zeitlich ›anwesen‹, macht es zum Ereignis«[76]. »Der Grund, in welchem die Sprache wurzelt, ist – das Sein.« Denn das Sein »ist die wesentliche Bedingung dafür, daß etwas ›als‹ etwas, Seiendes ›als‹ Seiendes *ansprechbar* ist«.[77] Nicht weil das Sein gleichsam lautlos zu uns spräche, sondern weil uns alles, was ist, nur in immer schon sprachlich erschlossener, und zwar durch Menschen sprachlich erschlossener Form zugänglich ist. So wenig daher Sein ohne

---

76 FUCHS, Was ist ein Sprachereignis?, 425.

77 FUCHS, Das Problem der theologischen Hermeneutik, in: DERS., Gesammelte Aufsätze I, 116–137, 126 f.

Sprache gedacht werden kann, so wenig lässt sich Sprache ohne den Menschen denken, der Sprache verwendet und das sich sprachlich auslegende Sein vernimmt. »Da wo man den Ruf des Seins hört und ihm Raum gibt, ist der Mensch. Der Mensch«, so fasst J. M. Robinson das zusammen, »ist der Lautsprecher des lautlosen Läutens des Seins«.[78] Er ist der Ort, an dem das Sein sich sprachlich auslegt und seine Auslegung vernommen wird.

Dieses veränderte Verständnis des Verhältnisses von Sprache und Sein (nicht wir sprechen über das Sein, sondern dieses meldet sich in unserem Sprechen zur Sprache) impliziert einen veränderten Phänomenbegriff. Phänomene sind nicht mehr bloß die Interpretanda verstehender Subjektivität, die uns vorliegen und von uns sprachlich ausgelegt, interpretiert und verstanden werden können. Phänomene sind vielmehr als solche schon auf Sprache und Auslegung hin entworfen und haben selbst Auslegungsstruktur, d. h. sie legen sich uns als etwas aus. Da diese Selbstauslegung (d. h. das Sich-selbst-für-jemanden-als-etwas-Auslegen) die hermeneutische Differenz zwischen Interpretat und Interpretant in Anspruch nimmt, wie sie exemplarisch in der Sprache gegeben ist, werden sie von der hermeneutischen Theologie als immer schon sprachlich verfasst begriffen. *Sprache*, so lautet ihre in Übereinstimmung mit der Subjektivitätskritik des späten Heidegger vertretene These, ist *die Selbstauslegung des Seins*. Aber sie erweitert diese dahingehend, dass sie auch ihre Umkehrung vertritt: *Alles, was diese Selbstauslegungsstruktur besitzt, ist Sprache* – auch die Kuh, die ihr gerade geborenes Kalb ableckt und auf diese Weise als das Ihre anerkennt, vollzieht nach Fuchs ein Sprachereignis.[79] Unser Verstehen von Phänomenen ist dementsprechend dann adäquat, wenn es diese so versteht, wie sie sich uns auslegen, wenn also unsere Auslegung ihrer Selbstauslegung entspricht. Das ist

---

immer dann der Fall, wenn wir ihrer ursprünglichen Selbstauslegung in der Sprache auf die Spur gekommen sind und dieser gegenüber unseren in falscher Weise vergegenständlichenden und damit die Wahrheit verkürzenden und verkehrenden Phänomenauslegungen zur Geltung verholfen haben.

2. Authentische vs. nichtauthentische Sprache

Diese ontologische und epistemologische Priorität der Sprache hat zur Folge, dass eine reine Existenzphänomenologie unmöglich ist. Anders als Bultmann versucht die hermeneutische Theologie, die Sprache und ihre unter Umständen irreführenden Objektivationen des Seins und des menschlichen Selbstverständnisses nicht auf eine sprachjenseitige Realität hin zu hintergehen. Es gilt vielmehr, *innerhalb* der Sprache die (sich in Aussage und, vor allem, Anrede vollziehende[80]) authentische Selbstauslegung des Seins von unseren uneigentlichen und verkürzenden Auslegungen zu unterscheiden. Die kritisch zu beachtende Grunddifferenz aller hermeneutischen Sprachanalyse ist daher nicht einfach die Differenz zwischen Sprache und Sein, sondern genauer die zwischen *authentischen und nichtauthentischen Manifestationen des Seins in der Sprache.* Da wir aus dem Zirkel der Sprache nicht heraustreten können, kann die Fundamentaldifferenz zwischen Sprache und Sein nie an sich, sondern immer nur *innerhalb der Sprache* thematisiert werden. Sie ist eine *in der* Sprache zu spezifizierende Differenz, und sie wird dort von der hermeneutischen Theologie als Differenz von eigentlichem und uneigentlichem Gebrauch der Sprache bestimmt.

---

[80] Auf diese beiden Grundzüge der Sprache und ihre unterschiedlichen Gefahren hat Jüngel wiederholt hingewiesen. Vgl. E. Jüngel, Der Gott entsprechende Mensch, in: Ders., Entsprechungen: Gott – Wahrheit – Mensch. Theologische Erörterungen, Tübingen ³2002, 290–317, bes. 310 ff.

Doch an welchem Kriterium orientiert sich diese Differenz, und warum besteht sie überhaupt? Warum ist nicht alle Sprache gleichermaßen als Selbstauslegung des Seins zu verstehen? Die Antwort auf beide Fragen führt auf die dogmatischen Grundlagen des hermeneutischen Ansatzes der hermeneutischen Theologie. So wird einerseits unterstrichen, dass wir Sprache nur gebrauchen und missbrauchen können, insofern wir durch sie immer schon angesprochen sind, genauer: insofern sich uns Sein immer schon vorgängig sprachlich erschlossen präsentiert. In unserer technischen Kultur, ihrem objektivierenden und instrumentellen Zugriff auf Wirklichkeit und unserem dadurch bedingten uneigentlichen Umgang mit Sprache haben wir aber weithin die Fähigkeit verloren, die Selbstmanifestation des Seins in der Sprache zu vernehmen und ihr Gehör zu schenken. Theologisch wird dieser unsensibel objektivierende Umgang mit Sprache als Ausdruck unserer Sünde bestimmt, in der die Wahrheit der Selbstauslegung des Seins in der sprachlichen Wirklichkeit unserer Seins- und Selbstauslegungen verkannt, verkürzt und verkehrt wird. Doch wie der Sünder Geschöpf bleibt und auch als Sünder von der vorgängigen Zuwendung des Schöpfers her existiert, so lebt die Wirklichkeit unseres Sprachgebrauchs von der Wahrheit des sich in unserer Sprache immer schon selbst auslegenden Seins.

Die Differenz zwischen authentischem und nichtauthentischem Sprachgebrauch bemisst sich dementsprechend an dem, was die Wahrheit unseres Seins und unserer faktischen Wirklichkeit aufdeckt: Authentisch ist derjenige Sprachgebrauch, der uns so auslegt, wie Gott uns auslegt: als sündige und der Rechtfertigung durch Gott bedürftige Geschöpfe. Damit aber erweist sich das hermeneutische Programm der hermeneutischen Theologie von Grund auf als theologisches Programm: Die fundamentalhermeneutische Differenz zwischen Sprache und Sein wird in der Sprache als Differenz zwischen authentischem und nichtauthentischem Gebrauch der Sprache bestimmt. Kriterium dieser Differenz ist, dass authentisch derjenige Gebrauch von Sprache ist, der uns als das auslegt, was wir in Wahrheit sind. Die Begründung dieses Kriteriums und die inhaltliche Explikation dessen, was wir in Wahrheit sind, wird in der Christologie, Schöpfungslehre, Sündenlehre und Rechtfertigungslehre geboten. Nur von diesem theologischen Standpunkt her lässt sich damit zwischen authentischer Selbstauslegung und nichtauthentischer Fremdauslegung des Seins in der Sprache unterscheiden: Die Dogmatik – und das wird sich im Weiteren bestätigen – reguliert die hermeneutische Theologie.

3. Sprache als Wortgeschehen

Insofern sich die hermeneutische Theologie auf die Differenz zwischen authentischer Selbstauslegung und nichtauthentischer Fremdauslegung des Seins in der Sprache konzentriert, geht es ihr nicht primär um den Sprache gebrauchenden Menschen, sondern um die von ihm gebrauchte Sprache, genauer: seinen Gebrauch von Sprache. Das impliziert eine gewichtige hermeneutische Umorientierung, die sich am Problem der Interpretation von Texten exemplarisch verdeutlichen lässt.

Die Hermeneutik der Nachaufklärungszeit folgte weitgehend dem romantischen Paradigma, demzufolge des Verstehen eines Textes im Verstehen dessen besteht, was der Autor bzw. die Autoren eines Textes mit ihm und durch ihn zu verstehen geben wollte(n). Jetzt aber orientiert sich die Verstehensbemühung primär am Textsinn und nicht mehr an der Intention des Textautors, und dieser Textsinn wird im Text selbst und nicht mehr in einer hinter dem Text stehenden historischen oder metaphysischen Realität gesucht. Genauer: Der authentische Sinn eines Textes ist (im Unterschied zum primären Frageinteresse von Schleiermachers Hermeneutik) nicht das, »was der Verfasser in Verfolgung von bestimmten Gesichtspunkten durch Worte aus-

zudrücken beabsichtigt, sondern vielmehr das, was grundsätzlich vor oder jenseits jeder subjektiven Absicht sich zum zeigen-
den Sagen bringen will«.[81] Einen Text verstehen, heißt dementsprechend, die im Text thematisierte Sache verstehen, und die
versteht man dann, wenn man nicht primär oder ausschließlich
auf die in Worte gefasste Intentionen seines Autors, sondern auf
den Mehrwert an Sinn achtet, der sich im Text vor und jenseits
aller vom Autor verfolgten Intentionen zu Wort meldet.

Diese Richtungsänderung der hermeneutischen Fragestellung von der Autorintention auf den Textsinn darf nun aber
nicht in formalistischem oder strukturalistischem Sinn miss-
verstanden werden, obgleich sich methodisch eine Reihe von
Parallelen benennen ließen. Die hermeneutische Theologie sucht
den Sinn eines Textes nicht in seiner Struktur, Komposition und
Verknüpfung unterschiedlicher Sinnelemente, sondern in seiner hermeneutischen Wirkung auf seine Leser oder Hörer. Der
vom Text erschlossene, nicht der im Text konstituierte Sinn ist
der, nach dem sie fragt. Um den zu verstehen, müssen wir darauf achten, wie der Text uns interpretiert, und nicht primär darauf, wie wir den Text interpretieren (können). Der entscheidende

---

[81] H. Franz, Das Wesen des Textes, in: ZThK 59 (1962), 182–225, 204, der hin-
zufügt: »Ganz gewiß ist dies eine höchst gefährliche Art der Textbefra-
gung, öffnet sie anscheinend doch Tür und Tor dafür, alle möglichen
Phantasiegebilde aus dem Text herauszuhören«. Das muss aber nicht so
sein. Denn um den Text als Text zu verstehen, ist zwar »hinter die bloße
Absicht des Verfassers zurück[zufragen] nach dem der Sageabsicht zugrun-
deliegenden Angegangensein, das als solches von dem Textverfasser gar
nicht reflektiert zu sein braucht«. Aber das geschieht genau dann sachgemäß, wenn die Verstehensfrage sich darauf richtet, »daß nicht erst der Verfasser des Textes in irgendeiner Weise angegangen ist und dann auch
Absichten hat, sondern daß der Text selber als Angegangener auch uns
angeht« (204 f.). Dass und wie der Text uns angeht, ist das Entscheidende,
auf das bei einer Verstehensbemühung zu achten ist, die hermeneutisch
dem Textsinn und nicht nur der Autorintention gerecht werden will.

hermeneutische Vorgang ist nicht die Einholung eines Textes in den Verstehenshorizont des Auslegers und seines jeweiligen Selbstverständnisses, sondern die »Neukonstituierung des Selbstverständnisses des Verstehenden von dem Zu-Verstehenden her«.[82] Entsprechend orientiert sich die hermeneutische Theologie an einem Sprachmodell, das Sprache nicht als System verbaler Zeichen zur Sinninstruktion, sondern als gesprochenes Wort oder Wortgeschehen begreift, als Ereignis des Sprechens und Hörens zwischen Personen. Sprache, so formuliert Ebeling, ist ein »Lebensvorgang«[83], dessen Grundstruktur »Ich sage etwas zu dir«[84] ist. Der authentische Sinn eines Textes findet sich deshalb nicht wie beim Strukturalismus in der semantischen Textualität von Texten, sondern im Ereignis von Anrede und Antwort, in dem unser Menschsein und unsere wahre Situation als Menschen erhellt und ans Licht gebracht wird.

Dieser letzte Punkt ist wichtig. Die Sprachauffassung der hermeneutischen Theologie unterscheidet sich vom Strukturalismus nicht einfach dadurch, dass sie nicht semantisch an der *langue* bzw. der Sprache als System, sondern pragmatisch an der *parole* bzw. der Sprache als Vollzug von Sprechhandlungen oder Sprechakten orientiert ist. Sie vertritt aber auch nicht eine Art poststrukturalistischer Rezeptionshermeneutik, in der sich das hermeneutische Interesse nicht nur vom Autor auf den Text, sondern vom Text selbst auf den Lektüreprozess als soziale Institution, bei biblischen Texten also auf ihre kirchliche Rezeption verlagert. Obgleich sie von der Situation des Redens und Hörens ausgeht und das Gesprächsmodell der Sprache voraussetzt, konzentriert sich die hermeneutische Theologie nicht einfach auf das gesprochene Wort als solches, sondern auf dasjenige Wortgeschehen, das unsere Existenz erhellt und in ihrer Wahrheit aufdeckt.

---

[82] Trowitzsch, Verstehen und Freiheit, 47 (dort kursiv).

[83] G. Ebeling, Einführung in theologische Sprachlehre, Tübingen 1971, 195 u. ö.

[84] A. a. O., 201.

Der authentische Sinn eines Textes ist seine existenzerhellende Funktion und nicht einfach eine der verschiedenen Lektüremöglichkeiten, die einem Leser oder Hörer im Rahmen der syntaktisch-semantischen Struktur eines Textes offenstehen. Entsprechend ist die hermeneutische Leitdifferenz der hermeneutischen Theologie weder die Differenz zwischen Autorintention und Textsinn noch die zwischen Textsinn und Textlektüre, sondern die zwischen dem eigentlichen und uneigentlichen Sinn eines Textes, die sich daran entscheidet, ob er als Wortgeschehen erfahren wird, das uns dasjenige Selbst- und Weltverständnis erschließt, in dem wir uns so begreifen, wie wir in Wahrheit, nämlich *coram deo*, sind.

4. Wortgeschehen als theologische Grundkategorie

Das aber ist offensichtlich nicht einfach die Wirkung des gesprochenen Wortes als solchem, sondern eines spezifischen an uns gerichteten Wortes: des Wortes Gottes. Die Orientierung der hermeneutischen Theologie am Gespräch und an der Anrede-Antwort-Situation als Grundmodell von Sprache ist letztlich durch ihr Wort-Gottes-Verständnis motiviert. Wie unsere Sprache im Wortgeschehen gründet, so gründet dieses im Geschehen des Wortes Gottes in Schöpfung, Offenbarung und Erlösung und das wiederum in Gott selbst, der das ursprüngliche Wortgeschehen ist, dessen Struktur die Trinitätslehre theologisch entfaltet.

Die (von Ebeling seit 1955 verwendete[85]) Kategorie des Wortgeschehens wird so zum fundamentalen theologischen Denkmodell der hermeneutischen Theologie, das in allen Dimensionen theologischer Reflexion zur Geltung gebracht wird: die Welt, menschliche Existenz, ja Gott selbst wird nach dem Modell der als Wortgeschehen präzisierten Sprache gedacht. So

---

[85] KNUTH, Verstehen und Erfahren, 40.

wird der Mensch als dasjenige Wesen bestimmt, *mit dem* Gott spricht und das er zur Antwort auffordert und befähigt; die Welt als Gesamtheit desjenigen, *über das* Gott (mit uns) spricht; und Gott selbst als derjenige, der mit uns spricht. Die Differenz zwischen Gott, Welt und Mensch besteht dabei genau darin, dass Gott spricht, ehe er angesprochen wird oder über ihn gesprochen wird. Er ist deshalb selbst als Gespräch, als ursprüngliches Wortgeschehen zu begreifen, dessen Struktur die Trinitätslehre darlegt. Das Resultat dieser systematischen Verwendung der Kategorie des Wortgeschehens ist ein ontologisch und theologisch einheitlicher Explikationszusammenhang, der die hermeneutische Theologie in all ihren Dimensionen prägt.

Methodisch heißt das, dass Mensch, Welt und Gott im Horizont eines sich von sich selbst her ereignenden Selbstauslegungsgeschehens bestimmt werden, in dem sich selbst verständlich macht, was für uns verständlich wird. Damit verkehrt sich das Prioritätsgefälle von Aktivität und Passivität im Auslegungsgeschehen. Nicht wir sind die Interpreten von allem, sondern zunächst einmal werden wir interpretiert. Nicht wir legen die Welt, Gott und uns selbst in ursprünglicher oder letztgültiger Weise aus, sondern wir sind zunächst und vor allem solche, die interpretiert werden und auf zugespielte Auslegungen angewiesen sind. Durch unsere interpretative Tätigkeit sind wir zwar ständig dabei, unsere Sinnwelten aufzubauen, und nur so können wir als Menschen leben. Aber aktive Interpreten können wir nur sein, weil und insofern wir primär der Ort sind, an dem das, was sich von sich selbst her auslegt und verständlich macht, für uns verständlich wird. Als Adressaten von Selbstauslegung können wir selbst Ausleger und Selbstausleger werden, und nur so. Das Erste wird theologisch unter dem Stichwort des *Glaubens* verhandelt, in dem es um die fundamentale Passivität unseres Lebens vor all unserer Aktivität geht. Das Zweite wird unter dem Stichwort des *Glaubenslebens* entfaltet, in dem es um die angemessene Aktivität auf der Grundlage und im Horizont dieser Passivität geht.

Sachlich steht alle Theologie dementsprechend vor zwei Hauptaufgaben: der systematischen Explikation des Glaubens und der kohärenten Interpretation unserer Lebens- und Erfahrungswirklichkeit. Die erste Aufgabe ist insofern grundlegender, als sie die systematischen Kategorien und Deuteperspektiven zur Durchführung der zweiten Aufgabe liefert. Gegenüber anderen theologischen Ansätzen gewinnt die hermeneutische Theologie ihre Einheitlichkeit genau dadurch, dass sie beide Aufgaben einheitlich mittels der Grundkategorie des sich selbst auslegenden Wortgeschehens zu lösen sucht.

Das lässt sich zunächst an ihrer Durchführung der ersten Aufgabe zeigen. Methodischer Ausgangspunkt ist das im Glauben rezipierte, in der Schrift bezeugte und in der Gemeinde immer wieder neu vollzogene Offenbarungsgeschehen des Wortes Gottes, in dem Gott sich den Menschen in Jesus Christus als Liebe auslegt und durch den Heiligen Geist auch so verständlich macht. Diese Selbstauslegung wird im menschlichen Wortgeschehen der Evangeliumsverkündigung immer wieder neuen Menschen vermittelt (*verbum externum*) und durch die Selbstvergegenwärtigung des Geistes anhand dieser Verkündigung als nicht nur menschliches, sondern göttliches Wortgeschehen gewiss gemacht (*verbum internum*). Sie entspricht ihrerseits als zeitlich-geschichtliches Geschehen dem ursprünglichen göttlichen Wortgeschehen, in dem sich der Vater so durch den Geist im Sohne auslegt, dass dieser im Geist ganz dem göttlichen Wesen des Vaters entspricht und ebendeshalb zusammen mit dem Geist in Schöpfung, Offenbarung und Erlösung alles, was nicht Gott ist, zur geschöpflichen Entsprechung zur Liebe Gottes zu bewegen sucht (*verbum aeternum*). Die menschliche Auslegung Gottes als Liebe im Glauben an das Wort des Evangeliums entspricht so ganz der Selbstauslegung Gottes in der Offenbarung seines Wortes in Jesus Christus, die ihrerseits vollkommene geschichtliche Entsprechung des ursprünglichen Selbstauslegungsgeschehens ist, das Gott als Vater, Sohn und Geist ist. Das göttliche Selbstauslegungsgeschehen von Trinität (Gott), Offenbarung (Jesus Christus) und Glaube (Geist) bildet so einen ontologischen Entsprechungszusammenhang, dem ontisch der geschöpfliche Existenzzusammenhang im Modus des Widerspruchs (Sünde) und der Entsprechung (Glaube) zum göttlichen Wortgeschehen korrespondiert. Und wie das Sachgefälle vom göttlichen Wortgeschehen ursprünglicher Selbstauslegung in der Trinität über das der geschichtlichen Selbstauslegung in der Offenbarung zu dem der existentiellen Selbstauslegung im Glauben führt, so führt das methodische und epistemische Gefälle theologischer Reflexion und dogmatischer Auslegung der göttlichen Selbstauslegung umgekehrt von der den Glauben be - zeugenden Schrift über die Entfaltung des darin bezeugten Wortgeschehens in Christologie und Pneumatologie zur Explikation seines Real- und Möglichkeitsgrundes in der Trinitätslehre. Diese wird damit als Strukturtheorie der Selbstauslegung Gottes konzipiert[86], so dass dem tiefsten Sachgrund allen Wortgeschehens in der Trinität die höchste begriffliche Konstruktion in der Trinitätslehre entspricht.

Wird die systematische Einheitlichkeit der an der Kategorie des Wortgeschehens orientierten Explikation des Glaubens in der hermeneutischen Theologie ausführlich belegt, so bleibt die Durchführung der anderen Aufgabe weithin Postulat. Zwar bietet sie für die Interpretation unserer Erfahrungswirklichkeit im Licht des Glaubens die griffige Formel der »Erfahrung mit der Erfahrung«, die sie hermeneutisch als neues Verstehen alles bisherigen Verstehens im Licht des Ausgelegtwerdens durch das Wort Gottes als Gesetz und Evangelium durchzuführen vorschlägt. Doch bleiben sowohl Ebeling als auch Jüngel gerade in dieser Dimension weitgehend im Postulatorischen stecken: Zu

---

86 U. BARTH, Zur Barth-Deutung Eberhard Jüngels, in: Theologische Zeitschrift 40 (1984), 296–320.394–415, 312.

der von Jüngel geforderten Ausarbeitung einer »natürlicheren Theologie« als einem »Verstehen der menschlichen Welt- und Selbsterfahrung im Lichte der Offenbarung Gottes«[87] ist es allenfalls punktuell und ansatzweise[88], am ehesten noch in seinen Predigten gekommen. Und Ebelings Versuch, in der Vielfalt unserer Erfahrungen konstante Grunderfahrungen und einheitliche Grundsituationen aufzudecken, hat aufgrund der mangelnden begrifflichen Ausarbeitung der dabei in Anspruch genommenen Ontologie häufig den Charakter der Willkürlichkeit.[89] In beiden Fällen fehlt eine theoretisch klare Explikation der Art und Möglichkeit eines Doppel-Sinns bzw. (nichthierarchischen[90]) Mehrfach-Sinns weltlicher Ereignisse und Sachverhalte, mit dem faktisch gerechnet wird, i. e. ihres ›natürlichen‹, in unserer Erfahrung gegebenen Sinns, und ihres ›natürliche-

---

[87] E. Jüngel, Das Dilemma der natürlichen Theologie und die Wahrheit ihres Problems. Überlegungen für ein Gespräch mit Wolfhart Pannenberg, in: Ders., Entsprechungen, 158-177, 176; Ders., Gott – um seiner selbst willen interessant. Plädoyer für eine natürlichere Theologie, in: Ders., Entsprechungen, 193-197.

[88] H. Fischer, Natürliche Theologie im Wandel, in: ZThK 80 (1983), 85-102, 100; J. B. Webster, Eberhard Jüngel. An Introduction to his Theology, Cambridge 1986, 118 ff.

[89] W. Härle/E. Herms, Deutschsprachige protestantische Dogmatik nach 1945, in: Verkündigung und Forschung 27 (1982), 2-100; Verkündigung und Forschung 28 (1983), 1-87, 17 ff.

[90] Es geht nicht um eine hermeneutische Umsetzung der *gratia non tollit, sed perficit naturam*-Formel, sondern um die hermeneutische und epistemische Berechtigung von *mehr als einer wahren Perspektive* auf das menschliche Leben, die Welt und Gott, ohne es zu einem bloßen Nebeneinander dieser verschiedenen Totalperspektiven kommen zu lassen. Dies kann theologisch nur so erreicht werden, dass in der theologischen Perspektive auf alles die Möglichkeit nichttheologischer Perspektiven verständlich gemacht wird: Gott ist die Bedingung der Möglichkeit dafür, mit oder ohne Gott zu leben, im Glauben oder im Unglauben, und dement-

ren‹ bzw. ›fundamentaleren‹ Sinns, der sich in der Neu-Erfahrung dieser Erfahrung im Lichte des Glaubens erschließt.[91]

Ein wesentlicher Grund für diese unzulängliche Durchführung der zweiten Hauptaufgabe theologischer Reflexion dürfte die problematische, durch die nichtrestringierte Verwendung der Kategorie des Wortgeschehens nahegelegte parallele Konstruktion der beiden Hauptaufgaben der Theologie sein: Wie die Theologie auf der einen Seite die Schrift auslegt, so legt sie auf der anderen Seite unsere Erfahrung aus. Sie ist konsequente Exegese, insofern sie zwei Auslegungen, die der Schrift und des in ihr bezeugten Wortgeschehens, und die unserer Erfahrung im Licht dieses Wortgeschehens, aufeinander bezieht, genauer: insofern sie die Schrift im Hinblick auf das in ihr zur Sprache kommende Wortgeschehen so auslegt, dass wir durch dieses ausgelegt und ebendadurch zur Erfahrung mit unserer Erfahrung angeleitet werden. Doch die Parallele ist irreführend: Schrift und Erfahrung sind nicht verschiedene Gegenstände einer einheitlichen theologischen Auslegungstätigkeit. Sie besitzen ganz unterschiedliche hermeneutische Binnenstrukturen, stellen demgemäß vor ganz unterschiedliche Auslegungsprobleme und erfordern entsprechend unterschiedliche hermeneutische Methoden im Umgang mit ihnen. Zwar haben beide, die Schrift und unsere Erfahrung, Auslegungsstruktur, insofern in ihnen etwas als etwas ausgelegt wird,[92] und theologische Reflexion hat das zu beachten und zu

---

sprechend auch die Bedingung der Möglichkeit dafür, die Welt, sich selbst und Gott theologisch oder nichttheologisch zu verstehen.

91 WEBSTER, Eberhard Jüngel, 126 ff. Diese Redefigur Jüngels darf nicht als bloße Steigerungsfigur des Natürlichen verstanden werden, als ob dieses als solches ontologisch defizitär wäre und in seiner Natürlichkeit überboten werden müsste, um seinen ontologischen Mangel zu beseitigen, sondern als Hinweis auf den Horizont, in dem sich die Natürlichkeit des Natürlichen erst in ihrem ganzen Eigengewicht würdigen lässt.

92 DALFERTH, Religiöse Rede, 447–468.

explizieren. Doch anders als die Schrift ist die Erfahrung unserer Weltwirklichkeit nicht ohne Weiteres als Auslegung einer Selbstauslegung verständlich zu machen. Sie ist kein Wortgeschehen, in dem sich die Selbstauslegung eines anderen Wortgeschehens manifestiert, der hermeneutisch nachgespürt werden könnte. Während sich die Schrift als Zeugnis eines Auslegungsgeschehens begreifen und auslegen lässt, in dem der Glaube der Selbstauslegung Gottes in seinem Wort zu entsprechen beansprucht, gilt das so nicht auch für unsere Welterfahrung: In ihr wird *prima facie* nichts ausgelegt, was seinerseits selbst Auslegungsstruktur besäße. Ohne zusätzliche Argumente scheint sie sich deshalb sachgerecht auch nicht so auslegen zu lassen. Die Welt ist kein Wortgeschehen, das sich in unserer Erfahrung zur Sprache bringt: Wir legen sie aus, nicht sie sich selbst, auch wenn unsere Auslegung immer im Horizont einer schon vorliegenden und lebenspraktisch in Anspruch genommenen Ausgelegtheit der Welt erfolgt. Die theologische Reflexion der Schrift als Auslegung von etwas, das selbst Auslegungsstruktur, und zwar Selbstauslegungsstruktur besitzt, und die der Welterfahrung als Auslegung von etwas, das selbst keine Auslegungsstruktur besitzt, kann dann aber nicht ohne Weiteres parallelisiert werden. Wenn dies in der hermeneutischen Theologie dennoch geschieht, dann ist das eine Folge des nichtrestringierten, also nicht auf das Verstehen kultureller Artefakte wie Schrift-, Rede-, Handlungs- und Werk-Texte eingeschränkten Gebrauchs der Kategorie des Wortgeschehens in allen Dimensionen theologischer Reflexion.

Dieser umfassende Gebrauch aber wirft grundsätzliche Probleme auf. Sie betreffen einerseits die hermeneutische Konstruktion des Seins als Selbstauslegungsgeschehen in der Sprache: Warum sollte das, was ist, insofern es ist, als Selbstauslegungsgeschehen verstanden werden? Dass wir in einer stets ausgelegten Welt leben, in der manches verständlich und vieles unverständlich ist, heißt nicht, dass das, was ist, sich immer schon in bestimmter Weise selbst ausgelegt hat. Und sie betreffen andererseits die Gleichsetzung oder (zuweilen) undifferenzierte Gleichbehandlung von Gott und Sein: Können und dürfen Gott und Sein hermeneutisch gleich behandelt werden oder müsste nicht ihre Differenz dadurch zum Ausdruck kommen, dass gerade nicht das Sein, sondern nur Gott als Selbstauslegungsgeschehen verstanden wird? Sein ist Medium der göttlichen Selbstauslegung, aber nicht selbst Selbstauslegung. Und Gott ist dadurch verschieden vom Sein, dass er sich im Geschehen seiner Selbstauslegung die Medien und die Adressaten seiner Selbstauslegung selbst schafft.

VI. Zur Kritik der hermeneutischen Theologie

Den damit aufgeworfenen Fragen ist genauer nachzugehen. Der hermeneutische Ansatz einer Selbstauslegung des Seins bzw. der Selbstauslegung Gottes in der Sprache, die sich von aller sprachlichen Selbstauslegung von Personen und ihrer Auslegung des Seins oder Gottes prinzipiell unterscheiden soll, hat massive Kritik auf sich gezogen: Er sei in sich aporetisch, gehe von einer problematischen Kombination unterschiedlicher hermeneutischer Modelle aus, orientiere sich an einem unzulänglichen Sprachverständnis und erlaube keine Methodologie zu entwickeln, die solche Selbstauslegungen intersubjektiv verbindlich zu identifizieren und zwischen ›wahren‹ und ›falschen‹ Interpretationen und theologischen Rekonstruktionen nachprüfbar zu unterscheiden gestatte. Theologische Lehrbildung innerhalb der hermeneutischen Theologie werde damit vorwiegend zu einem ästhetischen, d. h. der harmonischen Entfaltung der zum Ausgang genommenen Grundgedanken verpflichteten Problem, entziehe sich in ihren Grundentscheidungen weitgehend begrifflicher Kontrolle, orientiere sich nur exemplarisch und nicht wesentlich an Problemlagen der Gegenwart, sofern sich diese gegenüber den vertrauten Weisen theologischer Strukturierung sperrig erweisen, und vollziehe sich weithin im kategorialen Rahmen vorgegebener theologischer Traditionen, vor allem derer, die durch die Namen Luther und Barth repräsentiert sind.

1. Das Verstummen der Debatte

Dass auf diese Fragen und Einwände nur unzulängliche Antworten gegeben worden seien, wird häufig als ein Grund für das

Abflauen des Interesses an der hermeneutischen Theologie in den letzten Jahrzehnten des 20. Jahrhunderts genannt. Doch theologiegeschichtliche Veränderungen sind selten auf die zureichende oder unzureichende Bearbeitung von Sachfragen zurückzuführen, sondern verdanken sich meist anderen gesellschaftlichen, politischen, wissenschaftlichen und kulturellen Herausforderungen, veränderten theologischen Interessenlagen und – das ist nicht zu gering zu veranschlagen – den karrierebedingten Nötigungen des theologischen Nachwuchses, sich mit ihren Fragestellungen gegenüber den Lehrergenerationen zu profilieren: Man muss anderes tun, um sich von den Themen der vorangehenden Generation wahrnehmbar abzuheben. So gewiss die hermeneutische Theologie in den fünfziger und sechziger Jahren des 20. Jahrhunderts zu den zeitnahesten Formen der protestantischen Theologie gehörte, weil sie auf die Herausforderungen der säkular werdenden Welt zu antworten suchte, so unübersehbar zogen seit Ende der sechziger Jahre andere theologische Richtungen das Interesse in Kirche, Gesellschaft und Theologie auf sich.

Mit der Erledigung ihrer Fragen oder der Widerlegung ihrer Positionen hatte das nichts zu tun. Zwar ist kaum zu bestreiten, dass die Abwendung von den theologischen Traditionen Bultmanns und Barths und die Zuwendung zu anderen Sachproblemen seit Mitte der sechziger Jahre des 20. Jahrhunderts zu einem auffälligen Verstummen der Hermeneutikdebatte in der deutschen evangelischen Theologie geführt hat. Doch bei genauerem Hinsehen ist die Sachlage differenzierter zu beschreiben. Auch in den siebziger und achtziger Jahren gab es eine lebhafte Hermeneutikdiskussion in Deutschland – außerhalb der Theologie in Literaturwissenschaft und Philosophie. Es gab auch eine lebhafte Hermeneutikdiskussion in der Theologie – außerhalb Deutschlands in der englischsprachigen und skandinavischen Welt. Es gab in Deutschland eine lebhafte theologische Hermeneutikdiskussion – außerhalb der systematischen Theologie vor allem in den exegetischen Disziplinen. Es gab dagegen kaum eine nennenswerte Hermeneutikdiskussion in der deutschsprachigen systematischen Theologie, und wo es sie gab, fand sie ohne Beteiligung der systematisch einst den Ton angebenden hermeneutischen Theologie statt. Die »Bedeutung und Diskussion von Hermeneutik in der Theologie, wo sie einmal ihr wichtigstes Aufgabenfeld gefunden hatte«, so stellte Claus v. Bormann 1986 fest, ist »gering geworden bzw. verstummt«[93]. Dafür wurden und werden verschiedene Gründe geltend gemacht.

Manche meinen, die Anliegen der Hermeneutik, wie sie in den fünfziger und sechziger Jahren die Diskussion bestimmt hatten, seien Allgemeingut systematischer Theologie geworden, so dass sich eine besondere Hermeneutikdiskussion erübrigt hätte. Doch das war nicht der Fall. Eher wird man sagen müssen, dass die Väter der hermeneutischen Theologie es kaum fertigbrachten, ihre Sicht der Hermeneutik als fundamentale und aktuelle Fragestellung systematischer Theologie der nachfolgenden Theologengeneration weiterzugeben.

Es ist auch nicht so, dass die Auseinandersetzung um die hermeneutische Theologie in der systematisch-theologischen Diskussion zu einem klaren Ergebnis geführt hätte. Sie ist vielmehr im Sand verlaufen und wurde abgebrochen, nicht weil die Fragen geklärt geworden wären, sondern weil die Diskutanten der Thematik überdrüssig wurden. Sollte allerdings der Anspruch der Protagonisten der hermeneutischen Theologie, die Hermeneutik sei die theologische Grundlagenwissenschaft, auch nur einigermaßen zutreffend gewesen sein, dann kann das Hermeneutikproblem nicht damit erledigt sein, dass es nur als theologisches Modethema der Nachkriegszeit begriffen wird. Es hätte vielmehr auch dort auf der Tagesordnung stehen müssen, wo sich das Interesse auf andere Themen konzentrierte. Das aber

---

93 C. v. Bormann, Hermeneutik: I. Philosophisch-theologisch, in: TRE XV (1986), 108–137, 130, 36 ff.

war nicht so. Entweder wurde seine Brisanz deshalb in den letzten Jahrzehnten unangemessen unterschätzt oder sie wurde damals überschätzt.

Fragwürdig ist auch die Ansicht, eine spezielle Hermeneutikdiskussion in der systematischen Theologie habe sich erledigt, weil die hermeneutische Fragestellung seit den siebziger Jahren in anderen, umfassenderen oder grundlegenderen Fragestellungen aufgegangen sei – in der universalgeschichtlichen etwa, wie Pannenberg meinte;[94] in der sozialethisch-politischen wie bei Sölle, Moltmann oder Metz; in der linguistischen oder analytischen wie bei Güttgemanns, Jeanrond, Dalferth oder v. Stosch, in der wissenschaftstheoretischen wie bei Sauter oder Pannenberg, in der reflexions- und kulturphilosophischen wie bei Ricœur, Rorty oder Taylor, in der des kommunikativen Handelns und der kritischen Fortführung der Entwürfe von Apel und Habermas bei Peukert oder Ahrens, in der befreiungstheologischen und feministischen Hermeneutik des Verdachts bei Gutiérrez, Boff, Sobrino, Füssel, E. Schüssler-Fiorenza, L. Schottroff, Radford Ruether, in der Rückwendung zu Kant, Fichte, Schleiermacher, Hegel oder Troeltsch bei U. Barth, F. Wagner, Herms, Rohls, Pröpper, Verweyen oder Graf, in der Religions- und Kulturhermeneutik bei Gräb, Korsch oder Lauster, in der ›radical hermeneutics‹, die Caputo im Gefolge von Nietzsche, Heidegger, Gadamer und Derrida seit den achtziger Jahren entwickelt hat usf. Eine Vielzahl von Nachfolgethemen beansprucht so, die hermeneutische Fragestellung zu beerben. Doch diese Beerbungsthese ist in all ihren Versionen mit Vorsicht zu genießen – sowohl im Licht der fundamentalen Ansprüche, mit denen die hermeneutische Theologie einst antrat, wie auch im

---

94 W. Pannenberg, Über historische und theologische Hermeneutik, in: Ders., Grundfragen systematischer Theologie. Band I, Göttingen ³1979, 123–158, 132 ff.140.148 ff.; ders., Hermeneutik und Universalgeschichte, in: Ders., Grundfragen, 91–122, 104.120 ff.

Licht der expliziten und vielgestaltigen Hermeneutikdiskussion außerhalb der systematischen Theologie oder Theologie überhaupt in den vergangenen Jahrzehnten. Die Fragestellungen der hermeneutischen Theologie sind offensichtlich nicht so in andere Fragestellungen aufgegangen, dass sie selbst zu thematisieren überflüssig geworden wäre.

Das gilt auch im Blick auf eine vierte Position, die argumentiert, es gebe zwar hermeneutische Fragestellungen *in* der Theologie, aber keine hermeneutische Fragestellung *der* Theologie. Zu Recht vollziehe sich die hermeneutische Diskussion deshalb heute als Auseinandersetzung um die sachgemäßen Interpretationsmethoden innerhalb der einzelnen theologischen Disziplinen mit ihren je besonderen Problemen und nicht mehr als fundamentaltheologische Grundlagendiskussion wie zur Hochzeit der hermeneutischen Theologie. Gerade dann verwundert freilich das Fehlen einer solchen Methodendiskussion in der neueren systematischen Theologie. Zudem stellt sich zugespitzt die Frage nach dem fundamentalen Hermeneutikverständnis, das von der hermeneutischen Theologie oder, auf andere Weise, auch von katholischen Theologen wie Lonergan vertreten wurde, der nicht nur nach den Methoden der einzelnen theologischen Disziplinen fragte, sondern Theologie insgesamt als Methode begriff – die Methode, zu verstehen, was es heißt zu verstehen, und eben so die Grundbedingungen und Grundstrukturen alles Verstehbaren zu klären.[95]

Keine der vorgeschlagenen Antworten ist so überzeugend, dass sich eine genauere Auseinandersetzung mit den Fragen erübrigen würde, die an die hermeneutische Theologie gerichtet wurden oder mit Recht gerichtet werden können. Deren

---

[95] Vgl. B. Lonergan, Method in Theology, London 1972. Vgl. D. Teevan, Lonergan, Hermeneutics, and Theological Method. Marquette 2005; I. U. Dalferth, Kombinatorische Theologie. Probleme theologischer Rationalität, Freiburg i. Br. 1991.

hermeneutisches Denkmodell und theologische Verfahren werfen grundsätzliche ontologische, epistemologische und methodisch-hermeneutische Probleme auf.

2. Sein als Selbstauslegung: Die Sinn-Ontologie der hermeneutischen Theologie

Die umfassende und fundamentale Verwendung der Wortgeschehens-Kategorie impliziert eine spezifische *Ontologie*, die sich aus der Reduktion der material-inhaltlichen Fassung dieser Kategorie (Wortgeschehen als dasjenige authentische Sprachgeschehen, das die Wahrheit unserer Wirklichkeit und unseres Seins aufdeckt, insofern es uns so auslegt, wie wir von Gott ausgelegt werden) auf ihre formale Struktur als Zeichenereignis und Auslegungsgeschehen ergibt. So vertritt die hermeneutische Theologie einen rigorosen Realismus des Wortgeschehens, der eine klare Priorität des Werdens gegenüber dem Sein, der Möglichkeit gegenüber der Wirklichkeit, der Relation gegenüber der Substanz und des Sinns gegenüber dem Sein einschließt. Wortgeschehnisse lassen sich auf keine anderen grundlegenderen ontologischen Entitäten reduzieren oder in etwas anderes als Wortgeschehnisse analysieren: Sie sind Sinnereignisse, in denen etwas (z. B. die Welt) durch etwas (Jesu Verkündigung) für jemanden (die Christen) als etwas (Gottes Schöpfung) verständlich wird. Im Besonderen verbietet die Kategorie des Wortgeschehens jegliche Trennung zwischen der Sprache als der ›Form‹ dessen, was zur Sprache kommt, und einem ›Inhalt‹, der in dieser Form zur Sprache gebracht wird. Im Wortgeschehen manifestiert sich keine jenseits dieses Geschehens liegende Realität, sondern es *ist* die Realpräsenz dessen, was es sagt.[96] Wortgeschehnisse sind keine Informationsprozes-

---

[96] Der Hintergrund des augustinischen Sakramentsverständnisses ist un-

se, die auf etwas jenseits ihrer selbst verweisen, sondern Präsentations- und Re-Präsentationsprozesse dessen, was sie sagen: Sie transformieren Mögliches in Wirkliches im Ereignis sich selbst konkret auslegenden Seins.[97] In diesem Sinn besteht die Wirklichkeit der Welt aus konkreten Wortgeschehnissen. Man kann nicht hinter sie zurückgehen, um irgendetwas Basaleres oder Realeres zu finden. Wirklichkeit hat fundamental den Charakter von Wortgeschehen: Nicht das, was phänomenal gegeben ist, sondern das, was als sich selbst auslegendes Wortgeschehen im Werden ist, ist letztlich wirklich. Folgende Momente sind dabei hervorzuheben:

2.1 Sinnprozess: Die Mit-Struktur des Sinns

Alles Wirkliche hat als Transformation von möglichem in wirkliches Sein die vom Wortgeschehen exemplifizierte Grundstruktur ›etwas legt sich für jemanden als etwas aus‹ und besitzt damit die Struktur von Sinn: Was ist, kommt modal im Horizont des Möglichen als Wirkliches in den Blick und wird damit nicht nur als Sein (etwas, das ist) wahrgenommen, sondern als Sinn (etwas, das auf bestimmte Weise ist) verstanden. Das gilt

---

übersehbar: Wie ein Sakrament der Sonderfall eines *signum* ist, das nicht nur auf eine *res* verweist, sondern bei dem mit dem Zeichen die bezeichnete Sache selbst gegenwärtig ist, so ist das Wortgeschehen ein Zeichenereignis, das nicht etwas von ihm Verschiedenes zur Sprache bringt, sondern das real vergegenwärtigt, wovon es spricht. Die Kategorie des Wortgeschehens kann als Verallgemeinerung und Fortentwicklung dieses sakramentalen Zeichenverständnisses verstanden werden.

97 Konkret ist, was sich im Vollzug als sinnvolle Ereigniseinheit konstituiert. Wortgeschehnisse sind konkrete Sinnereignisse, in denen etwas für jemanden als etwas verständlich wird. Sie lassen sich nicht in basale Elemente wie ›etwas‹, ›jemand‹, ›verständlich‹ o. Ä. analysieren, sondern diese Momente treten gleichursprünglich in einem Sinnereignis ›etwas-wird-für-jemanden-als-etwas-verständlich‹ als unhintergehbar zusammengehörige Struktureinheit auf.

im Hinblick sowohl auf Einzelgeschehnisse als auch auf die Wirklichkeit als Ganze. Da Sinn sich immer so oder anders verstehen lässt, hat die Wirklichkeit insgesamt einen Überschuss an Sinn, der in keinem Verstehen völlig ausgeschöpft werden kann: Es gibt stets mehr zu verstehen, als man verstanden hat. Möglich ist das, weil die Wirklichkeit intrinsisch plural ist, sich also nicht in nur einem oder einigen Wortgeschehnissen erschöpft. Kein Wortgeschehen ereignet sich isoliert und allein, jedes Wortgeschehen tritt vielmehr im Kontext von anderen auf, die es aufnimmt und fortführt oder ersetzt und beendet. Wie nur geredet werden kann, weil schon geredet wurde, so wird mit jedem Reden die Möglichkeit geschaffen, auf andere Weise weiter zu reden. In dieser pluralen Wirklichkeit von aneinander anschließenden Wortgeschehnissen manifestiert sich die Mit-Struktur des Seins als Sinn: Sein konkretisiert sich in Sinn konstituierenden Wortgeschehnissen, die stets im Zusammenhang mit anderen und in der Fortführung von anderen das sind, was sie konkret werden.

2.2 Sinnmedien: Die Durch-Struktur des Sinns

Jedes Moment der Wirklichkeit ist so ein hermeneutisches Geschehen, in dem sich eine Instanz einer anderen im Horizont eines Möglichkeitshorizontes anhand von etwas *als* etwas präsentiert und damit als sinnvoll erschließt. Das ist nur möglich, insofern etwas *durch* etwas für jemanden als etwas in den Blick kommt, also nicht nur als Sein (etwas, das ist), sondern als Sinn (etwas, das sinnvoll ist) verständlich wird. Sein wird zu Sinn, wo Wirkliches (etwas, das ist) als Medium gebraucht wird, um etwas (Wirkliches oder Mögliches) als etwas (Wirkliches oder Mögliches) zu kommunizieren. Nichts ist per se Medium, aber alles Wirkliche kann zum Medium werden, wenn es in entsprechender Weise gebraucht wird. Jedes *signum* ist eine *res* und jede *res* kann zum *signum* werden, wie schon Augustinus erkannt hat, wenn sie entsprechend gebraucht und verstanden (*uti*) und nicht nur wahrgenommen und in unangebrachter Weise genossen (frui) wird; denn nicht das zeitliche Zeichen ist zu genießen, sondern das, worauf alle Zeichen letztlich verweisen: die ewige Wahrheit Gottes. Medium wird konkretes Wirkliches jedenfalls genau dadurch, dass es in Wortgeschehnissen, die sich an Instanzen richten, die sie verstehen (können), dazu verwendet wird, diesen etwas als etwas kommunizieren. Im jedem Wortgeschehen wird durch den Gebrauch von Wirklichem als Medium und Zeichenträger nicht nur Sinn konstituiert, sondern eben dadurch zwischen Sinn und Sein unterschieden, zwischen dem, was kommuniziert wird (Sinn), und dem, wodurch es kommuniziert wird (Sein). Indem etwas durch etwas als etwas verständlich gemacht wird, wird konkretes Wirkliches zum Medium für Sinn und eben damit Sinn von Sein unterschieden.

2.3 Selbstauslegung: Die Als-Struktur des Sinns

Es gibt nichts, was nicht zum Medium in Sinnereignissen werden könnte, kein Sinnereignis, das nicht für jemanden Sinn erschließen würde oder könnte, und nichts, was als Sinnereignis nicht die hermeneutische Als-Struktur aufweisen würde: Die Wirklichkeit hat als Sinnprozess hermeneutische Struktur. Sie vollzieht sich als dynamische Selbstunterscheidung von Interpretandum und Interpretat, Sein und Sprache, Sache und Wort, deren besondere Pointe darin besteht, dass es kein Interpretandum gibt, das nicht selbst als Differenzverhältnis von Interpretandum und Interpretat strukturiert ist. Die Wirklichkeit ist für ihre Auslegungsinstanzen ein hermeneutischer Prozess nicht nur der Fremdauslegung, sondern der Selbstauslegung des Seins, der keinen Anfangspunkt jenseits dieses Prozesses in einem noch unerschlossenen Sein kennt, in dem Sein vielmehr immer nur als sich schon ausgelegt habendes und sich noch weiter auslegendes Geschehen in den Blick kommt. Dieser Prozess vollzieht sich in permanenter Weiterauslegung schon erfolgter Auslegung, so dass alles, was war, ist und wird, sich als ein Selbstauslegungsgeschehen verstehen lässt, in dem schon erfolgte Selbstauslegung in neue Selbstauslegung eingeht und von dieser fortgeführt oder abgelöst, weiter bestimmt oder korrigiert und abgebaut wird. Dieser Prozess des Aufbaus und Abbaus von Sinn führt an kein intrinsisch bestimmbares Ende, sondern in immer verzweigteren Sinn und vielfältigere Auslegungen. Im Vollzug der hermeneutischen Verarbeitung schon erfolgter Fremd- und Selbstauslegungen werden nicht nur sukzessive bestimmte Auslegungen verwirklicht, sondern gerade dadurch einerseits manche bisherigen beendet und überholt, andererseits aber auch immer neue und mehr Auslegungsmöglichkeiten generiert, als tatsächlich realisiert werden. Das kann, muss aber nicht in eine diffuse Auslegungsvielfalt führen. Es kann auch umgekehrt dazu kommen, dass sich die authentischen Selbstauslegungen des Seins gegenüber seinen nichtauthentischen Fremdauslegungen in einer volleren Entfaltung der Wahrheit seiner Selbstauslegung durchsetzen.

2.4 Geschehen: Die Zeitlichkeit des Sinns

Dieses Selbstauslegungsgeschehen des Seins impliziert nicht nur dessen hermeneutische Als-Struktur, sondern auch die Zeitlichkeit und Geschichtlichkeit seines Sinns. Ohne Zeit gibt es kein Geschehen, und jedes Auslegungsgeschehen konstituiert und verarbeitet Sinn zu Geschichte. Zeit und Geschichte sind damit Strukturmomente der als Selbstauslegungsgeschehen des Seins existierenden Wirklichkeit selbst und nicht nur unseres Umgangs mit der Wirklichkeit.

Damit stellt sich das Problem, ob die Vollzugszeit des Selbstauslegungsgeschehens der Wirklichkeit und die Vollzugszeit unserer Auslegung dieses Selbstauslegungsgeschehens in einen einheitlichen Zeithorizont einbezogen werden können oder in die Aporie der zeitlichen Koordinierung zweier verschiedener Zeithorizonte führen, die jeweils relativ zum Vollzug eines verschiedenen Auslegungsgeschehens sind. Die Zeit des Wortgeschehens und die Zeit unseres Verstehens des Wortgeschehens sind jedenfalls nicht ohne Weiteres dieselbe Zeit, sondern können gleichzeitig immer nur *werden*, wenn sich die Selbstauslegung des Wortgeschehens *in der Zeit unseres Verstehens dieses Wortgeschehens* so ereignet, dass es diesem gleichzeitig wird. Sofern unser Verstehen aber konstitutiv auf die Vorgängigkeit der Selbstauslegung des Wortgeschehens angewiesen ist, um überhaupt möglich sein zu können, kann sich dieses Gleichzeitigwerden niemals von uns aus, sondern immer nur vonseiten des Wortgeschehens aus ereignen: Nicht wir können uns ihm gleichzeitig machen, sondern es muss sich uns gleichzeitig machen, damit es zu einer Selbstauslegung des Wortgeschehens für uns kommt.[98]

2.5 Verstehen: Die Für-Struktur des Sinns

Die so verstandene Wirklichkeit impliziert hermeneutische Instanzen, die sich auslegen und diese Auslegungen verstehen können. Die Differenz von Interpretandum und Interpretat ist nur für ein Verstehen gegeben, dem sich die Als-Struktur der Selbstauslegung des Seins erschließt. Damit ergeben sich für die Ontologie der hermeneutischen Theologie zwei mögliche Optionen, von denen diese im Wesentlichen die zweite verfolgt hat.

Zum einen könnte man das Verstehen als Strukturmoment der Wirklichkeit selbst begreifen, ohne es an eine verstehende Subjektivität zurückzubinden. Die Verstehens- und Selbstauslegungsstruktur ›etwas legt sich jemandem (bzw. sich selbst) als etwas aus‹ wäre dann in dem Sinn fundamental, dass sich verstehende Subjektivität nur aufgrund dieses Sachverhalts überhaupt ausbilden kann: Der Selbstauslegungsprozess des Seins als je bestimmte Wirklichkeit im Horizont jeweils bestimmter Möglichkeiten ist der Real- und Möglichkeitsgrund verstehen-

---

98 Vgl. I. U. Dalferth, Becoming Present. An Inquiry into the Christian Sense of the Presence of God, Louvain 2006.

der Subjektivität, nicht aber deren Leistung. Wie Reflexivität ein Strukturmoment des dadurch zur Selbsterfahrung befähigten Subjekts ist, so ist Selbstauslegung ein Strukturmoment der eben dadurch für Subjekte verstehbar werdenden Wirklichkeit, einschließlich dieser Subjekte selbst. Das hieße freilich, dass nicht erst das symbolische Erfassen von Wirklichkeit durch Deute-, Interpretations-, Auslegungs- und Aneignungsakte von Subjekten, sondern schon die dabei gedeutete, interpretierte, ausgelegte und so verstandene Wirklichkeit selbst hermeneutische Auslegungs- und Verstehensstruktur (Sinn) besäße, also in dem durch Zeit und Geschichte vermittelten Prozess der Selbstauslegung durch die Als-Struktur fundamental und prinzipiell unüberwindbar in Interpretandum und Interpretat differenziert wäre. Wirklichkeit wäre genau dieses selbstreferentielle semiotische Differenzgeschehen des Sich-selbst-auf-jemandenhin- Auslegens und Sich-selbst-als-etwas-Verstehens, dem all unser Verstehen und Auslegen immer nur nachdenken könnte. Und das hieße – im Gegensatz zur modernen Resignation angesichts der immer noch größeren Komplexität der Welt als selbst der komplexeste von uns denkbare Gedanke[99] –, dass die Wirklichkeit als solche immer noch verständlicher wäre, als wir sie je verstanden haben, so dass unser Bemühen um besseres Welt- und Selbstverständnis prinzipiell gerechtfertigt wäre.

Zum andern – und das ist die von der hermeneutischen Theologie favorisierte Option – kann man das der Selbstauslegung korrespondierende Verstehen prinzipiell an verstehende Subjektivität zurückbinden. Die Selbstauslegung einzelner Wortgeschehnisse wird so auf das Verstehen endlicher, geschöpflicher Subjekte bezogen gedacht und die Selbstauslegung des Seins im gesamten Wirklichkeitsprozesses auf das Verstehen Gottes selbst. Das ursprüngliche Wortgeschehen, das Gott selbst

---

99 D. Henrich, Fluchtlinien. Philosophische Essays, Frankfurt am Main 1982, 125 ff.

ist, ist zugleich ursprüngliches Verstehen, dem geschöpflich zu entsprechen und das auf geschöpfliche Weise nachzuvollziehen unsere Verstehensaufgabe im deutenden Umgang mit der Welt und uns selbst ist. Dass die Welt, wir selbst eingeschlossen, immer noch verständlicher ist, als wir sie jeweils verstanden haben, gründet damit darin, dass Gott sie und uns immer schon besser verstanden hat als wir sie und uns verstehen können. Nicht die Wirklichkeit legt sich selbst für uns aus, sondern Gott legt sich, die Welt und uns selbst für uns aus: Ebendieses göttliche Auslegungsgeschehen ist die Wirklichkeit. Selbstauslegung und Verstehen im strengen und eigentlichen Sinn sind deshalb Gottesprädikate, und Gott ist der in und durch alles verständlich und sich verständlich machende Handelnde, der uns zu wahrem Selbst-, Welt- und Gottesverständnis verhilft. – Damit stellen sich allerdings zwei grundlegende Fragen: die nach dem *ontologischen Verhältnis* unserer weltlichen Erfahrungswirklichkeit zu dem diese begründenden Gotteswort einerseits und die nach dem *epistemologischen Verhältnis* von Menschenwort, Erfahrungswirklichkeit und Gotteswort andererseits.

Die erste erfordert eine schöpfungstheologische, die zweite eine pneumatologische Antwort. Beide können sich nicht mit der Feststellung begnügen, dass diese Verhältnisse bestehen: Sie müssen auch ihre Art und konkrete Struktur explizieren und damit das Wie ihres Bestehens darlegen, wenn diese Feststellung nicht leer bleiben soll. Genau das aber ist in den Entwürfen der hermeneutischen Theologie nicht überzeugend geschehen. Denn in welchem Verhältnis steht die Vielfalt geschöpflicher Wortgeschehnisse in Natur und Kultur zur Einheit des göttlichen Wortgeschehens, in dem sie gründen? Auch wenn dies eine in sich differenzierte Einheit ist (Schöpfung, Offenbarung, Erlösung), ist diese Differenz doch von anderer Art als die Pluralität sich selbst auslegender Ereignisse, als welche die natürliche und kulturelle Wirklichkeit begriffen wird. Welches Verhältnis besteht dann aber genau zwischen dem sich selbst differenzierend auslegenden Wortgeschehen Gottes und den vielfältigen Phänomenen von Natur und Kultur? Inwiefern lassen sich diese mit der Kategorie des Wortgeschehens überhaupt sinnvoll und überzeugend interpretieren? Und wie legt sich Gott in und durch diese für uns verständlich aus? Der Verweis auf die Entsprechungskategorie bzw. die Differenzkategorie von Gesetz und Evangelium nennt keine Interpretationsinstrumente, sondern allenfalls erwägenswerte Interpretationsrahmen. Die erforderliche Interpretation leisten sie als solche noch nicht. Schließlich: In welchem Verhältnis steht das Wortgeschehen Gottes, das die Wirklichkeit als Selbstauslegungsgeschehen des Seins konstituiert, zum vielfältigen Wortgeschehen unserer Sprache, in der wir in der Wirklichkeit über die Wirklichkeit und uns selbst kommunizieren? Diese Frage führt uns auf den zweiten Problemzusammenhang der hermeneutischen Theologie, den wir genauer betrachten müssen.

3. Selbstauslegung und Erkenntnis: Zur Erkenntnistheorie der hermeneutischen Theologie

3.1 Akt-Extentionalität vor Akt-Intentionalität

Die explikative und interpretative Verwendung der Kategorie des Wortgeschehens in der hermeneutischen Theologie hat spezifische *erkenntnistheoretische* Konsequenzen. Nicht (empirisch oder phänomenologisch beschreibbare) Welterfahrung, sondern (hermeneutisch zu explizierendes) Sprachverstehen ist ihr zufolge sachlich adäquater Ansatzpunkt methodisch kontrollierter Wirklichkeitserkenntnis. Diese ist nicht auf unsere Erfahrung der Welt, sondern des Wortes zu gründen, d. h. auf eine kritische Analyse der Selbstauslegung des Seins in unserer Sprache und Sprachtradition. Hier werden die Phänomene fassbar, die gegenüber ihrer Ersetzung und Verdrängung durch wissenschaftliche Theoriekonstrukte zu ›retten‹ sind.

Dass die Sprachlichkeit, Geschichtlichkeit und kulturelle Formung unserer Erfahrung umfassend sind, so dass wir Wirklichkeit nicht an ihnen vorbei erfahren können, ist für die hermeneutische Theologie im Unterschied zu manchen ähnlich argumentierenden Positionen allerdings kein primär kulturwissenschaftliches oder sozialanthropologisches Faktum, sondern mit dem erläuterten Wesen der Wirklichkeit als Selbstauslegungsgeschehen selbst gesetzt. Es resultiert nicht allein daraus, dass uns all unser Wissen, Erkennen und Verstehen immer schon von anderen zugespielt wird, sondern primär daraus, dass sich in diesen Prozessen Wirklichkeit immer schon selbst zu Wort meldet. Die ontologische Priorität des die Wirklichkeit konstituierenden Wortgeschehens impliziert somit auch seine epistemologische Priorität: Es legt sich uns aus, ehe wir es auslegen, und unsere Auslegung hat dieser Selbstauslegung zu folgen. Jüngel hat das eine »phänomengeschichtliche Methode« genannt, insofern

> »der ›Akt-Intentionalität‹ des ›zu den Sachen selbst‹ vordringenden Verstandes eine den forschenden und verstehenden Verstand bedingende ›Akt-Extentionalität‹ *von* den Sachen selbst *her* zuvorkommt. Denn das Denken vermag aus dem Vorstellungshorizont des menschlichen Bewußtseins nur insofern zu den Sachen selbst zurückzusteigen, insofern die Sachen selbst als Phänomene für das menschliche Bewußtsein immer schon in Erscheinung getreten *sind*, und das heißt in der Theologie: zur Sprache gekommen *sind*«.[100]

Die damit vollzogene Abkehr von der Grundorientierung neuzeitlicher Erkenntnistheorie teilt die hermeneutische Theologie mit einer Reihe philosophischer Positionen von Heidegger über Wittgenstein, Whitehead und Hartshorne bis zu Rorty, Putnam, Levinas, Derrida, Waldenfels oder Marion. Ihre spezifische Pointe

---

[100] E. Jüngel, Paulus und Jesus, Tübingen 7 2004, 5.

aber besteht darin, dass sie die ontologisch als Grundmomente der Wirklichkeit bestimmten Wortgeschehnisse selbst als intrinsisch interpretativ begreift: Sie sind *sich selbst auslegende Ereignisse* vor und jenseits aller auf sie gerichteten Intentionalität endlicher verstehender Subjekte. Deren Interpretationsaktivität gründet gänzlich in einer fundamentalen Passivität, die auf die vorausgehende Aktivität sich selbst auslegender Ereignisse bzw. Wortgeschehnisse verweist. Nicht eine kritische Analyse unseres Erkenntnis- und Verstehensvermögens, sondern der immer schon an uns gerichteten Erkenntnis- und Verstehensansprüche des sich selbst erschließenden Wortgeschehens, der ›Sache‹ also, wird so zum entscheidenden epistemischen Grundproblem der hermeneutischen Theologie. Wirkliches Verstehen und Erkennen vollzieht sich im Modus des aufmerksamen Hörens, Sehens und Nachvollziehens dessen, was sich uns vor aller unserer Erkenntnis- und Verstehensbemühung schon erschlossen hat. Dieses von uns Zu-Verstehende hat, vor allem (wenn auch nicht nur) im Fall des von uns zu verstehen gesuchten Gottes, ein prinzipielles (ontologisches und epistemologisches) Prae, so dass es von keinem vernehmenden Akt unsererseits je ein für allemal vereinnahmt werden könnte: Gottes Sein bleibt, mit Jüngel geredet, stets »im Kommen«[101].

3.2 Ereignis als Widerfahrnis

Dieser Vorordnung der Passivität vor aller Aktivität korreliert eine Umstellung vom Denkmodell des Ereignisses auf das des Widerfahrnisses.[102] Ein *Widerfahrnis* ist das, was einem passiv, ohne eigenes Zutun und in der Regel wider Erwarten geschieht, also nicht bloß einen bestehenden Lebens- und Erfahrungszusammenhang bestätigt und fortführt, sondern ein Leben so be -

---

[101] Jüngel, Gott als Geheimnis, 415.

[102] Vgl. zum Folgenden I. U. Dalferth, Das Böse. Essay über die kulturelle Denkform des Unbegreiflichen, Tübingen ²2010, 4–9.

trifft, dass es dadurch anders wird insofern alles, was es danach tut oder nicht tut, in seinem Was und Wie, seinem Charakter und seinem Wesen, durch dieses Widerfahrnis bedingt ist und signifikant bestimmt wird.[103]

Phänomenologisch war mit der Kategorie des *Ereignisses* von Anfang an dieser passivisch-pathische Charakter von Geschehendem gemeint. Das belegen Rosenzweigs Rede vom ›ereigneten Ereignis‹ im *Stern der Erlösung* (1918–19) nicht weniger als Heideggers Gebrauch der Ereignis-Kategorie seit den dreißiger Jahren, der eng mit der notwendig gewordenen ›Kehre‹ vom gescheiterten fundamentalontologischen Programm von *Sein und Zeit* (1927) zum späteren seynsgeschichtlichen Denken zusammenhängt.[104] Das Ereignis, das Sein und Zeit *gibt*, ist als

---

[103] B. WALDENFELS hat diese Phänomene wegweisend in der Ausarbeitung der Strukturen von Pathos und Responsivität untersucht. Vgl. Ordnung im Zwielicht, Frankfurt am Main 1987; DERS., Der Stachel des Fremden, Frankfurt am Main 1990; DERS., Antwortregister, Frankfurt am Main 1994; DERS., Grenzen der Normalisierung. Studien zur Phänomenologie des Fremden 2, Frankfurt am Main 1998; DERS., Sinnschwellen. Studien zur Phänomenologie des Fremden 3, Frankfurt am Main 1999; DERS., Bruchlinien der Erfahrung. Phänomenologie, Psychoanalyse, Phänomenotechnik, Frankfurt am Main 2002; DERS., Die Macht der Ereignisse, in: M. RÖLLI (Hg.), Ereignis auf Französisch. Von Bergson bis Delenze, München 2004, 447–458; DERS., Phänomenologie der Aufmerksamkeit, Frankfurt am Main 2004; DERS., Schattenrisse der Moral, Frankfurt am Main 2006. Zur Fundamentalität des Pathischen in und jenseits der Dimensionen des Praktischen und Epistemischen vgl. bes. Bruchlinien der Erfahrung, 54–60. Zur Responsivität vgl. Schattenrisse der Moral, 106: »Responsivität bedeutet: *Ich selbst beginne, aber nicht bei mir, sondern anderswo, oder anders gesagt: Ich gehe auf das ein, von dem ich ausgehe.* Der Aufweis dieses Grundzugs, der all unser Verhalten prägt, stützt sich nicht auf ein zielgerichtetes bzw. regelgeleitetes Handeln, wie es in nahezu sämtlichen Ansätzen der gegenwärtigen praktischen Philosophie geschieht, vielmehr geht er zurück auf Ereignisse, an denen ich selbst und die Anderen zwar beteiligt sind, aber eben nicht als Autoren.« Diese Ereignisse nenne ich *Widerfahrnisse*.

[104] Vgl. M. HEIDEGGER, Zum Einblick in die Notwendigkeit der Kehre (1964),

solches phänomenologisch nicht zugänglich, sondern lässt sich nur indirekt anhand seiner Resonanzen und Fortwirkungen fassen. Das belegen ausführlich die schon erschienenen[105] und noch bevorstehenden[106] Bände der Gesamtausgabe, die sich dem Ereignisthema widmen. An diese Ereignisanalysen im Spätwerk Heideggers knüpfen in der französischsprachigen Phänomenologie so verschiedene Denker wie E. Levinas, J. Derrida, J.-F. Lyotard, G. Deleuze[107] oder A. Badiou[108] auf je ihre Weise an. Während sich für Badiou vergangene Ereignisse nur dadurch erfassen lassen, dass man ihren Konsequenzen nachgeht und diese bedenkt[109], verwendet Levinas den Begriff der »trace« (Spur) als

---

in: P.-L. CORIANDO (Hg.), Vom Rätsel des Begriffs (FS F.-W. v. Herrmann), Berlin 1999, 1-3; DERS., Beiträge zur Philosophie (Vom Ereignis) (1936-1938) (GA 65), Frankfurt am Main ²1994; DERS., Besinnung (1938/39) (GA 66), Frankfurt am Main 1997; DERS., Die Geschichte des Seyns, (GA 69), Frankfurt am Main 1998.

[105] HEIDEGGER, Beiträge zur Philosophie; DERS., Besinnung; DERS., Über den Anfang (1941), Frankfurt am Main 2005; DERS., Brief über den »Humanismus« (1946), in: DERS., Wegmarken (GA 9) Frankfurt am Main ³1996, 313-364; DERS., Zeit und Sein (1962), in: DERS., Zur Sache des Denkens, Tübingen ³1988, 1-26; DERS., Der Satz der Identität (1957), in: DERS., Identität und Differenz, Stuttgart ¹¹1999, 9-30. Vgl. FR.-W. V. HERRMANN, Wege ins Ereignis. Zu Heideggers »Beiträgen zur Philosophie«, Frankfurt am Main. 1994; P. TRAWNY, Martin Heidegger, Frankfurt am Main/New York 2003; R. WANSING, Im Denken erfahren. Ereignis und Geschichte bei Heidegger, in: M. RÖLLI (Hg.), Ereignis auf Französisch, 81-102.

[106] M. HEIDEGGER, Das Ereignis (1941/42) (GA 71); DERS., Zum Ereignis-Denken (GA 73).

[107] Vgl. die Beiträge zu Levinas, Derrida und Lyotard in Rölli, Ereignis auf Französisch. Zu Deleuze vgl. besonders M. Rölli, Begriffe für das Ereignis: Aktualität und Virtualität. Oder wie der radikale Empirist Gilles Deleuze Heidegger verabschiedet, in: Rölli, Ereignis auf Französisch, 337-359; M. Schaub, A Mad Time Party. Gilles Deleuze und der Ereignischarakter der Sprache, in: Rölli, Ereignis auf Französisch, 427-444.

[108] A. BADIOU, L'être et l'événement, Paris 1988. Vgl. J. BARKER, Alain Badiou. A Critical Introduction, London/Stirling 2002; P. ZEILLINGER, Badiou und Paulus. Das Ereignis als Norm?, in: IWK-Mitteilungen 61 (2006), 6-12.

[109] Vgl. P. HALLWARD, Badiou. A Subject to Truth, Minneapolis/London 2003,

etwas, was auf indirekte Weise auf das verweist, was sich selbst als Phänomen nicht fassen und in seiner Präsenz begrifflich nicht bestimmen
lässt:[110] den Einbruch des Anderen in ein Leben, dessen Alterität genau
dadurch gewahrt bleibt, dass sich dieser Einbruch phänomenologisch
nicht als präsent beschreiben, sondern nur indirekt anhand seiner
›Spuren‹ und damit der Präsenz seiner ›Nicht-Präsenz‹ bedenken lässt.
Von dieser anwesenden Spur des Abwesenden geht auch Derridas prä-
senzkritische negative Phänomenologie der Gabe, des Opfers, des Ver-
sprechens, der Gastfreundschaft, der Vergebung und des Ereignisses
aus, auch wenn bei ihm der Ereignisbegriff weniger retrospektiv-res-
ponsiv mit Geschehenem, als vielmehr prospektiv mit ethisch oder
politisch zu Geschehendem konnotiert zu sein scheint.[111] Jedenfalls ist
der Begriff des Ereignisses nicht nur eine fundamentale Kategorie der
Zeiterfahrung[112], sondern der phänomenologische und ontologische
Leitbegriff für den Einbruch von Neuem, Einmaligem, Unvorhergese-
henem, Nichterwartbarem in Leben und Geschichte. Dieser Einbruch
wird einzeln oder kollektiv als Unterbrechung der das Leben bestimmenden Aktivität(en) und Ordnungen erlebt und hat für die Betroffenen daher primär den Charakter eines sie passiv-pathisch betreffenden
Widerfahrnisses, das einerseits einen bestehenden Lebens-, Aktivitäts-
und Ordnungszusammenhang stört, unterbricht oder beendet (Ab-
bruch, Abbau, Ende), aber andererseits in seiner aktiven Passivität zu -
gleich den Aufbau und Aufbruch zu einer neuen Ordnung und Aktivität anstößt (Aufbruch, Aufbau, Anfang).

115: »An event is something that can be said to exist (or rather, to have
existed) only insofar as it somehow inspires subjects to wager on its exis-
tence« (EE [= BADIOU, L'être et l'événement], 214).

110 Vgl. P. ZEILLINGER, Phänomenologie des Nicht-Phänomenalen. Spur und
Inversion des Seins bei Emmanuel Levinas, in: M. BLAUMAUER/W. FA-
SCHING/M. FLATSCHER (Hg.), Phänomenologische Aufbrüche, Frankfurt
am Main u. a. 2005, 161–179.

111 Vgl. J. DERRIDA, Eine gewisse unmögliche Möglichkeit, vom Ereignis zu
sprechen (1997), übers. v. S. Lüdemann, Berlin 2003.

112 Vgl. N. MÜLLER-SCHÖLL (Hg.), Ereignis. Eine fundamentale Kategorie der
Zeiterfahrung. Anspruch und Aporien, Bielefeld 2003.

Unter diesem doppelten Gesichtspunkt lassen sich Widerfahrnisse grundsätzlich in solche unterscheiden, die sich *in* einem Lebensvollzug ereignen und diesen in bestimmter Weise qualifizieren und bestimmen (lebensbestimmende Widerfahrnisse), und solche, die einen Lebensprozess initiieren, der vorher noch nicht bestanden hat (lebensbegründende Widerfahrnisse). Lebensbestimmende Widerfahrnisse geschehen *in einem Leben* und verändern es vom Sosein zu einem Anderssein, lebensbegründende Widerfahrnisse dagegen geschehen *einem Leben* und begründen seinen Übergang vom Nichtsein zum Sein oder vom Sein zum Nichtsein. Lebensbestimmende Widerfahrnisse können von sehr verschiedenem Charakter und von ganz unterschiedlicher Art sein und ein Leben angenehm oder unangenehm, erfreulich oder unerfreulich, hilfreich oder schädlich bestimmen und es dadurch langweilig oder interessant, glücklich oder unglücklich machen. Lebensbegründende Widerfahrnisse dagegen sind entweder von lebenssetzendem oder lebensendendem Charakter, sie lassen neues Leben entstehen und erhalten es, oder sie beenden bestehendes Leben und resultieren in dessen Sterben und Tod. Dabei geht es keineswegs um zwei verschiedene Arten lebensbegründender Widerfahrnisse, da der gegenläufige Effekt dadurch erzielt wird, dass das, was Leben begründet, geschieht oder *nicht geschieht*: Wie das Sichereignen des lebensbegründenden Widerfahrens Leben begründet und erhält, so führt sein Sich-nicht-(mehr-)Ereignen zum Ende eines Lebens.

Lebensbestimmende Widerfahrnisse können von sehr unterschiedlicher Bedeutsamkeit sein, ein Leben eher beiläufig und marginal oder maßgeblich und fundamental bestimmen. Seinen Geldbeutel zu verlieren ist eines, die Arbeitsstelle ein anderes, einen geliebten Menschen oder das eigene Leben noch einmal etwas ganz anderes. In allen Fällen aber ist Bedingung der Möglichkeit des Widerfahrnisses, dass man lebt, denn wer nicht lebt, dem kann nichts widerfahren. Das ist anders im Fall der lebensbegründenden Widerfahrnisse. Sie sind die Bedingung der Möglichkeit, dass ein Leben da ist, dem etwas widerfahren kann. Dabei ist nicht nur an das zu denken, ohne das ein Leben nicht beginnen würde, sondern auch an das, ohne das ein Leben nicht erhalten und fortgeführt werden könnte. Lebensbegründende Widerfahrnisse treten in einem Leben nicht als erfahrbare Phänomene neben oder unter anderen auf, sondern als Bedingung der Möglichkeit für das Erleben bzw. die Erfahrung von Phänomenen. Ohne sie gäbe es das Leben nicht, das sie begründen. Sie sind deshalb in jedem Lebensvollzug unthematisch mitpräsent und in Anspruch genommen, im temporalen Modus der Vergangenheit als unvordenkliche Herkunft des eigenen Lebens, und im temporalen Modus der Gegenwart als dessen unergründliches Gehaltensein im Dasein. Auf lebensbestimmende Widerfahrnisse aufmerksam zu sein und sie in ihrer jeweiligen existentiellen Bedeutsamkeit einzuschätzen, heißt bewusst zu leben. Auf lebensbegründende Widerfahrnisse aufmerksam zu werden und sich an ihnen zu orientieren dagegen ist das, was ein Leben aus dem Zustand nichtauthentischen Dahinlebens in den eines authentischen Lebensvollzugs verändert. Es ist ein Gewahrwerden der Kontingenz des eigenen Daseins und des Gewichts der nur scheinbar trivialen Tatsache, dass man (noch immer) ist, obwohl man (schon lange) nicht (mehr) hätte sein können.

Was einem im Leben widerfährt, zeigt sich daran, wie man in seinem Leben auf dieses Betroffenwerden reagiert: Widerfahrnisse lassen sich nicht als solche beobachten, sondern nur an-hand des Erlebens der Betroffenen in ihrer Perspektive retrospektiv als das bestimmen, was sie zu dem macht, was sie dadurch werden. Wem unerwartet ein Erbe zufällt, wer von der Person, die er liebt, auch geliebt wird, wer trotz aller Vorsicht und Vorsorge krank wird, wem etwas Wichtiges entwendet wird oder wer einen Unfall hat, dem widerfährt etwas, was ihn zu einem macht, zu dem er nicht durch eigenes Wollen und Tun wurde und zu dem er sich nicht nur verhalten kann, sondern faktisch verhält, weil jedes folgende Verhalten eine Stellungnahme dazu darstellt.[113]

Widerfahrnisse sind also nicht nur Ereignisse, die einen kausal betreffen und andere Ereignisse bewirken. So kann das widerfahrende Geschehen zwar in Drittpersonperspektive immer auch beschrieben werden, aber dann sieht man davon ab, dass und wie es in Erstpersonperspektive von den Betroffenen selbst wahrgenommen wird. Ohne Betroffene gibt es keine Widerfahrnisse. Das gilt auch dann, wenn das, was einem anderen widerfährt (aktuale Betroffenheit), von mir wahrgenommen (epistemische Betroffenheit) und als Widerfahrnis für ihn beschrieben wird. Beides, die aktuale und die epistemische Betroffenheit, kann, muss aber nicht zusammenfallen. Eine Infektion ist für den Erkrankten ein Widerfahrnis, auch wenn er sie selbst (noch) gar nicht bemerkt und sie nur vom Arzt festgestellt werden kann. Man muss ein Widerfahrnis, das einem zustößt, nicht selbst bewusst erleben. Aber es wäre kein Widerfahrnis, wenn es nicht so erlebt werden könnte, und man könnte es nicht so beschreiben, wenn es nicht von jemandem so erlebt würde.

Für lebensbestimmende Widerfahrnisse ist entscheidend, dass sie sich nicht nur ereignen, sondern dass sie erlebt, also wahrgenommen und verstanden werden (können), ohne mit diesen Erlebnissen zusammenzufallen: Was mir zustößt (Widerfahrnis) und wie ich es erlebe (Erlebnis), ist methodisch unterscheidbar, auch wenn es sich zeitgleich ereignet. Ein Widerfahrnis, das nicht erlebt wird, ist nur ein Ereignis in der Reihe der Ereignisse, also eben kein Widerfahrnis,[114] und ein Erlebnis,

---

[113] Man ist kein Erbe, weil man eine Erbschaft annimmt, sondern nur wer Erbe wird, kann eine Erbschaft annehmen oder ablehnen. Aber auch wenn man weder das eine noch das andere tut, nimmt man damit Stellung zu dem, was man geworden ist, weil es darauf hinausläuft, das Erbe nicht anzutreten.

[114] Das gilt für lebensbestimmende Widerfahrnisse. Für lebensbegründende Widerfahrnisse muss man dagegen sagen, dass ohne sie nichts wäre, dem

dem kein Widerfahrnis zugrunde liegt, verweist auf keine Wirklichkeit jenseits seiner selbst, ist also kein Erlebnis von etwas. Weil aber nicht jedes Ereignis ein Widerfahrnis und nicht jedes Erlebnis Korrelat eines Widerfahrnisses ist, ist nicht nur zwischen Ereignis und Widerfahrnis zu unterscheiden, sondern auch zwischen Widerfahrnis und Erlebnis. Die erste Differenz rückt den Unterschied zwischen der Perspektive von Nichtbetroffenen (Drittpersonperspektive) bzw. von Betroffenen (Erstpersonperspektive) bei der Beschreibung eines Geschehens in den Blick, die zweite den Unterschied innerhalb der Erstpersonperspektive der Betroffenen zwischen dem, *was* sie betrifft, bzw. *wie* es sie betrifft.

Während sich Ereignisse (im Sinn beobachtbarer Abläufe) immer nur in Reihen anderer Ereignisse fortsetzen, führen Widerfahrnisse zu Erlebnissen und über diese zu Erfahrungen, in denen das, was widerfährt, im Licht dessen, wie es erlebt wird, in bestimmter Weise semiotisch dargestellt und mithilfe konventioneller Zeichensysteme auch anderen verständlich kommunizierbar wird. Im Erfahren wird deutlich, was widerfahren ist, aber so, wie es erlebt wurde. Erfahrungen können daher zwar immer als Ereignisse beschrieben werden, aber sie haben stets Zeichenstruktur, die anders als bei bloßen Ereignissen nach ihrem Sinn zu fragen erlaubt, insofern sie Widerfahrenes, das in bestimmter Weise erlebt wird (subjektiver Sinn), in bestimmter Weise zur Darstellung bringen (objektiver Sinn). Diese Erfahrungen sind zwar immer Erfahrungen von etwas Widerfahrenem und Erlebtem, aber deshalb müssen sie keine Erfahrungen von Angenehmem oder Unangenehmem, Erfreulichem oder

---

etwas lebensbestimmend widerfahren oder das dies erleben könnte. Wer nicht lebt, der kann auch nichts erleben, auch wenn niemand lebt, ohne zu erleben. Aber dass man lebt, verdankt sich nicht dem, dass oder wie man erlebt. Es ist die Bedingung der Möglichkeit dafür, und die ist nicht selbst ein Fall dessen, was sie bedingt.

Unerfreulichem, (moralisch) Gutem oder Bösem sein. Wie alltägliche, rechtliche oder wissenschaftliche Beschreibungen solcher Vorgänge belegen, kann man Unfälle, Krankheiten, Erbschaften oder Liebesbeziehungen beschreiben, ohne dass ihre Bedeutung (ihr Sinn) für die Betroffenen zum Thema gemacht wird. Werden sie aber als Erfahrungen von Erfreulichem oder Unerfreulichem bzw. moralisch als Erfahrungen von Bösem oder von Gutem beschrieben, dann wird das, was widerfahren ist, von den Betroffenen oder von den Betrachtenden so erlebt bzw. so beurteilt. Was so beschrieben oder beurteilt wird, kann das Widerfahrnis selbst sein (die Erkrankung bzw. der Erbfall), oder etwas, was in und mit diesem Widerfahrnis erlebt wird (der Schrecken, der Schmerz, die Angst bzw. die Freude, die Überraschung, das Glück), oder etwas, was durch dieses Widerfahrnis bewirkt oder ausgelöst wird (der Verlust des Arbeitsplatzes bzw. die finanzielle Unabhängigkeit). In jedem Fall gehören die Kategorien des Angenehmen und Unangenehmen, Erfreulichen und Unerfreulichen bzw. die moralischen Kategorien des Bösen und des Guten zur Erfahrung, nicht zum Widerfahrnis, anhand dessen oder in dem diese Erfahrungen gemacht werden: Erfreulich und unerfreulich bzw. böse und gut ist nicht das, was einem widerfährt, sondern wie man das erlebt, was einem widerfährt. Es ist nicht im Horizont der Ereignisse zu finden, die einem widerfahren, sondern im Erleben dessen, was einem widerfährt.

3.3 Selbstauslegung und begriffliche Konstruktion

Mit dieser Vorordnung der Passivität vor alle Aktivität aufseiten des Verstehenssubjekts und der Begründung dieser Vorordnung im vorgängigen Sichselbstauslegen phänomenaler Wortgeschehnisse bzw. Sprachereignisse wird eine entscheidende Kehre gegenüber der neuzeitlichen Betonung der Unvermeidbarkeit der Wirklichkeitskonstruktion im Horizont des Umgangs menschlicher Subjektivität mit der Welt vollzogen. Trotz dieser richtigen und wichtigen Emphase auf der Vorgängigkeit

phänomenaler Erschließung vor der subjektiven Rekonstruktion schlägt das Pendel gelegentlich aber zu stark auf die andere
Seite aus.

Das Problem der begrifflichen Prägung und Konstruktion all
unserer Erkenntnis, auch der theologischen Erkenntnis, wird
problematisch verharmlost.[115] Wahrnehmen, Verstehen, Erkennen und Denken sind mehr als nur ein gehorsames Geltenlassen
der Phänomene, ein aufmerksames Nachvollziehen schon erschlossenen Sinns. Denken ist nicht nur Entsprechung zur
Selbstauslegung des Seins im Medium des Gedankens, und Verstehen ist kein primär rezeptiver, sondern kritischer und kreati-
ver Prozess. Im Verstehen erzeugen wir den Sinn der Welt, in der
wir leben, indem wir sie auf bestimmte Weise leben.[116] Wir kon-

---

[115] BARTH, Zur Barth-Deutung Eberhard Jüngels, 413 ff. An diesem Punkt hat
die Debatte um die Unerlässlichkeit einer kritischen ›Hermeneutik des Verdachts‹ ihren berechtigten Ansatzpunkt. Vgl. P. RICŒUR, Die Interpretation: ein Versuch über Freud (1965), Frankfurt am Main 1974; DERS., Philosophische und theologische Hermeneutik, in: DERS./E. JÜNGEL (Hg.),
Metapher. Zur Hermeneutik religiöser Sprache. Mit einer Einführung von
Pierre Gisel, München 1974, 24–45; D. STEWART, The Hermeneutics of Suspicion, in: Journal of Literature and Theology 3 (1989), 296–307; E. WHITE, Bet-
ween Suspicion and Hope: Paul Ricœur's Vital Hermeneutic, in: Journal of
Literature and Theology 5 (1991), 311–321; B. LEITER, The Hermeneutics of
Suspicion: Recovering Marx, Nietzsche, and Freud, in: DERS. (Hg.), The
Future for Philosophy, Oxford 2004, 74–105; K. WENZEL, Glaube in Vermittlung. Theologische Hermeneutik nach Paul Ricœur, Freiburg/Basel/Wien
2008; R. FELSKI, After Suspicion, in: Profession 2009, 28–35.

[116] Mit ›Welt‹ ist phänomenologisch kein ›großes Ding‹ gemeint oder die Totalität aller möglichen und wirklichen Ereignisse, sondern *eine Art und Weise
zu leben*. Menschen leben ›weltlich‹, wenn sie nach den jeweils vorfindlichen
kulturellen Gewohnheiten ihrer Gemeinschaft leben, sie leben ›geistlich‹,
wenn sie nach den Kriterien ihrer Glaubensgemeinschaft leben, sie leben
›alltäglich‹, wenn sie ihr Leben im Modus des in ihrer Zeit und ihrer Umge-
bung Normalen und für selbstverständlich Gehaltenen vollziehen, sie leben
›alternativ‹, wenn sie sich bewusst von diesen Normalitäten absetzen (wol-

struieren ihn in unserem Wahrnehmen, Erfahren, Erkennen, Verstehen. Ebendieses immer schon stattfindende Konstruieren ist der Ansatzpunkt für das Auseinandertreten(können) alltäglicher Lebenserfahrung und wissenschaftlicher Theoriebildung und die nie totale, sondern immer nur relative Differenz zwischen Lebenspraxis und Wissenschaft, gelebtem Leben und er - klärender Theorie.

Der Konstruktionscharakter all unseres Welt-, Selbst- und Gottesverstehens lässt sich nicht auf unsere Nachkonstruktion der immer schon erfolgten Selbstauslegung von Welt, Selbst und Gott begrenzen. Konstruktion und Re-Konstruktion lassen sich nur unterscheiden, wenn man Kriterien zur Unterscheidung vorgegebenen Sinns und sinnkonstruierenden Verstehens anzugeben weiß. Eine Begrenzung theoretischer bzw. theolo - gischer Explikation auf bloße Nachkonstruktion setzt voraus, dass sich die Selbsterschließung und Selbstauslegung der Wirklichkeit (und *mutatis mutandis* die Selbstauslegung Gottes) von der sie nachkonstruierenden Auslegung verstehender Subjektivität unterscheiden lässt. Da hermeneutische Theologie dafür weder allgemein noch im besonderen Fall der Selbstauslegung Gottes Kriterien anzugeben vermag, wird ihr vorgeworfen, dogmatisch einen epistemologischen Realismus der phänomenalen Selbstauslegung des Seins bzw. Gottes zu vertreten, der sich jeder kritischen erkenntnistheoretischen Kontrolle entzieht.

Doch die Sache ist komplizierter und im Blick auf Seinsverstehen und Gottesverstehen differenziert zu beschreiben. Es ist richtig: Der Rekurs auf die all unseren Auslegungen vorausgehende Selbsterschließung bzw. Selbstauslegung des Seins bzw. Gottes erledigt die erkenntniskritische Frage nicht. Von Selbstauslegung kann ja ernsthaft nur gesprochen werden, wenn das

---

len), um ihre Nichtselbstverständlichkeit deutlich zu machen usf. In jedem Fall ist mit dem Modus des Lebens ein Weltverständnis verbunden, das als Weltkonzept dieser Lebensweise expliziert werden kann.

Sichselbstauslegende sich nicht nur *für jemanden* auslegt, sondern sich dabei auch *als es selbst* auslegt, und das kann nur der Fall sein, wenn es sich *für andere* so auslegt, wie es *für sich selbst* ausgelegt ist. Das aber scheint im Fall Gottes, nicht aber im Fall des Seins sinnvoll gedacht werden zu können. Die Rede von der Selbstauslegung des Seins würde dann besagen, dass sich das Sein in der Wirklichkeit *als selbstausgelegt*, und d. h. als nicht fremdausgelegt, selbst auslegt. Wird der Gedanke der Selbstauslegung aber in diesem Sinn als nicht fremdausgelegte Selbstauslegung gefasst, dann kommt die Differenz von Fremdauslegung und Selbstauslegung in ihm selbst so zur Geltung, dass er ohne Klärung seines Bezugs zur Fremdauslegung nicht klar begriffen werden kann. Die entscheidende Frage ist dann aber, wodurch denn diese Selbstauslegung ausgelegt ist und sich von einer wahren Fremdauslegung unterscheidet? Solange sich das nicht beantworten lässt, scheint die Rede von der Selbstauslegung des Seins in der Wirklichkeit wenig mehr als eine *façon de parler* für eine wahre Auslegung des Seins zu sein, die einen erkenntniskritischen Maßstab suggeriert, ohne ihn tatsächlich auch zu bieten.

Im Fall der Rede von der Selbstauslegung Gottes könnte das anders sein. So lässt sich der Gedanke, dass Gott sich für uns so auslegt, wie er für sich selbst ausgelegt ist, trinitätstheologisch präzis fassen. Vorgängig zu unserem Glaubensverstehen Gottes und dessen theologischer Auslegung legt Gott sich für uns aus, indem er sich in Jesus Christus (Wort) und durch den Geist als er selbst für uns so erschließt (Selbstoffenbarung), dass es zum Glauben an Gott kommen kann und kommt. Dieses Ereignis der Selbstoffenbarung ist Selbstauslegung Gottes im strengen Sinn, insofern Gott sich hier für andere so auslegt, wie er für sich selbst ausgelegt ist. Das ist möglich, insofern Gott sich in seiner Selbstoffenbarung durch Wort (Jesus Christus als *verbum personale*, Evangelium als *verbum praedicatum*) und Geist (*creator spiritus, testimonium sancti spiritus internum*) für andere so verständlich macht, wie er sich selbst als Vater, Sohn (*verbum aeter-*

num) und Geist ewig verständlich ist: Das Ereignis der Selbstoffenbarung Gottes für uns ist die zeitliche Wiederholung des
Ereignisses der ewigen Selbstauslegung Gottes für sich. Ebendas entfaltet die Trinitätslehre, indem sie Offenbarung als
Selbstoffenbarung Gottes bestimmt, Selbstoffenbarung als zeitliche Wiederholung der ewigen Selbstauslegung Gottes versteht,
und die strukturelle Entsprechung zwischen Gottes Selbstauslegung für uns und für sich selbst aus dem Ereigniszusammen-
hang des trinitarischen Seins Gottes begründet.

Damit lässt sich im Fall Gottes anders als im Fall des Seins im
Prinzip verständlich machen, was es heißen könnte, dass Gott
sich für andere so auslegt, wie er für sich selbst ausgelegt ist:
Gott selbst hat die Auslegungsstruktur des Wortgeschehens
und ist damit als sich selbst vermittelndes Sinnereignis denkbar. Unbeantwortet ist damit aber immer noch die Frage, anhand welcher Kriterien diese göttliche Selbstauslegung von
der trinitätstheologischen Konstruktion unterschieden werden
könnte, so dass sich diese als Re-Konstruktion ausweisen und an
einer ihr vorgegebenen Wirklichkeit überprüfen lassen könnte:
Steht das Zeichen ›Trinität‹ für das, was theologisch auszulegen
ist (Interpretandum), oder für eine (mögliche) theologische Auslegung (Interpretans) dessen, worauf in der Glaubenspraxis mit
›Gott‹ Bezug genommen wird? Ist Gottes Selbstauslegung trinitarisch, so dass nur trinitätstheologische Konzeptionen adäquat
sein können, oder wird Gottes Selbstauslegung von (einigen
Strängen) der christlichen Theologie trinitarisch ausgelegt, obwohl sie auch anders ausgelegt werden könnte? Ist Trinitätstheologie die Rekonstruktion einer vorgegebenen trinitarischen
Wirklichkeit Gottes, oder ist sie eine zeitbedingte Konstruktion
göttlicher Wirklichkeit, die durch andere, nichttrinitarische
Konstruktionen abgelöst werden kann und muss, wenn diese
sich als weniger missverständlich erweisen als jene? Und anhand welcher Kriterien könnte man zwischen der Rekonstruk-
tions- und Konstruktionsthese unterscheiden?

Die Trinitätslehre selbst kann dieses Kriterium nicht sein, weil sie in jeder ihrer verschiedenen Gestalten eine theologische Konstruktion ist, die an diesem Kriterium zu messen ist. Die hermeneutische These, die Trinitätslehre stelle die theologische Fremdauslegung durch uns einer vorgängigen Selbstauslegung Gottes und für uns dar, bleibt bloße dogmatische Behauptung, solange kein Kriterium zur kritischen Unterscheidung zwischen Trinitätstheologie und Selbstauslegung Gottes angegeben wird. In der hermeneutischen Theologie wird diese Kriterienfrage mit dem Verweis auf die Schrift beantwortet: Der primäre Bewährungszusammenhang trinitätstheologischer Aussagen ist nicht die göttliche Selbstoffenbarung als solche, sondern das Zeugnis der Schrift, dass sich Gott in Jesus Christus selbst erschlossen hat. Nicht an Gott, sondern an der Schrift sind die trinitätstheologischen Aussagen kritisch zu prüfen.

Damit wird das Problem freilich nur verlagert. Denn nicht die Texte der Schrift als solche sind das gesuchte Kriterium, sondern ihr Verständnis als Zeugnis für Gottes Selbstauslegung. Dieses Verständnis ist aber selbst theologisch strittig. Der Streit zwischen den Auffassungen theologischer Aussagen als Konstruktionen oder Rekonstruktionen wird von der hermeneutischen Theologie nicht durch den Verweis auf ein unstrittiges Kriterium, sondern durch den Hinweis auf die Unvermeidlichkeit beantwortet, sich auf den Streit der Interpretationen der Schrift einlassen zu müssen. Das hermeneutische Problem wird dadurch ›gelöst‹, dass es an ein anderes hermeneutisches Problem gekoppelt wird.

3.4 Einheit und Vielfalt der Selbstauslegung

Auf ein weiteres Problem hat J. B. Webster aufmerksam gemacht, allerdings ohne zureichend zwischen den andersartigen Fällen des Seins und Gottes zu unterscheiden.[117] Die Betonung

---

[117] Webster, Eberhard Jüngel, 60 f.

der Selbstauslegung des Seins in der Wirklichkeit als hermeneutischer Grundsachverhalt und die Lokalisierung aller Verstehens- und Erkenntnisprobleme in der unzureichenden Entsprechung unserer Auslegung zu dieser Selbstauslegung blendet aus, dass sich Wirklichkeit in vielfältiger Weise erschließt und keineswegs eindeutig und nur in einem Sinn: Wirklichkeit kommt, wie Jüngel immer wieder betont, ambivalent zur Erfahrung und auch Selbstverständliches bleibt steigerungsfähig. Selbst wenn man erkenntnistheoretisch von der Selbstauslegungsstruktur des Seins in der Wirklichkeit ausgeht, impliziert dies als solches keineswegs auch schon die Einheit, Einsinnigkeit und Eindeutigkeit dieser Auslegung. Ist das Selbsterschließungsgeschehen des Wortgeschehens fundamental und nicht als das zur Sprache Kommen einer jenseits dieses Geschehens liegenden Realität zu verstehen, dann ist die Sprachform, *als die* etwas zur Sprache kommt, genau das, *was* zur Sprache kommt. Jüngel hat diese Konsequenz ausdrücklich für die Gottesherrschaft gezogen, die »im Gleichnis als Gleichnis, in der Forderung als Forderung, im Drohwort als Drohwort zur Sprache« kommt.[118] Dieser Sachverhalt muss in der erkenntnistheoretischen Konsequenz dieses Ansatzes umfassend gelten: Alles ist das und nur das, *als was es von sich aus zur Sprache kommt.*

Doch – und das hat Heidegger in *Sein und Zeit* richtig gesehen – nichts erscheint, wie es ist, ohne dabei zugleich zu verdecken, wie es ist; und nichts kommt zur Sprache, wie es ist, ohne dabei zugleich zu verkehren, wie es ist. Nicht *als* Wahrheit, sondern *sub contrario* kommt Wahrheit in der Regel zur Erscheinung, so dass man sie *als* Wahrheit nicht thematisieren kann, ohne sie kritisch gegen ihre Erscheinungsweise auszulegen. Entsprechendes gilt im Fall der Sprache. Um das, was zur Sprache kommt, als das zur Sprache zu bringen, als was es sich selbst

---

[118] JÜNGEL, Paulus und Jesus, 292.

auslegt, ist diese Selbstauslegung gegen ihre Verkehrungen und Verkürzungen kritisch zur Geltung zu bringen. Kein Phänomen wird von uns so wahrgenommen, wie es sich von sich aus zeigt, wenn es nicht ausdrücklich gegen seine Verkehrungen, die es zeigen, wie es sich *nicht* zeigt, kritisch abgehoben wird. Und kein Wortgeschehen wird von uns so verstanden, wie es sich selbst verständlich macht, wenn seine Selbstauslegung nicht kritisch von den Auslegungen unterschieden wird, die es nicht so auslegen, wie es sich selbst auslegt, oder die es so auslegen, wie es sich selbst nicht auslegt. Ebendeshalb bedarf es der Phänomenologie und Theologie. Ohne kritische Phänomenologie gibt es kein Verständnis, wie sich Phänomene von sich aus erschließen, und ohne kritische Theologie kein Verständnis, wie Wortgeschehnisse sich von sich aus zur Sprache bringen. Die Funktion dieser Kritik ist nicht zu konstatieren, was das ›richtige‹ oder ›eigentliche‹ Verständnis ist, sondern gerade umgekehrt, falsche und fragwürdige Verständnisse infrage zu stellen und abzubauen, um den Raum dafür freizumachen, dass sich das richtige Verständnis selbst einstellen kann.

Doch es stellt sich noch ein weiteres Problem. Da wir immer mit einer Vielfalt von zur Sprache Gekommenem und vielfältigen Weisen, in denen etwas zu Sprache kommt, konfrontiert sind, versteht sich nicht von selbst, warum es ein und dasselbe sein soll, das sich in dieser Vielfalt auf verschiedene Weisen zur Sprache bringt. Das gilt für die Gottesherrschaft, die in der Vielfalt der Sprachformen als Gleichnis, Forderung, Drohung usf. zur Sprache kommt: Was berechtigt dazu, gerade sie in dieser Vielfalt zur Sprache kommen zu sehen? Es gilt aber in noch umfassenderem Sinn für das gesamte Seins- und Wirklichkeitsverständnis der hermeneutischen Theologie. Die von ihr zumindest implizit unterstellte Einheit der Wirklichkeit und die Einsinnigkeit der ursprünglichen Selbstauslegung des Seins in ihr ist eine nicht hinreichend ausgewiesene Annahme ihrer Argumentation.

3.5 Rekonstruktion vs. Präskription

Das erklärt auch, warum die hermeneutische Theologie dazu tendiert, ihre theologischen Argumentationen nicht in deskriptiver, sondern in präskriptiver Sprache vorzutragen.[119] Statt Analyse findet sich an entscheidender Stelle immer wieder der Appell, der eine bestimmte Sicht der Sache intersubjektiv plausibel zu machen sucht. In emphatischer Berufung auf die Sache selbst und in rhetorischer Stilisierung einer »disjunktiven Vollständigkeit der Alternativen und der daraus resultierenden Unumgänglichkeit«[120] wird nicht gesagt, was ist und wie es ist, sondern was und wie es *eigentlich* ist und wie es dementsprechend verstanden werden muss, wenn es richtig verstanden werden will. Normbegriffe des Glaubens, des Menschen, Gottes, der Wirklichkeit, des Denkens, der Theologie usf. treten so an die Stelle deskriptiver Analysen. Diese Normbegriffe und der mit ihnen verbundene Verstehensappell ergeben sich aus bestimmten inhaltlichen Entscheidungen, deren Sachgemäßheit mit dem Verweis auf die Selbstauslegung der Sache selbst begründet wird. Für deren Identifizierung und Unterscheidung von möglicherweise falschen Fremdauslegungen werden aber keine Kriterien angegeben, so dass diese Entscheidungen faktisch den Charakter der subjektiven Beliebigkeit des jeweiligen Theologen zu haben scheinen: Der Glaube (z. B.) wird so und so verstanden; das wird als sein eigentliches Verständnis ausgegeben; und die Begründung dafür lautet, dass der Glaube sich selbst so zum Verstehen bringe, wie die relevanten Texte der Schrift und ihre recht verstandenen theologischen Auslegungen von Luther bis Barth belegten. Genau diese in Anspruch genom-

---

[119] Vgl. WEBSTER, Eberhard Jüngel, 50 (mit Verweis auf die Thomas-Analysen in Gott als Geheimnis der Welt, 322 ff.) u. ö.; BARTH, Zur Barth-Deutung Eberhard Jüngels, 413 f.

[120] BARTH, a. a. O., 413.

mene Selbstauslegung des Glaubens aber bleibt epistemisch letztlich unkontrollierbar.

Auf den sich nahelegenden und auch immer wieder geäußerten Dezisionismusvorwurf reagiert die hermeneutische Theologie mit dem Verweis auf die Evidenz der Sache, die sich in der Geschichte des immer schon in bestimmter Weise zur Sprache gekommenen Seins des Glaubens zeige, wie sie die Schrift und ihre Auslegungstradition in der Kirche dokumentierten, und auf dessen Selbstauslegungskraft man auch in Zukunft setzen müsse, weil man auf gar nichts anderes setzen könne. Das erste erklärt zwar den ebenfalls häufig konstatierten theologischen Konservatismus und (keineswegs unkritischen) Traditionalismus der hermeneutischen Theologie, ist aber für sich genommen keine Antwort auf das anstehende Problem. Auch die Schrift dokumentiert nur, wie der Glaube zur Sprache kam und in welcher Vielfalt er zur Sprache kam. Dass er sich selbst so zur Sprache gebracht hat und deshalb so zur Sprache zu bringen ist, ist eine dogmatische These, die anders als im bloßen Rekurs auf die Faktizitäten der Schrift und ihrer Auslegung gerechtfertigt werden muss.

Auch das von der Kontingenz des in bestimmter Weise Zur-Sprache-Gekommen-Seins des Glaubens ausgehende Hermeneutikprogramm einer Sprachlehre des Glaubens, das im Sinne von Hermann Diems Bultmannkritik[121] kein reines Kerygma hinter den biblischen Texten zu erheben sucht, sondern gemäß der theologischen Erkenntnismaxime, alles menschliche Erkennen habe dem Erkanntwerden des Menschen durch Gott zu folgen, die biblische Ausgelegtheit des Glaubens als das Grunddatum aller theologischen Reflexion und Rekonstruktion ak -

---

[121] H. Diem, Theologie als kirchliche Wissenschaft, Bd. 2: Dogmatik, München ³1960, 60-75, 72; ders., Zur Problematik theologischer Wahrheitsfindung, in: ThLZ 95 (1970), 161-172.

zeptiert, kann nicht darüber hinwegsehen, dass die Schrift den Glauben vielfältig und in mehr oder weniger adäquater Weise zur Sprache bringt. Diese sachliche und qualitative Vielfalt biblischer Glaubensrede, das hat die hermeneutische Theologie immer anerkannt, nötigt zur Sachkritik. Die aber ist unmöglich ohne begriffliche dogmatische und damit inhaltliche Klärung des Glaubensbegriffs. Dem realistischen Selbstverständnis der hermeneutischen Theologie zufolge muss dieser, soll er mehr als eine nur willkürliche Festsetzung sein, die Selbstauslegung des Glaubens in kritischer Abgrenzung gegen irreführende und inadäquate Fremdauslegungen auf den Begriff bringen. Das aber erfordert, diese vorgängig in der Sprache des Glaubens zu identifizieren, indem in dieser, und das heißt konkret: in den Texten der Schrift, zwischen Selbstauslegung und Fremdauslegung des Glaubens differenziert wird. Genau für diese Unterscheidung aber werden in der hermeneutischen Theologie keine überzeugenden Kriterien angegeben. Das Problem wird zwar gesehen, aber es wird nicht gelöst.

Erst die zweite Komponente der oben skizzierten Antwort weist auf den Kerngedanken der hermeneutischen Theologie, aus dem sich eine Lösung des Problems entwickeln ließe: die Zuversicht, dass im Letzten nicht die Theologie zu entscheiden hat, was der rechte Glaube und das rechte Verständnis des Glaubens ist, sondern dass ihre kritischen Reflexionsbemühungen auf ein sich immer wieder frei einstellendes Widerfahrnis bezogen bleiben, dessen kontingentes Auftreten und sachliche Identität der Verfügungsmacht der Glaubenden ebenso entzogen bleibt wie der Theologie. Menschen sind weder Herr über die Widerfahrnisse, die sie betreffen, noch über die Regeln, denen diese folgen (wenn sie überhaupt Regeln folgen). Sie können immer nur responsiv auf etwas ihnen Widerfahrendes reagieren, indem sie auf das eingehen, was ihnen vorausgeht. Anders als in diesem responsiven Modus sind die Widerfahrnisse nicht verfügbar, an denen sie sich in Leben, Verstehen und Denken orientieren. Denn sie selbst und die anderen sind an ihnen zwar beteiligt, aber nicht als Autoren und Verursacher, sondern als Betroffene, Beteiligte und Beschenkte. Nicht in einem fixierbaren Sachgehalt ist die Identität des theologisch zu Explizierenden daher festzumachen, sondern allein an dem sich immer wieder frei einstellenden Amen, mit dem Menschen das ihnen in der Kommunikation des Evangeliums Kommunizierte als Wahrheit über ihr Leben anerkennen, nicht weil man das muss, sondern weil sie nicht anders können.

3.6 Selbstauslegung und Wahrheit

Die angesprochenen Probleme spitzen sich an der Wahrheitsfrage zu.[122] Aufgrund des über den Selbstauslegungs- und Entsprechungsgedanken zusammengehaltenen epistemologischen Denkmodells Sein – Sprache – Denken vermag die hermeneutische Theologie eine von dem traditionellen Adäquationsmodell der Wahrheit kritisch abweichende Wahrheitskonzeption zu entwickeln: Nachdenkendes Denken ist dann adäquat bzw. wahr, wenn seine Auslegung der Wirklichkeit deren Selbstauslegung entspricht. Wahrheit wird also immer noch als Korrespondenzrelation begriffen. Diese besteht aber nicht nur in der Übereinstimmung des Verstandesurteils (intellectus) mit der ihm vorgegebenen Wirklichkeit (res), sondern (so könnte man sagen) mit dem ihm vorausgehenden ›Selbsturteil‹ des Seins in der Wirklichkeit. Das eigentliche Wahrheitsproblem ist deshalb weder

---

[122] Vgl. zum Problem I. U. Dalferth/Ph. Stoellger, Wahrheit, Glaube und Theologie. Zur theologischen Rezeption zeitgenössischer wahrheitstheoretischer Diskussionen, in: Theologische Rundschau 66 (2001), 36–102; Dies., Perspektive und Wahrheit. Einleitende Hinweise auf eine klärungsbedürftige Problemgeschichte, in: Dies. (Hg.), Wahrheit in Perspektiven. Probleme einer offenen Konstellation, Tübingen 2004, 1–28; I. U. Dalferth, Religion und Wahrheit, in: Dies. (Hg.), Wahrheit in Perspektiven, 195–232.

im Verhältnis von Denken und Sprache noch im Verhältnis von Sein und Sprache loziert, sondern im Sein selbst, genauer: im Sich-selbst-zur-Sprache-bringen des Seins im Modus authentischer Selbstauslegung. Denn da Sein als Wortgeschehen begriffen wird, besitzt es die Selbstauslegungsstruktur ›etwas bzw. jemand legt sich jemandem als etwas aus‹.

Doch wann ist eine solche Selbstauslegung authentisch bzw. wahr? Offenbar dann, wenn die zur Verhandlung stehende Sache sich als das auslegt, was sie ist. Das aber führt entweder in einen Zirkel oder einen Regress. Denn entweder ist das, was die Sache ist, ebendas, als was sie sich auslegt; oder es ist etwas, das selbst Selbstauslegungsstruktur besitzt, also sich als etwas auslegt. Im ersten Fall ist die Sache mit ihrer Selbstauslegung identisch, im zweiten mit der Selbstauslegung ihrer Selbstauslegung. In beiden Fällen wird die Wahrheit so mit der Selbstauslegung identifiziert, dass es faktisch zu einer Auflösung der hermeneutischen Als-Struktur kommt. Weil eine Selbstauslegung *ipso facto* wahr ist, wird die Differenz zwischen Sache und Selbstauslegung epistemologisch hinfällig: Sie ist genau das, als was sie sich präsentiert. Damit reduziert sich die auf die Ebene der Selbstauslegung des Seins zurückgenommene Wahrheitsproblematik auf den Akt des Für-jemanden-präsent-Werdens einer Sache, auf das also, was Jüngel »Ankunft«, »Advent« oder »Unterbrechung unseres Lebenszusammenhangs« nennt, die zur »Steigerung« des Lebens führen, also zur Eröffnung von Möglichkeiten, die in diesem selbst bislang so nicht gegeben waren.[123]

Doch damit ist – ob das nun beabsichtigt ist oder nicht – die (gemeinhin so verstandene) Wahrheitsfrage noch nicht gestellt, geschweige denn beantwortet. Zwar ist das Für-uns-präsent-Werden einer Sache eine notwendige Voraussetzung

---

[123] E. Jüngel, The Truth of Life. Observations on Truth as the Interruption of the Continuity of Life, in: R. W. Mackinney (Hg.), Creation, Christ and Culture. Studies in Honour of T. F. Torrance, Edinburgh 1976, 231–236.

dafür, die Wahrheits*frage* stellen und ggf. prüfen zu können. Und gewiss sind ohne ein solches Für-uns-präsent-Werden die entsprechende Sache und ihre Möglichkeiten nicht Moment un - seres Lebenszusammenhanges und damit kein Gegenstand unserer Wahrheits*frage*. Doch dass es ohne Unterbrechung un - seres Lebenszusammenhangs keine Wahrheitsfrage gibt, heißt nicht, dass *Wahrheit* in dieser Unterbrechung bestünde; und dass unser Lebenszusammenhang gewinnt, wenn etwas uns bislang Unbekanntes in ihm präsent wird, heißt nicht, dass solche Steigerung mit Wahrheit gleichzusetzen wäre. Wenn das mit ›Wahrheit‹ hier gemeint sein soll, dann stellt sich das gemeinhin mit diesem Ausdruck verbundene Problem immer noch und ist mitnichten beantwortet.

Die Verlegung der Wahrheitsproblematik auf die Ebene der Selbstauslegung des Seins in der Sprache entbindet nicht von der Beantwortung der Wahrheitsfrage auf der Ebene unserer Auslegung dieser Selbstauslegung. Sie ist durch die faktische Identifizierung von Selbstauslegung und Wahrheit aber auch auf jener Ebene noch nicht beantwortet, da für uns nichts präsent werden kann, ohne *als etwas* präsent zu werden. Wie aber lässt sich das ›Selbstauslegung‹ genannte und immer schon für wahr erklärte Für-uns-als-etwas-präsent-Werden einer Sache unterscheiden von dem ›Auslegung‹ genannten und immer möglicherweise auch falschen Von-uns-als-etwa-Interpretieren einer Sache? Offensichtlich benötigen wir für einen kontrollierbaren Umgang mit unserem Erfahren und Verstehen, ohne den es auch in einer Theologie, die dem zur Sprache gekommenen Glauben nachdenkt, keine Erkenntnis und begriffliche Klarheit gibt, Kriterien zur Identifizierung der *ipso facto* für wahr erklärten Selbstauslegung des Seins im Unterschied zu allen problematischen Fremdauslegungen durch uns. Da Selbstauslegung als solche als Wahrheitsgeschehen angesehen wird, das der Differenz von wahrer und falscher Auslegung entnommen ist, ist diese einerseits von wahrer Fremdauslegung ununterscheidbar, andererseits von prinzipiell anderem Charakter als eine Auslegung, die wahr oder falsch sein kann. Da sich jene im Unterschied von dieser aber nicht identifizieren lässt, ist mit dem Rekurs auf *ipso facto* wahre Selbstauslegung für eine Klärung der Wahrheitsfrage nichts gewonnen: Wir wissen an keinem Punkt, welche Auslegung Selbstauslegung genannt zu werden verdient und damit als wahr zu bewerten ist.

Man muss daher wohl schließen, dass die hermeneutische Theologie das Gewicht der erkenntniskritischen Wahrheitsfrage realistisch unterschätzt hat, indem sie Wahrheit mit einem nicht begrifflich kontrollierbaren Selbstauslegungsgeschehen identifiziert, das sich nicht zureichend von seinen Auslegungen durch uns unterscheiden lässt, damit keine brauchbare Instanz zur Kontrolle unseres theologischen Denkens bildet und dieses faktisch den Herkömmlichkeiten theologischer Denktraditionen überlässt. Wie alles Denken kann auch theologisches Denken nur dann sachgemäß, d. h. von der Sache des Glaubens her kontrolliert sein, wenn es sich an einem klaren Begriff dieser Sache orientiert. Die Berufung auf die Selbstauslegung der Sache des Glaubens kann daher die Bemühung um den theologischen Begriff nicht ersetzen – das weiß auch die hermeneutische Theologie. Ihr berechtigtes realistisches Interesse, diese Sache müsse den theologischen Begriff kontrollieren und nicht umgekehrt, kann aber nicht an der Tatsache vorbei, dass der theologische Zugriff auf diese Sache immer schon begrifflich bestimmt ist. Auch die realistische Hermeneutik und Erkenntnistheorie der hermeneutischen Theologie hat theologische und d. h. begriffliche Grundlagen, insofern ihr Zugriff auf die Sache des Glaubens von einem Vorbegriff gesteuert wird, der sich dem Glaubensleben der Kirche und dessen theologischer Reflexion in der dogmatischen Tradition verdankt. In der hermeneutischen Theologie spielt die Rechtfertigungslehre genau diese Rolle. Doch gerade weil diese dem Ereignis des Glaubens gilt, das von ihr selbst zwar verschieden ist, von ihr aber adäquat thematisiert zu werden beansprucht wird, stellt sich die Frage, wie über ihre Sachgemäßheit theologisch entschieden werden kann. Die postulierte Kontrolle theologischer Begriffe durch die ›Sache‹ läuft auch in ihrem Fall faktisch auf ihre Kontrolle durch andere theologische Begriffe hinaus: die Differenz von ›Sache‹ und (theologischem) Begriff ist selbst eine im Horizont des theologischen Begriffs und damit der theologischen Konstruktion gesetzte und nicht dieser vorgegebene Differenz. Das aber heißt nicht nur, dass die ursprünglich in Anspruch genommene epistemologische Grunddifferenz von Selbstauslegung und Fremdauslegung der ›Sache‹ funktional bedeutungslos wird, sondern auch dass die Berufung auf die ›Sache‹ nur dann ein theologischer Argumentationszug und nicht nur ein Akt der Argumentationsverweigerung ist, wenn sich diese in begrifflich bestimmter Form ins Spiel bringen lässt und damit ein Bestimmtheitsgewinn erzielt werden kann.

3.7 Selbstauslegung und Kopräsenz

Das führt auf einen letzten Punkt. Die erkenntnistheoretische Problematik der hermeneutischen Theologie resultiert aus der in ihren Konsequenzen nicht zureichend reflektierten Privilegierung einer bestimmten Art der Erkenntnisgewinnung: der *Kommunikation*, und einer bestimmten Art von Erkenntnissituation: der *Kopräsenzsituation kommunizierender Personen*, in der sich diese wechselseitig selbst zur Darstellung bringen und ihr Gegenüber jeweils so verstehen, wie dieses sich zur Darstellung bringt. Diese Privilegierung der *Kommunikation* gegenüber der Wahrnehmung und der *Kommunikation zwischen Anwesenden über Anwesendes* gegenüber der Kommunikation zwischen Abwesenden, bzw. zwischen Anwesenden über Abwesendes, ist mit ihrer Orientierung am Wortgeschehen und dem Gesprächsmodell der Sprache gegeben. Sie macht nicht nur ihre höhere Bewertung der Selbstauslegung gegenüber der Auslegung im Verstehensprozess unmittelbar verständlich, sondern auch ihre anticartesianische Fassung der Gewissheitsproblematik durch Betonung des gewiss machenden Geschehens des *verbum externum* in Zuspruch und Anspruch, ihre Gleichsetzung von Geltungs- und Wahrheitsfrage im Selbstauslegungsgeschehen und ihre spezifische Fassung der Verifikationsproblematik als das, was uns wahr macht, und nicht etwa als das, was wir als wahr zu erweisen haben.

Die klassische Erkenntnistheorie dagegen gewinnt ihren Problembestand gerade aus der *Wahrnehmungssituation* und der *Kommunikation über Abwesendes*. Sie kommt dementsprechend auch zu anderen Lösungen der Geltungs-, Gewissheits- und Verifikationsfrage, indem sie nach argumentativ gesicherten unbezweifelbaren Grundlagen unseres Erkennens und Verstehens fragt, zu denen die Berufung auf das *verbum externum* nie gehören kann, da es immer dem Zweifel ausgesetzt bleibt.

Beide kommen allerdings darin überein, dass sie ihren jeweiligen Ansatz monistisch auf alle Erkenntnisprobleme auszudehnen suchen und damit eine problembezogene Differenzierung der erkenntnistheoretischen Fragen unterlassen. Dieser Drang zur Einheitlichkeit auf Kosten differenzierend erfasster Vielfalt führt beidesmal zu problematischen Verkürzungen: Kommt es auf der einen Seite, zugespitzt formuliert, zu einer Reflexionsmetaphysik, die dem kommunikativen Verstehensgeschehen zwischen Personen kaum gerecht zu werden vermag, so kommt es auf der andere Seite zu einer Kopräsenzmetaphysik, die das Gesprächsmodell als Erkenntnismodell überstrapaziert und die begriffliche Bestimmtheit von Verstehensprozessen und deren kritische Kontrolle auch in Kopräsenzsituationen unterschätzt. Dieser monistische Grundzug der hermeneutischen Theologie zeigt sich auch in ihrem Herzstück: ihrem hermeneutischen Grundansatz.

VII. Zum hermeneutischen Ansatz der hermeneutischen Theologie

Der universale, umfassende und exklusive Gebrauch des Wortge-schehens-Modells ist auch der Grund für die charakteristische *hermeneutische Grundorientierung* der hermeneutischen Theologie. Deren Hauptziel ist das Verstehen des Verstehens Gottes und das Verstehen alles Übrigen im Licht dieses Verständnisses.

1. Von geschehener zu geschehender Verkündigung

Dieses Ziel wird auf dem Weg einer konsequenten Auslegung der biblisch bezeugten Glaubenserfahrung und aller übrigen Erfahrung im Licht dieser Glaubenserfahrung zu erreichen versucht, da der Glaube Gott, die Welt und uns selbst so versteht, wie wir, die Welt und Gott von diesem selbst verstanden werden. Sowohl das zu Verstehende (Gott, Gottes Selbstauslegung in der Offenbarung und die Welt im Licht der Offenbarung) als auch das Medium, durch das es verstehbar wird (Verkündigung, Schrift, Glaubenserfahrung und Glaubenserfahrung mit der Welterfahrung) und die Realisierung dieses Verständnisses (Glaube, Glaubensleben, Theologie) werden dabei als Wortge-schehnisse konstruiert, die über Entsprechungsverhältnisse verknüpft und aufeinander bezogen sind, und zwar sowohl jeweils untereinander auf jeder dieser Ebenen als auch im Verhältnis der Ebenen zueinander. So ist das Verstehen Gottes, das die hermeneutische Theologie zu verstehen sucht, das vom Wortgeschehen der Schrift bezeugte göttliche Wortgeschehen, das sich in Jesus Christus und dem Glauben an ihn selbst eschatologisch ausgelegt hat und immer wieder neu auslegt. Da dieses Wortgeschehen und der ihm entsprechende Glaube theologischer Reflexion nicht direkt, sondern nur vermittelt durch menschliches Zeugnis, und zwar fundamental durch das Zeugnis der Schrift, zugänglich sind, vollzieht sich die Arbeit der hermeneutischen Theologie wesentlich als exegetische Bemühung um die biblischen Texte. Allerdings interessiert sie nicht der Text als Text, sondern die in ihm zur Sprache gekommene Sache. Das in diesen Texten als menschlichem Wortgeschehen bezeugte göttliche Wortgeschehen soll erhoben werden, indem, wie Ebeling postuliert, diese Texte in Hinsicht auf das Wortgeschehen interpretiert werden, so dass aus »geschehener Verkündigung« wieder »geschehende Verkündigung« werden kann.[124]

Dieses auf den ersten Blick einleuchtende Programm systematischer Theologie als »konsequenter Exegese« (Jüngel) operiert nun allerdings mit einer problematischen Kombination unterschiedlicher Hermeneutikmodelle im Umgang mit den biblischen Texten, dem Sinn dieser Texte und ihrer Sache, die allesamt als Wortgeschehnisse begriffen werden. So bemüht sich die hermeneutische Theologie exegetisch um die biblischen Texte mit den klassischen Methoden neuzeitlicher Werkhermeneutik, die diese intentionalistisch von der Mitteilungsabsicht ihres Autors und ihrer Ursprungssituation her zu verstehen sucht. Den theologischen *Sinn* dieser Texte sucht sie dagegen nichtintentionalistisch aus den Texten selbst und aus der Art und Weise ihrer Rezeption im Glauben zu erheben. Dogmatisch schließlich interpretiert sie den so erhobenen Sinn realistisch-referentiell als Manifestation der *Sache* der Texte, d. h. des göttlichen Wortgeschehens, das sie seinerseits wieder im Rahmen des intentionalistischen Paradigmas als Anrede Gottes an uns rekonstruiert.

---

[124] EBELING, Wort Gottes und Hermeneutik, 347 f.

2. Unvereinbare hermeneutische Verfahren

Genauer kommen in diesen drei Dimensionen vier verschiedene hermeneutische Verfahren der literarischen Texthermeneutik und der Gesprächshermeneutik zum Zuge, die sich teils
intentionalistischen, teils nichtintentionalistischen Paradig-
men der Hermeneutik zuordnen lassen. So verwendet die hermeneutische Theologie (1) ausdrücklich historisch-kritische
Methoden im Umgang mit den biblischen Texten. Sie erhebt (2)
deren theologisch relevanten Sinn mit literarkritischen Methoden. Sie gebraucht (3) eine Art rezeptionsanalytischer Methoden in der Auslegung ihres theologischen Gebrauchs. Und sie
rekonstruiert schließlich (4) dogmatisch die Sache dieser Texte
als Anredegeschehen im Rahmen des intentionalistischen Paradigmas.

Der erste Ansatz ist charakteristisch für das intentionalistische Paradigma literarischer Texthermeneutik klassischer und
romantischer Provenienz, das nach den Gedanken und Absichten der Verfasser und dem historischen Sitz im Leben von Texten fragt. Der zweite ist auf dem Weg zum nichtintentionalistischen Paradigma der formalistischen oder strukturalistischen
Literarkritik, die den Sinn eines literarischen Werkes in der Verknüpfung seiner Sinnelemente, dem formalen Charakter seiner
Komposition und der universalen Applikation der in ihm ausge-
drückten Gedanken sucht. Der dritte Ansatz nähert sich poststrukturalistischen Verfahren der Rezeptionsanalytik, in denen
sich das hermeneutische Interesse nicht nur vom Autor auf den
Text, sondern vom Text selbst auf dessen Rezeptionen und die
Wirkungen auf seine Leser und Hörer verlagert. Der vierte Ansatz schließlich folgt dem intentionalistischen Paradigma nicht
der Text-, sondern der Gesprächshermeneutik, insofern er nicht
an der Kommunikation zwischen Abwesenden, sondern zwischen Anwesenden in einer Situation personaler Kopräsenz orientiert ist.

Doch es ist eines, nach der Autorintention oder dem Ursprungssinn eines Textes in seiner Entstehungssituation zu fragen; ein anderes, seinen theologischen Textsinn zu thematisieren; wieder ein anderes, sich auf seine Rezeptionsformen und Wirkungsweisen zu konzentrieren; und noch etwas anderes, seinen theologischen Sinn realistisch im Rahmen der Kopräsenzhermeneutik zu interpretieren.

3. Kombination von Texthermeneutik und Sachhermeneutik

Die offensichtlichen Schwierigkeiten, die bei der Kombination dieser unterschiedlichen Ansätze auftreten, versucht die hermeneutische Theologie dadurch zu überwinden, dass sie faktisch eine an der Leitdifferenz von Sprecher und Sprache orientierte *Texthermeneutik* von einer an der Leitdifferenz von Sprache und Sein orientierten *Sachhermeneutik* unterscheidet. Erstere hat es mit Texten als Produkten und Vollzügen interpersonalen Kommunikationsgeschehens zu tun, Letztere mit der in, mit und unter diesen Texten sich zu Wort meldenden Sache. Entscheidend für den hermeneutischen Grundansatz der hermeneutischen Theologie ist die Verknüpfung dieser beiden gleichsam horizontalen und vertikalen hermeneutischen Problemlagen: Erst dadurch gewinnt sie den Ansatz einer *theologischen* Hermeneutik der biblischen Texte. Tiefendimension ihrer theologischen Texthermeneutik ist dabei die Hermeneutik der in den biblischen Texten sich zur Sprache bringenden Sache des Glaubens: Ihr gilt das eigentliche Verstehensinteresse der hermeneutischen Theologie. Während sie aber in werkhermeneutischer Perspektive den Prinzipien einer Hermeneutik folgt, die an den Verstehensproblemen einer Kommunikation zwischen Abwesenden orientiert ist, konzipiert sie in sachhermeneutischer Perspektive das Verstehensproblem so, wie es sich in der Kommunikation zwischen Anwesenden stellt. Eben so sucht sie ein kritisches Prinzip zur theologischen Auseinandersetzung mit den biblischen

Texten zu gewinnen, das ihr erlaubt, diese kritisch auf die Differenz authentischer Selbstauslegung und nichtauthentischer Fremdauslegung der in ihnen sich zu Wort bringenden Sache des Glaubens hin zu befragen. Das Grundproblem ihres hermeneutischen Ansatzes ist dementsprechend die Entfaltung dieser beiden divergierenden hermeneutischen Perspektiven, die an unterschiedlichen Kommunikationssituationen orientiert sind, und ihre Verknüpfung zu einem methodisch brauchbaren Auslegungsprogramm. Sie versucht, dies durch folgende Operationen zu erreichen:

Ihr erster Schritt zur Verknüpfung beider Perspektiven ist, dass sie in werkhermeneutischer Perspektive *die Autorintention durch das göttliche Wortgeschehen ersetzt*: Die biblischen Texte werden nicht primär durch die Intentionen ihrer Verfasser, sondern durch das Wortgeschehen geprägt, das sich in ihnen über und durch die Verfasserintentionen zu Wort meldet. Die Verwendung der historisch-kritischen Methode durch die hermeneutische Theologie unterscheidet sich deshalb ebendadurch von ihrer neuprotestantischen Verwendungsweise (und kann so von Ebeling als der reformatorischen Theologie besonders angemessen gepriesen werden[125]), dass nicht nach den Intentionen der Verfasser biblischer Texte oder den Konventionen ihres Sitzes im Leben gefragt wird, sondern nach dem Wortgeschehen, dem sie sich verdanken, das in ihnen zur Sprache kommt und das sie bezeugen.

Ihr zweiter Schritt ist, dass sie in sachhermeneutischer Perspektive *dieses Wortgeschehen mit der Sache der biblischen Texte identifiziert*, also davon ausgeht, dass sich das diesen zugrundeliegende Wortgeschehen bzw. seine Struktur in der Sinnstruktur der Texte so ausprägt, dass eine sorgfältige Analyse ihrer sprachlichen Strukturen den theologischen Skopus des in ihnen

---

[125] G. EBELING, Die Bedeutung der historisch-kritischen Methode für die protestantische Theologie und Kirche, in: DERS., Wort und Glaube I, 1–49.

sich manifestierenden Wortgeschehens erheben kann. Dieser Skopus muss nicht mit der Intention des Autors zusammenfallen und kann selbst in Texten wie den Psalmen gefunden werden, denen überhaupt keine direkt ersichtliche Intention eines bestimmten Verfassers zugrunde liegt. Dass die biblischen Texte, wie Ebeling sagt, »in Hinsicht auf das Wortgeschehen« interpretiert werden müssen,[126] setzt allerdings voraus, dass dieses Wortgeschehen schon bekannt ist und nicht aus den Texten erst erhoben werden muss. Es muss nicht in den Texten erst entdeckt werden, sondern wir können diese Texte in seinem Licht interpretieren, weil sich das göttliche Wortgeschehen in der Verkündigung immer schon selbst vergegenwärtigt hat. Der Sinn biblischer Texte wird deshalb dann erfassbar, wenn diese im Licht der Botschaft des Evangeliums interpretiert werden (Texthermeneutik), die sich in der Verkündigung selbst erschließt (Sachhermeneutik).

Damit geht die hermeneutische Theologie drittens von einer *strukturellen Parallelität der sachhermeneutischen und texthermeneutischen Perspektiven* aus, also davon, dass die pragmatische Struktur des sich in den biblischen Texten ausprägenden *Wortgeschehens* (›ich sage etwas zu dir‹) auch zu einer pragmatischen, den Leser bzw. Hörer immer schon mit einbeziehenden Lektüre dieser Texte nötigt. Der Sinn dieser Texte erschließt sich dementsprechend dann, wenn sie so interpretiert werden, wie das in ihnen sich ausdrückende Wortgeschehen seine Adressaten interpretiert: als der Rechtfertigung durch Gott bedürftige und teilhaftige Sünder. Leitdifferenz einer theologischen Lektüre biblischer Texte ist deshalb die sachhermeneutische Unterscheidung von Gesetz und Evangelium als Kategorien des Wortes Gottes: Werden die biblischen Texte unter diesem Gesichtspunkt interpretiert, werden sie so ausgelegt, wie das in ihnen sich ausprägende Wortgeschehen uns auslegt.

---

[126] Ebeling, Wort Gottes und Hermeneutik, 348.

Schließlich wird in sachhermeneutischer Perspektive *der theologische Sinn des Wortgeschehens,* das sich im und durch den Sinn der biblischen Texte manifestiert, von der hermeneutischen Theologie *im Horizont der Leitdifferenz von Gesetz und Evangelium in konsequenter,* d. h. auf die Existenz des gegenwärtigen Menschen ausgerichteter *Exegese* ausgearbeitet. Diese sucht in Fortsetzung der theologischen Intentionen Bultmanns durch systematische Ausarbeitung von Struktur, Inhalt und Charakter des die biblischen Texte prägenden göttlichen Wortgeschehens dem heutigen Menschen das wahre Verständnis seiner selbst und seiner Welt zu ermöglichen. Dieses Selbst- und Weltverständnis ist wahr, wenn es dem göttlichen Wortgeschehen entspricht. Ziel der systematischen Bemühung der hermeneutischen Theologie besteht daher darin, durch Interpretation biblischer Texte als geschehene Verkündigung auf neu zu geschehende Verkündigung hin in die Situation einzuweisen, in der sich Gottes selbstauslegendes Wortgeschehen als Gesetz und Evangelium immer wieder neu ereignet.

4. UNGELÖSTE PROBLEME

Jeder dieser vier Operationsschritte wirft Probleme auf. Hauptproblem des ersten Schrittes ist, dass durch die Umstellung von Autorintention auf Wortgeschehen in der texthermeneutischen Perspektive das intentionalistische Paradigma nicht wirklich überwunden wird. Das Wortgeschehen, das im hermeneutischen Modell an die Funktionsstelle der Autorintention tritt, wird in sachhermeneutischer Perspektive selbst intentionalistisch als Selbstauslegung Gottes für uns interpretiert. Das heißt, Gott wird nicht als ursprüngliches Wortgeschehen verstanden, dessen Sinnstruktur fundamental ist, insofern sie sich keiner hinter ihr stehenden Intentionen, nicht einmal einer göttlichen, verdankt, sondern personalistisch als ursprünglicher

Sprecher, der sich in seinem Wort selbst auslegt und uns so seine Intentionen über sich und seine Schöpfung zu erkennen gibt. Damit wird das Wortgeschehensmodell in sachhermeneutischer Perspektive an ein personales Redemodell, und zwar aktualistisch an ein *personales Redemodell kopräsenter Kommunikation*, zurückgebunden, aus dem es durch Orientierung an der (als Differenz zwischen authentischer Selbstauslegung und nichtauthentischer Fremdauslegung des Seins in der Sprache präzisierten) Leitdifferenz Sprache/Sein anstelle der texthermeneutischen Leitdifferenz von Sprache/Sprecher gerade herausführen wollte. Unterschied sich doch der hermeneutische Ansatz der hermeneutischen Theologie von den Problemlagen horizontaler, am zwischenmenschlichen Kommunikationsprozess orientierter Text- und Gesprächshermeneutiken gerade dadurch, dass er sich primär an der Problemlage einer vertikalen, den Selbstexplikationsprozess des Seins in der Sprache in den Blick fassenden Selbstauslegungshermeneutik ausrichtete. Gerade diese besondere Eigenart ihrer hermeneutischen Grundorientierung wird aber wieder verspielt, indem sie auch diese vertikale Problemlage analog zur horizontalen Kommunikationshermeneutik nach dem Modell kommunizierender, kopräsenter Personen konstruiert. Damit ist dieses Modell kein Alternativentwurf mehr, sondern führt faktisch zur Auflösung der Grunddifferenz zwischen Texthermeneutik und Sachhermeneutik und fügt sich als besonderer Fall in den üblichen hermeneutischen Problemansatz ein.

Das Hauptproblem des zweiten Schritts besteht darin, dass er in der Frage nach dem Sinn eines Textes von der Autonomie des Textes ausgeht und damit faktisch eine Abkehr von der historisch-kritischen Fragestellung vollzieht. Wie die frühen exegetischen Arbeiten Jüngels[127] mit ihrer Orientierung an Struktur-

---

[127] E. Jüngel, Das Gesetz zwischen Adam und Christus. Eine theologische Studie zu Röm 5,12–21, in: Ders., Unterwegs zur Sache. Theologische

problemen wie Chiasmen, Parallelen, Kontrasten und Entsprechungen exemplarisch belegen, führt das zu einer mehr strukturalistischen Lektüre der biblischen Texte. Der wesentliche Un -
terschied besteht allerdings darin, dass die hermeneutische
Theologie den so erhobenen Sinnstrukturen dieser Texte selbst
referentielle Bedeutung zuschreibt:[128] Sie verweisen auf ein ihnen
zugrundeliegendes Wortgeschehen, dem sie sich verdanken
und das sich in ihnen manifestiert. Im Unterschied zu strukturalistischen Ansätzen vertritt die hermeneutische Theologie
also eine strikt realistische Lektüre der biblischen Texte: Sie entfalten nicht nur ein Sinnuniversum, sondern sprechen von einer
unabhängig von ihnen existierenden Wirklichkeit des Wortgeschehens.

Das Hauptproblem des dritten Schritts besteht darin, dass er
literarische (auf Texte bezogene) und theologische (auf das Wort
Gottes bezogene) Hermeneutik so kombiniert, dass theologische Kategorien (Gesetz und Evangelium) zu Kategorien adäquater Textinterpretation werden. Einerseits wird damit die
Struktur der (göttlichen) Sache der Texte auf den sachgemäßen
Umgang mit diesen Texten selbst übertragen, andererseits wird
diese Sache wie die (menschlichen) Texte, die sie thematisieren,
als Wortgeschehen verstanden: Die Texte sind (menschliches)
Wortgeschehen bzw. deren Resultat, die von ihnen thematisierte Sache ist ein (anderes, nämlich göttliches) Wortgeschehen,

---

Bemerkungen, Tübingen ³2000,145–172; DERS., Ein paulinischer Chias-
mus. Zum Verständnis der Vorstellung vom Gericht nach den Werken in
Röm 2,2–11, in: DERS., Unterwegs zur Sache, 173–178. Vgl. auch seine
Rekonstruktion der paulinischen Rechtfertigungslehre, in: DERS., Paulus
und Jesus, 17–70, und die struktural-semantische Parallelanalyse von E.
GÜTTGEMANNS, »Gottesgerechtigkeit« und strukturale Semantik. Linguistische Analyse zu δικαιοσύνη θεοῦ, in: DERS., studia linguistica
neotestamentica, München 1971, 59–98, 82 ff.

[128] Vgl. zum Problem, M. DEVITT/K. STERELNY, Language and Reality. An
Introduction to the Philosophy of Language, Oxford 1987, 215 ff.

und beide Wortgeschehnisse sind in der Sinndimension des Textes verknüpft gedacht. Doch warum sollte das, was ein Text thematisiert, hermeneutisch von gleicher Art und Struktur sein wie dieser selbst? Warum sollte das Wortgeschehens-Modell, nach dem der Text verstanden wird, auch für die Sache des Textes gelten? Oder warum sollte umgekehrt das am Wortgeschehens-Modell orientierte theologische Verständnis dieser Sache als Gesetz und Evangelium auch die Leitlinien für das sachgemäße literarische Verständnis des Textes an die Hand geben müssen?

Das Hauptproblem des vierten Schrittes besteht schließlich darin, dass die hermeneutische Theologie in ihrer dogmatischen Rekonstruktion des sachhermeneutisch erschlossenen göttlichen Wortgeschehens mit einem Modell (*vergangenes*) *Wortgeschehen – Text – (gegenwärtiges) Wortgeschehen* operiert, das die transtemporale Identität von Gottes Wort in den Wörtern unterstellt: Das eschatologische Wortgeschehen, das sich in den biblischen Texten manifestiert und ausprägt, wiederholt sich identisch in verschiedenen Situationen und zu unterschiedlichen Zeiten in der Geschichte. Doch wie ist das möglich? Was ist unterschiedlichen Vorkommnissen des göttlichen Wortgeschehens gemein?

5. Das Gemeinsame im Verschiedenen

Diese Frage wird in der hermeneutischen Theologie im Wesentlichen auf drei unterschiedliche Weisen beantwortet.

Die erste Antwort verweist auf die *existentiale Struktur unserer menschlichen Situation:* Für Bultmann deckt das göttliche Wortgeschehen, das sich in der Verkündigung des Evangeliums ereignet, gemeinsame anthropologische oder existentiale Grundstrukturen menschlicher Existenz in dieser Welt auf. Es entlarvt uns als Sünder, die der Rechtfertigung bedürfen; und es proklamiert den Glauben an Jesus Christus und ein dadurch ermöglichtes Leben der Liebe und Hoffnung als Erfüllung der Wahrheit menschlicher Existenz *coram deo*.

Die zweite Antwort rekurriert auf die *Erfahrungsstruktur der Situation der Hörer bzw. Rezipienten* des göttlichen Wortgeschehens: Nach Ebeling gibt es gemeinsame Erfahrungsstrukturen oder ontologische Tiefenstrukturen der menschlichen Lebenssituationen, in die das Wort Gottes hineingesprochen wird (Grundsituation des Menschen). Diese können unter dem Leitgedanken von Gesetz und Evangelium als die dreifache, durch Geschöpflichkeit und Sünde charakterisierte Coram-Struktur menschlicher Existenz vor Gott, vor der Welt und vor sich selbst entfaltet werden, die jede konkrete Lebenssituation als existentielle Grundsituation prägen.

Die dritte Antwort konzentriert sich auf die *christologischen und pneumatologischen Strukturen des Wortgeschehens selbst:* Das verschiedenen Vorkommnissen des göttlichen Wortgeschehens Gemeinsame ist Fuchs und Jüngel zufolge nicht primär die Existentialstruktur seiner Adressaten bzw. die Erfahrungsstruktur der Situation, in der es sich ereignet, sondern sein christologischer Inhalt (Jesus Christus als die sich selbst kommunizierende Liebe Gottes) und der pneumatologische Charakter dieses Ereignisses (die Selbstvergegenwärtigung Jesu Christi als Gottes Liebe durch den Geist im Wort des Evangeliums).

Jede dieser Antworten wirft ihre besonderen Schwierigkeiten auf: Gibt es denn die fundamentalen, vom Evangelium erschlossenen anthropologischen Existenzmöglichkeiten, von denen Bultmann spricht, und worin bestehen sie? Was genau sind die Tiefenstrukturen all unserer Erfahrung, auf die Ebeling rekurriert, und welche theologische Bedeutung haben sie? Worin besteht genau der gemeinsame christologische Gehalt des eschatologischen Wortgeschehens, und wie ist er theologisch sachgemäß zu entfalten?

Darüber hinaus aber sind alle drei Antwortversuche auch mit einem gemeinsamen Problem konfrontiert. Sie alle verstehen das göttliche Wortgeschehen personalistisch nach dem intentionalistischen Paradigma als *Worthandlung Gottes:* Gott ist der *Autor* bzw. *Sprecher* dieses Wortgeschehens – damals wie heute; und das ist die Letztbegründung der beanspruchten Identität des göttlichen Wortgeschehens damals und heute. Das hat zwei theologisch gewichtige Implikationen.

Zum einen ist die hermeneutische Theologie in all ihren Versionen trotz ihrer Kritik am sog. Unveränderlichkeits- oder Apathieaxiom darauf angewiesen, eine strikte Unveränderlichkeitsthese im Hinblick auf Gottes Heilsintention und Treue zu vertreten: Nur unter Voraussetzung der Unveränderlichkeit dieser Intention und damit der Treue Gottes ist ihre hermeneutische Unterstellung der Identität einstigen und gegenwärtigen göttlichen Wortgeschehens haltbar.

Zum andern kann das durch die biblischen Texte thematisierte göttliche Wortgeschehen, das durch die Verkündigung propagiert wird, die diesen Texten vorausgeht und folgt, diesem personalistischen Verständnis zufolge von uns nur verstanden werden, wenn wir Gottes Intention bzw. Intentionen verstehen, von der bzw. von denen es bestimmt ist. Nach christlicher Überzeugung hat Gott diese Intention in Jesu Leben, Kreuz und Auferstehung erschlossen, und zwar als seinen Heilswillen, die Menschen trotz ihrer Sünde in die Lebensgemeinschaft wechselseitiger Liebe mit ihm zu ziehen. Christologie und Soteriologie, in denen dieser Heilswille Gottes ausformuliert wird, haben daher theologische Grundlegungsfunktion für die hermeneutische Theologie. Sie sind der Standpunkt, von dem her sie sowohl die biblischen Texte als auch die Welterfahrung interpretiert. Grundaufgaben der hermeneutischen Theologie müssten daher einmal die kohärente und begrifflich konsistente Entfaltung von Christologie und Soteriologie als Summe des in Jesus Christus offenbarten Heilswillens Gottes sein, und zum anderen die Ausarbeitung einer kohärenten und begrifflich konsistenten Pneumatologie zur Begründung ihres Grundanspruchs, dass Jesus Christus tatsächlich das eschatologische Wortgeschehen ist, das Gottes Heilsintention endgültig und vollständig offenbart hat.

6. Die theologische Problematik der Kategorie des Wortgeschehens

Für beide Aufgaben liegen keine überzeugenden Lösungen vor, und zwar nicht zuletzt wegen der fundamentalen Problematik der als theologische Grundkategorie verwendeten Kategorie des Wortgeschehens. Diese Kategorie fungiert als Grundbegriff theologischer Theoriebildung, der sich nicht durch grundlegendere Begriffe explizieren lässt und ebendeshalb universal anwendbar ist. Bei der Rekonstruktion des Glaubens geschieht das einigermaßen erfolgreich, nicht dagegen bei der Interpretation unserer Erfahrungswirklichkeit im Licht des Glaubens. So wurde kein ernsthafter Versuch gemacht, die von der gegenwärtigen Naturwissenschaft erschlossenen Zugangsweisen zur Welt mithilfe dieser Kategorie theologisch zu deuten oder sich zu dieser in ein kritisch-konstruktives Verhältnis zu setzen. Das aber wäre zu erwarten, wenn ernsthaft von einer natürlicheren Theologie gesprochen werden können soll. Möglichkeiten dafür bestünden durchaus. Man denke nur an die in beiden Bereichen feststellbare Umstellung der Denkstile auf die Orientierung an der Relation statt der Substanz, dem Werden statt des Seins oder der Möglichkeit vor der Wirklichkeit. Oder an die kaum erforschten Bezüge zwischen den Kategorien des *Wortgeschehens* und der *Information*, die beide intrinsisch epistemische und kommunikative Geschehnisse meinen und in ihren jeweiligen Verwendungszusammenhängen traditionelle ontologische Kategorien ersetzen.

Dass dies in der hermeneutischen Theologie nicht gründlicher untersucht wurde, hat einen ganz bestimmten Grund: das theologische Verständnis der Wortgeschehens-Kategorie im Rahmen des Denkmodells kopräsenter personaler Kommunikation. Im Gegensatz zu dem, was der Terminus suggeriert, wird das Wortgeschehen theologisch nicht als Geschehen im Modell empirischer Ereignisse gedacht, sondern im phänomenologischen Modell des Widerfahrnisses. Das hat Gründe. Ereignisse – im empirischen und historischen Sinn – stehen in kausalem und temporalem Nexus mit anderen Ereignissen, weshalb Bultmann ausgeschlossen hatte, dass in ihrem Horizont das Heilsgeschehen als besondere Heilsgeschichte lokalisiert werden könnte, wenngleich es nicht ohne geschichtliche Ereignisse stattfinden kann. Ereignisse unterscheiden sich darüber hinaus von Handlungen dadurch, dass sie durch Kausalität und nicht Intentionen oder Konventionen bestimmt sind. Wortgeschehnisse dagegen, so wird unterstellt, müssen von göttlichen Intentionen bestimmt sein, wenn sie Menschen über Gottes Wesen und Wille aufklären können sollen. Nun gibt es zwei Grundtypen intentionsgeleiteter Aktivitäten: Handlungen und Sprechhandlungen. Im Licht des ersten Modells wird Gott als *ursprünglich Handelnder* gedacht und die Welt als sein Handlungsfeld (in diese Richtung denkt Pannenberg). Nach dem zweiten wird er als *ursprünglich Sprechender* verstanden und die Welt als sein Text (in diese Richtung denkt Ebeling). Die hermeneutische Theologie optiert im Wesentlichen für dieses zweite Modell. Indem sie ihre Wortgeschehens-Kategorie aber an den intentionalistischen Rahmen des Sprechhandlungsmodells zurückbindet und die hermeneutische Grundsituation des Glaubens als asymmetrisches Interaktionsgeschehen zwischen göttlichem Sprecher und menschlichem Hörer konzipiert, schafft sie sich eine Reihe kaum lösbarer Probleme.

Zum einen bleibt sie – jedenfalls was Ebeling betrifft[129] – in der Konzeption eines Gottesbildes befangen, das Gott als ein dem

---

[129] R. Lorenz, Die unvollendete Befreiung vom Nominalismus. Martin

Menschen transzendent gegenüberstehendes Subjekt versteht, ohne dass dieses Transzendenzverhältnis seinerseits noch einmal fundamental durch die Kategorie des Wortgeschehens interpretiert würde. Zwar wird Gott als *deus revelatus* und *absconditus* im Licht der nach Gesetz und Evangelium differenzierten Wortgeschehens-Perspektive ausgelegt, aber er wird nicht *als* Wortgeschehen verstanden, sondern im Rahmen einer am Gebet orientierten Gotteslehre als dasjenige Personsubjekt, das sich im Unterschied zu uns zu jedem Menschen verstehbar in Beziehung setzt.[130] Doch mit dieser personalen Gotteskonzeption wird auf der Ebene des Verständnisses Gottes verspielt, was auf der Ebene des Verständnisses des Wortes Gottes hermeneutisch gewonnen wurde.

Zum anderen gelingt es ihr aufgrund des für uns uneinholbaren *Prae* der Selbstauslegung dieses göttlichen Sprechers nicht, aus ihrem hermeneutischen Ansatz eine für uns handhabbare hermeneutische Methode zu gewinnen: Es ist unmöglich, einen in der Auslegung der Schrift oder einer Erfahrung auftretenden Interpretations- bzw. Verstehensstreit mittels dieser hermeneutischen Theorie der Priorität der Selbstauslegung vor aller Fremdauslegung zu schlichten und damit in anders als nur thetischer Weise zwischen wahren und falschen Schrift-Auslegungen bzw. Erfahrungs- und Wirklichkeitsverständnissen zu unterscheiden.[131] Das *Prae* göttlicher Selbstauslegung vor aller menschlichen Auslegung bleibt eine unverzichtbare *regu-*

Luther und die Grenzen hermeneutischer Theologie bei Gerhard Ebeling, Gütersloh 1973, 342.

[130] EBELING, Dogmatik des christlichen Glaubens I, 224 ff.

[131] Vgl. W. SCHENK, Hermeneutik III. Neues Testament, in: TRE XV, 1986, 144–150, 147 f.; L. DANNEBERG/H.-H. MÜLLER, Wissenschaftstheorie, Hermeneutik, Literaturwissenschaft. Anmerkungen zu einem unterbliebenen und Beiträge zu einem künftigen Dialog über die Methodologie des Verstehens, in: DVflG 58 (1984), 177–237.

lative Idee, kann aber nicht in eine hermeneutische Methode überführt werden.

Und schließlich – das hängt damit zusammen – konzentriert sie sich vor allem auf die Explikation der in der Schrift bezeugten Heilsintention des göttlichen Sprechers, der alles Wortgeschehen bestimmt und im Offenbarungs- und Glaubensgeschehen sich selbst auslegt, und nicht so sehr auf die Ausarbeitung der kosmologischen Implikationen dieser Heilsintention und die Interpretation unserer Erfahrungswirklichkeit in ihrem Licht. Damit aber versäumt die hermeneutische Theologie, ihre Sicht der Welt als Schöpfung durch das unser Heil intendierende göttliche Wort in fruchtbarer, d. h. erhellender Weise zur gegenwärtigen Welterfahrung und ihrer wissenschaftlichen Erschließung in Beziehung zu setzen. Soll ihre Behauptung der Weltwirklichkeit als eines vom Heilswillen Gottes geschaffenen Welt-Textes aber nicht leer sein, muss sie dies angesichts der ganz anders sich zur Erfahrung bringenden Weltwirklichkeit auch zur Geltung bringen. Das heißt, sie muss sich dem Problem des Bösen, des Übels und der Sünde gerade in kosmologischer (gesellschaftlicher, politischer, kultureller, wissenschaftlicher usf.) Dimension theologisch stellen. Dass sie hier nicht überzeugt hat, ist einer der Hauptgründe für die Ablösung der hermeneutischen Theologie durch andere, stärker sozialethisch akzentuierte theologische Ansätze seit den sechziger Jahren und für das oben diagnostizierte Verstummen der Diskussion ihres hermeneutischen Ansatzes.[132]

---

[132] Unter diesem Gesichtspunkt sprechen etwa Ch. Gremmels/W. Herrmann, Hermeneutik und Gesellschaftstheorie (Theologie, Hermeneutik und Gesellschaft), in: U. Gerber (Hg.), Hermeneutik als Kriterium für Wissenschaftlichkeit? Der Standort der Hermeneutik im gegenwärtigen Wissenschaftskanon, Loccum 1972, 48–65, ausdrücklich von einem »Scheitern des hermeneutischen Textmodells« (63 ff.). Wie die Aufgabe einer theologischen Hermeneutik des Bösen angegangen werden könnte, habe ich in

Die Aporie der hermeneutischen Theologie lässt sich auf folgende Alternative bringen: Entweder vertritt sie einen hermeneutischen Ansatz, der theologisch brauchbar ist, sich aber hermeneutisch, weil er nur das auf das Gott-Welt- bzw. Gott-Mensch-Verhältnis übertragene Modell der *Hermeneutik kopräsenter Kommunikation zwischen Personen* ist, nicht wirklich von anderen Ansätzen unterscheidet, die zu klareren methodischen Folgerungen und Anweisungen in der Lage sind. Oder aber sie vertritt einen Ansatz, der hermeneutisch eigenständig ist und nicht von Problemlagen zwischenmenschlicher Kommunikation ausgeht, dann aber theologisch unergiebig zu sein scheint, weil er auf die *personale Fassung des Gottesgedankens* zu verzichten nötigt und das Wortgeschehen zwischen Gott und Mensch nicht nach dem Modell der sprachlichen Interaktion zwischen verschiedenen Personen zu verstehen erlaubt. Trifft diese Diagnose zu, dann verwundert das Verstummen der Diskussion um die hermeneutische Theologie und ihre theologische Hermeneutik kaum: Sofern ihr Ansatz theologisch interessant ist, stellt er hermeneutisch keine echte Alternative dar, sofern er eine solche bieten könnte, scheint er theologisch mehr Probleme aufzuwerfen, als er zu lösen verspricht.

---

meinem Buch Malum. Theologische Hermeneutik des Bösen, Tübingen 2008 dargelegt. Vgl. auch DALFERTH, Das Böse; DERS., Leiden und Böses. Vom schwierigen Umgang mit Widersinnigem, Leipzig 2006.

VIII. Hermeneutische Theologie als radikale Theologie

Doch mit dieser Aporie ist nicht das letzte Wort über die hermeneutische Theologie gesprochen. Es gibt einen Ausweg, wenn sie sich auf ihre Wurzeln besinnt und sich konsequent als radikale Theologie entwirft. Dazu wird man berücksichtigen müssen, dass die hermeneutische Theologie, wie eingangs in Erinnerung gerufen, kein einheitliches Gebilde darstellt. Während sich Bultmanns hermeneutischer Ansatz auf das menschliche Selbstverstehens-Verstehen und das von dort her entfaltbare Verstehen Gottes konzentriert, orientiert sich die hermeneutische Theologie nach Bultmann in Aufnahme der von Barth und Luther ausgehenden Impulse auf das göttliche Selbstauslegungs-Verstehen und sein durch die Sünde verzerrtes oder verhindertes Verstehen und Auslegen durch uns. Sie tut das allerdings bei ihren beiden Hauptvertretern Ebeling und Jüngel in markant unterschiedlicher Weise. Während Ebeling (vereinfacht gesprochen) von dem durch den Rückgang auf Luther und Schleiermacher vertieften Standpunkt Bultmanns aus auch einige Impulse Barths zu integrieren sucht, verfährt Jüngel gerade umgekehrt und bindet die Einsichten Bultmanns, Schleiermachers und Luthers in eine von Barth übernommene Perspektive ein.

1. Divergenzen hermeneutischer Theologie

Die sich daraus ergebenden Divergenzen sind erheblich. Ich gebe nur einige Hinweise:

– Ebeling sucht den Explikationsrahmen theologischer Hermeneutik in der Sünden- und Gewissenslehre und damit in einer theologischen Anthropologie,[133] Jüngel dagegen in der Christologie und damit in einer trinitarischen Gotteslehre.[134]

– Daraus folgt in der theologischen Methode, dass Ebeling die durch die Differenz von Gesetz und Evangelium präzisierte Dialektik zwischen Gott und Gott[135] und damit auch zwischen Gott und Mensch privilegiert[136] und die berechtigten Momente der Analogie zwischen Gott und Mensch in diese einzuholen sucht, während Jüngel umgekehrt von der christologisch präzisierten Entsprechung zwischen Gott und Gott und damit auch zwischen Gott und Mensch ausgeht und die Differenzmomente der Gesetz-Evangelium-Dialektik in diese einzeichnet.[137]

– Konkret zeigt sich das z. B. in der Anthropologie darin, dass Ebeling, um der Dialektik von Sündersein und Geschöpfsein des Menschen gerecht zu werden, der Dialektik von Gesetz und Evangelium fundamentalanthropologische Relevanz zuspricht,[138] während Jüngel eine entsprechende Relevanz der christologisch präzisierten Entsprechung des Menschen zu Gott zuweist.[139]

---

[133] Ebeling, Wort Gottes und Hermeneutik, 348; ders., Erwägungen zur Lehre vom Gesetz, in: Ders., Wort und Glaube I, 255–293, 289 f.; ders., Elementare Besinnung auf verantwortliches Reden von Gott, in: Ders., Wort und Glaube I, 349–371, 364 ff.; ders., Weltliches Reden von Gott, in: Ders, Wort und Glaube, 372–380, 374 f.378 f.; ders., Glaube und Unglaube im Streit um die Wirklichkeit, in: Ders., Wort und Glaube I, 393–406, 404 f.; ders., Theologische Erwägungen über das Gewissen, in: Ders., Wort und Glaube I, 429–446, 429 ff.; ders., Das Problem des Bösen als Prüfstein der Anthropologie, in: Ders., Wort und Glaube III, 205–224.

[134] Jüngel, Gottes Sein ist im Werden, 12.15 ff.

[135] G. Ebeling, Existenz zwischen Gott und Gott, in: Ders., Wort und Glaube II, Tübingen 1969, 257–286, 281 ff.

[136] G. Ebeling, Karl Barths Ringen mit Luther, in: Ders., Lutherstudien III, Tübingen 1985, 428–573, bes. 540 ff.

[137] E. Jüngel, Evangelium und Gesetz. Zugleich zum Verhältnis von Dogmatik und Ethik, in: Ders., Barth-Studien, Gütersloh 1982, 180–209; Ders., Gott als Geheimnis der Welt, 472 ff. 509 ff.

[138] G. Ebeling, Luther. Einführung in sein Denken, Tübingen 1964, Kap. 7–9.

– Entsprechend heißt das für die Gotteslehre, dass die Trinitätslehre bei Jüngel als materiale Grundlegung von Theologie überhaupt und theologischer Hermeneutik im Besonderen fungiert, insofern sie Gottes Sein als sich selbst für uns als es selbst auslegendes Sein entfaltet.[140] Bei Ebeling dagegen stellt die Trinitätslehre die Summe sachgemäßen Redens von Gott dar, die auf den Begriff gebrachtes Resultat, nicht aber sachlicher Grund theologischer Hermeneutik des christlichen Bekenntnisses zu dem als Liebe lebendigen Gott ist.[141]

– Divergent wird dementsprechend auch die in all dem implizierte Ontologie gesehen, die bei Jüngel als Umstellung von der Kategorie der Wirklichkeit auf die der Möglichkeit unter dem christologisch-trinitarisch bestimmten Grundgedanken der Entsprechung entfaltet wird,[142] bei Ebeling dagegen als Umstellung von der Kategorie der Substanz auf die der Relation unter dem durch die Dialektik von Gesetz und Evangelium qualifizierten Grundgedanken der dreifachen Coram-Relationen menschlicher Existenz *coram deo, coram mundo* und *coram seipso*.[143]

– Schließlich wird auch das von beiden propagierte hermeneutische Programm der ›Erfahrung mit der Erfahrung‹ unterschiedlich akzentuiert, insofern Jüngel Erfahrung als der Steigerung fähige und bedürftige Auslegung der Welt fasst, die im Licht der Selbstauslegung Gottes neu ausgelegt wird,[144] wäh-

---

[139] E. JÜNGEL, Der Gott entsprechende Mensch, in: DERS., Entsprechungen: Gott – Wahrheit – Mensch, 290–317, 304 ff.

[140] JÜNGEL, Gottes Sein ist im Werden, 14 ff.; DERS., Gott als Geheimnis der Welt, 19–25.

[141] EBELING, Dogmatik des christlichen Glaubens III, Tübingen 1979, 42. 531 ff. 540.543 ff.

[142] E. JÜNGEL, Die Welt als Möglichkeit und Wirklichkeit. Zum ontologischen Ansatz der Rechtfertigungslehre, in: DERS., Unterwegs zur Sache, 206–233.

[143] EBELING, Dogmatik des christlichen Glaubens I, 14, 346 ff.

[144] JÜNGEL, Gott als Geheimnis der Welt, 40 ff.381.517 f.

rend Ebeling Erfahrung als immer schon in bestimmter Weise Ausgelegtsein der Wirklichkeit versteht, das im Licht des Glaubens korrigiert oder verifiziert wird.[145]

2. Wortgeschehen und Sprachereignis

Trotz dieser hier nur pauschal angesprochenen Divergenzen bestehen aber auch deutliche Gemeinsamkeiten. Diese betreffen zum einen ihre Orientierung an einem gegenüber Bultmanns Konzentration auf Existenz und Geschichte veränderten hermeneutischen Denkmodell, nämlich der *Sprache*; und zum anderen im theologischen Verständnis der *Sprache* als *Wortgeschehen* bzw. *Sprachereignis*.

Beide Begriffe verweisen auf das kreative Geschehen von Gottes Wort in konkreten Lebenssituationen und sind insofern *theologische Kategorien,* auch wenn die hermeneutischen Bemühungen der hermeneutischen Theologie eng mit der sprachphilosophischen und hermeneutischen Fokusverlagerung von der *langue* und *langage* zur *parole* verbunden sind, also nicht das formale Sprachsystem oder die allgemeine Sprachfähigkeit, sondern die konkrete Situiertheit und Eigentümlichkeit menschlichen Sprechens zum Ausgangspunkt ihrer Sprachreflexionen nehmen. Sprache, so sagt Ebeling, ist ein »Lebensvorgang«[146], dessen Grundstruktur »Ich sage etwas zu dir«[147] ist. Wie wir sahen, wäre es zu wenig, darin nur die theologische Version einer pragmatistischen Rezeptionshermeneutik zu sehen, in der sich das Interesse nicht nur vom Autor auf den Text, sondern auch

---

[145] G. Ebeling, Die Klage über das Erfahrungsdefizit der Theologie, in: Ders., Wort und Glaube III, Tübingen 1975, 3–28, 22 f.; Ders., Das Verständnis von Heil in säkularisierter Zeit, in: Ders., Wort und Glaube III, 349–361, 357 ff.

[146] Ebeling, Einführung in theologische Sprachlehre, 195 u. ö.

[147] A. a. O., 201.

vom Text auf den Lektüreprozess als soziale Institution, bei biblischen Texten also auf ihre kirchliche Rezeption verlagert. Die Kategorie des Wort- oder Sprachgeschehens (Ebeling) bzw. des Sprachereignisses (wie Fuchs und Jüngel sagen) war nie eine nur linguistische Kategorie und markierte keineswegs nur die Wende von einer semantischen zu einer pragmatischen Sprachauffassung. Sie war in Aufnahme und Fortführung von Luthers Wort Gottes-Verständnis, Barths Rede vom Geschehen des Wortes Gottes, Gogartens Dialektik von geschehener und geschehender Offenbarung und Heideggers Analyse des Geschehens des existierenden Daseins als Präzisierung von Bultmanns Kategorie des Heilsgeschehens konzipiert. Als solche war sie von Anfang an eine eminent theologische Kategorie, die sich auf das Geschehen von Gottes Wort im menschlichen Leben bezog und darauf abhob, dass unser Sprechen im Angesprochenwerden, unser Auslegen im Ausgelegtwerden und unser Verstehen im Verstandenwerden durch Gott gründet.[148]

Der theologische Gebrauch der Kategorien des Wortgeschehens bzw. Sprachereignisses implizierte dementsprechend auch ein theologisches bzw. (wie bei Fuchs[149] und Jüngel[150]) ein christologisches oder (wie bei Ebeling[151]) ein sakramentales Sprachverständnis: Sprache ist »uranfänglich Sprache Gottes«[152], sie ist die Vollzugsform von Gottes Selbstauslegung im Medium unseres Seins, genauer: im Medium unserer Auslegung unseres Seins; und wir partizipieren an diesem sprachlichen Selbstaus-

---

[148] Ebeling, Wort Gottes und Hermeneutik, 340 ff.

[149] E. Fuchs, Hermeneutik, Tübingen ⁴1970, 71 f.78 ff.

[150] Jüngel, Gottes Sein ist im Werden, 13, Anm. 1.

[151] Ebeling, Einführung in theologische Sprachlehre, 53.115.210 u. ö.

[152] E. Fuchs, Das Christusverständnis bei Paulus und im Johannesevangelium, in: H. Grass/W. G. Kümmel, Jesus Christus. Das Christusverständnis im Wandel der Zeiten, Marburger Theologische Studien 1, Marburg 1963, 11–20, 17.

legungsgeschehen, insofern wir in unserem Umgang mit Sprache in durch unsere Sünde bedingtem Missverständnis und Unverständnis diesem Selbstauslegungsgeschehen widersprechen oder in durch Glauben ermöglichtem Einverständnis entsprechen.

Das ist auch der Sinn von Fuchs' programmatischem Diktum »Verstehen gründet im Einverständnis«[153], nämlich dem zustimmenden Verstehen des uns von Gott eröffneten Verstehens Gottes und seiner Schöpfung: Wirkliches Verstehen, das ist der von Fuchs[154] wie Barth[155] betonte genuin theologische Sinn des hermeneutischen Zirkels, ist dasjenige Verstehen, in dem wir uns, die wir Gott, die Welt und uns selbst auslegen und zu verstehen suchen, so verstehen, wie wir, unsere Welt und Gott von Gott selbst ausgelegt und verstanden werden. Mit Recht beharrte Fuchs daher gegenüber Bultmann darauf, dass seine Rede vom Sprachereignis nicht zur Rede vom Sprechereignis verharmlost werden dürfe.[156] Dies würde genau den entscheidenden Punkt verfehlen: die theologische Pointe dieser Kategorie, die unser Sprechen im Angesprochenwerden, unser Auslegen im Ausgelegtwerden und unser Verstehen im Verstandenwerden durch Gott gründet. Kurz: Für die hermeneutische Theologie besteht ein intrinsischer, nicht auflösbarer und deshalb nicht zu ignorierender Zusammenhang zwischen dem, was sie Wort-

---

153 Fuchs, Marburger Hermeneutik, Tübingen 1968, 239.

154 E. Fuchs, Kanon und Kerygma, in: Ders., Wagnis des Glaubens. Aufsätze und Vorträge, hg. v. E. Grötzinger, Neukirchen-Vluyn 1979, 21–41, 38.

155 K. Barth, Rudolf Bultmann. Ein Versuch, ihn zu verstehen, Zürich ³1964, 60.

156 Fuchs, Was ist ein Sprachereignis?, 424 ff.; Ders., Glaube und Erfahrung. Zum christologischen Problem im Neuen Testament, Gesammelte Aufsätze III, Tübingen 1965, 4 f.; Ders., Alte und neue Hermeneutik, in: Ders., Gesammelte Aufsätze III, 193–230, 212; Ders., Antwort auf die amerikanischen Beiträge, in: J. M. Robinson/J. B. Cobb (Hg.), Die neue Hermeneutik, 299–311, 300.

geschehen oder Sprachereignis nennt, auf der einen und Gott und Gottes Wort auf der anderen Seite.[157]

Auch im Umgang mit Texten ist die entscheidende hermeneutische Frage dementsprechend nicht, wie *wir* sie auslegen (können), sondern wie *sie* in diesem Prozess *uns* auslegen: Was erschließt sich im Umgang mit Texten über uns selbst?

Entsprechend konzentriert sich die hermeneutische Theologie auch nicht einfach auf das gesprochene Wort als solches, sondern auf dasjenige Wortgeschehen, das die menschliche Existenz erhellt und in ihrer Wahrheit aufdeckt. Der authentische Sinn eines Textes ist seine existenzerhellende Funktion und nicht einfach eine der verschiedenen Lektüremöglichkeiten, die ein Textes bietet. Existenzerhellend im theologischen Sinn aber ist die Klärung der konkreten Situation des Leser oder Hörers *coram deo*, also die Verdeutlichung seiner Existenz als Sünder bzw. gerechtfertigter Sünder.

Darum ist die Leitdifferenz der hermeneutischen Theologie weder die Differenz zwischen Autorintention und Textsinn noch die zwischen Textsinn und Textlektüren, sondern die zwischen dem *eigentlichen* und dem *uneigentlichen* Sinn eines Textes. Dieser Sinn entscheidet sich daran, ob ein Text im konkreten Gebrauch zum Wortgeschehen wird, das Menschen dasjenige Selbst-, Welt- und Gottesverständnis erschließt, in dem sie sich so verstehen, wie sie in Wahrheit, also *coram deo*, sind. Dass es um diese theologische Pointe geht, zeigt sich an Ebelings Bemühung, mit der Kategorie des Wortgeschehens die *Grundsituation* des Menschen vor Gott zu erhellen und nicht nur eine der vielen konkreten Lebenssituationen im menschlichen Miteinander. Und es zeigt sich ebenso an Jüngels Betonung des nicht nur semantischen, sondern ontlogischen Mehrwerts von Sprachereignissen, die dem Leben mehr und andere Möglichkeiten zu - spielen als im je vorhandenen Wirklichen schon angelegt sind.

---

[157] EBELING, Wort Gottes und Hermeneutik, 340 ff.

3. Wort-Gottes-Hermeneutik

Es ist offensichtlich, dass es beiden um ein theologisches Verstehen des Wirkens von Gottes Wort im menschlichen Leben geht. Während Ebeling dabei die aktuale Grundsituation des Menschen *coram deo* ins Auge fasst und diese relationsontologisch anhand der drei Coram-Relationen (*coram deo, coram mundo, coram seipso*) zu entfalten sucht, konzentriert sich Jüngel auf das kreative Grundgeschehen, das diese Situation im Zuspiel von immer neuen Lebensmöglichkeiten konstituiert, und entfaltet das menschliche Selbstverstehen, Weltverstehen und Gottverstehen von diesem Geschehen her, das den Menschen passiv zu dem macht, was er wird. Trotz dieser folgenreichen Differenz in der Fragerichtung geht es aber sowohl in der Wirklichkeitsontologie der Glaubenshermeneutik Ebelings als auch in der Möglichkeitsontologie der Gotteshermeneutik Jüngels zentral darum, das Leben spendende Wirken von Gottes Wort im Leben der Menschen zu verstehen.

In beiden Ansätzen der hermeneutischen Theologie bestimmt also nicht etwa die hermeneutische Theorie das Verstehen des Verstehens Gottes, sondern dieses die hermeneutische Theorie. In diesem Sinn ist »Hermeneutik in der Theologie ... nichts anderes als ›Lehre vom Worte Gottes‹ (G. Ebeling) bzw. Sprachlehre des Glaubens«.[158] Die Metapher von Gottes Wort wird dabei nicht metaphysisch, sondern strikt existenzontologisch (Ebeling) bzw. christologisch-trinitarisch (Jüngel) verstanden. Für Ebeling ist Gottes Wort »auf seinen Wortcharakter gesehen ganz normales, sagen wir ruhig: natürliches, mündliches, zwischen Mensch und Mensch geschehendes Wort«. Die Differenz zwischen Gotteswort und Menschenwort zeigt sich erst daran, »ob das Wortgeschehen durch den Menschen mißbrauchtes, verdorbenes Wortgeschehen

---

[158] Fuchs, Was ist existentiale Interpretation? C, in: Ders., Zum hermeneutischen Problem, 107–115, 115.

ist, oder ob es heiles, reines, erfülltes Wortgeschehen ist«, ob es also »verderbendes, tötendes oder heilschaffendes, lebenspendendes Wort«[159] ist. Ebeling zufolge ist es die eigentliche Funktion menschlicher Sprache, die Wahrheit unserer Existenz im Miteinander zu enthüllen. Ebendas bewirkt das göttliche Wort, »das den Menschen menschlich macht, indem es ihn zum Glaubenden macht«[160]. Deshalb kann Ebeling die menschliche Existenz als »Wortgeschehen« beschreiben, »das im Worte Gottes seinen Ursprung hat und, diesem Worte antwortend, Raum gibt durch rechten, heilsamen Gebrauch des Wortes«[161]; unsere Sprache als »Antwort« und »vielfältiges Echo auf die Anfrage Gottes«[162]; und unsere Welt, d. h. »die uns angehende Wirklichkeit, wie sie immer schon zur Sprache gekommen ist«, als »wenn auch unverstanden(er) ... Anruf, Anfrage Gottes«[163]. Alles, was ist, was wir sind und was wir sagen, verdankt sich dem ursprünglichen Wortgeschehen, in dem Gott das Gespräch mit uns eröffnet hat und immer wieder neu eröffnet. Wie unsere Sprache in Wortgeschehnissen gründet, so gründen diese im Geschehen des Wortes Gottes in Schöpfung, Offenbarung und Erlösung und dieses Geschehen in Gott selbst, der das ursprüngliche Wortgeschehen ist, dessen Struktur die Trinitätslehre theologisch auf den Begriff bringt.

4. THEOLOGISCHE EREIGNISHERMENEUTIK

Genau diesen Punkt aber verstehen Ebeling und Jüngel in deutlich verschiedener Weise. Beide gehen vom Sichereignen Gottes

---

[159] EBELING, Wort Gottes und Hermeneutik, 341.

[160] A. a. O., 344.

[161] A. a. O., 343.

[162] G. EBELING, Das Wesen des christlichen Glaubens, Tübingen 1959, 255.

[163] A. a. O.

im Geschehen des Wortes Gottes aus, in dem Gott sich in und durch menschliche Kommunikationsprozesse selbst als Gott vergegenwärtigt. Ebeling aber entfaltet dieses kommunikative Gottesgeschehen werkhermeneutisch, Jüngel dagegen ereignishermeneutisch.

So ist Gott für Jüngel das trinitarisch zu entfaltende Grundgeschehen, das sich anderem von sich aus als Gott verständlich macht und ebendadurch anderes überhaupt erst werden lässt. Als Selbstauslegungsereignis der Struktur ›etwas legt sich durch anderes als etwas für andere (bzw. sich selbst) verständlich aus‹ ist Gott das Geheimnis der Welt, ohne das die Ausbildung sich verstehender menschlicher Subjektivität nicht möglich wäre: Diese Struktur ist der Real- und Möglichkeitsgrund verstehender Subjektivität, nicht aber deren Leistung im Symbolisieren der sich ihr im Erfahren erschließenden Wirklichkeit. Welterfahrung gründet nicht in Selbsterfahrung, ohne die sie nicht möglich wäre (»Das ›ich erfahre‹ muss all mein Erfahren begleiten können«), sondern Welterfahrung und Selbsterfahrung sind ermöglicht durch eine sich selbst kommunizierende Gotteserfahrung, die ihre Rezipienten überhaupt erst konstituiert, indem sie sie nicht nur zur Erfahrung (Schöpfung), sondern zu einer ›Erfahrung mit der Erfahrung‹[164] (neue Schöpfung) instand setzt, in deren Perspektive sich erst in theologisch relevanter Weise zwischen Selbst (*homo iustificandus*) und Welt (Schöpfung) unterscheiden lässt.

Die Metapher, dass die Wirklichkeit zu sprechen beginnt, gewinnt in dieser Perspektive einen konkreten Sinn. Nicht erst das symbolische Erfassen von Wirklichkeit durch Deute-, Interpretations- und Auslegungsakte von Subjekten, sondern schon die dabei gedeutete, interpretierte und ausgelegte Wirklichkeit selbst hat hermeneutische Auslegungs- und Verstehensstruk-

---

[164] Vgl. dazu E. Jüngel, Erfahrungen mit der Erfahrung. Unterwegs bemerkt, Stuttgart 2008, 9 f.

tur. Wir deuten immer schon Gedeutetes, wenn wir die Wirklichkeit deuten. Ist sie doch geschöpfliche Manifestation der unergründlichen und unausschöpflichen Selbstauslegung Gottes, der sich als er selbst für andere als er selbst verständlich macht, indem er sich durch anderes als er selbst auslegt – in der *Schöpfung*, die er als Summe der Mittel schafft, mit deren Hilfe sich seine Selbstauslegung Menschen kommunizieren und von Menschen verstehen lässt (Natur, Geschichte), und in *Jesus Christus*, in dem sich Gott mithilfe ganz bestimmter Schöpfungsmittel (der Mensch Jesus, die Geschichte Israels) als er selbst und damit in seinem Gottsein für diejenigen verständlich macht, die nichts von ihm wissen und sich und ihre Welt nicht von ihm her verstehen wollen.

Diese von Jüngel entfaltete ereignishermeneutische Perspektive hat zwei wichtige Folgen. Auf der einen Seite hat die Welt damit nicht nur Sinn, sondern sie hat immer noch mehr Sinn, als wir jemals erfassen können. Im Gegensatz zur modernen Resignation angesichts der immer noch größeren Komplexität der Welt als selbst der komplexeste von uns denkbare Gedanke[165] heißt das aber, dass die Welt in ihrer Wirklichkeit und Möglichkeit immer noch verständlicher ist, als wir sie je verstanden haben, so dass unser Bemühen um besseres Welt- und Selbstverständnis prinzipiell gerechtfertigt ist.

Auf der anderen Seite wird Gott selbst basal als Selbstauslegungsereignis verstanden, das sich auf nichts anderes zurückführen und von nichts anderem her besser verstehen lässt. Gott ist das unergründliche und unausschöpfliche *Sich-selbst-durch-anderes-als-er-selbst-verständlich-machen*, das anderem ermöglicht, sich selbst zu verstehen; und weil dieses göttliche Selbstauslegungsgeschehen als solches ein Wahrheitsgeschehen ist, weil Gott sich gar nicht anders denn als der verständlich

---

[165] D. Henrich, Fluchtlinien, 125 ff.

machen kann, der er in Wahrheit ist, konstituiert dieses Geschehen zugleich die Möglichkeit für andere, sich selbst so zu verstehen, wie sie im Licht dieses göttlichen Selbstauslegungsgeschehens in Wahrheit sind. Gott ist deshalb nicht in Kategorien der Person, des Subjekts oder des Handelnden zu denken, sondern in der des Ereignisses, genauer: des sich-selbst-als-Gott-verständlich-machenden Wahrheitsereignisses, des *Sprachereignisses*. Hinter diese nicht notwendige, sondern mehr als notwendige Selbstauslegungswirklichkeit gibt es kein Zurück, sondern nur ein immer tieferes Eindringen in ihr unergründliches, immer neue Möglichkeiten generierendes, aber ganz und gar nicht unverständliches, sondern offenkundiges und sich selbst erschließendes Geheimnis.

5. Hermeneutik göttlicher Subjektivität

Ebeling setzt den Akzent anders. In seiner werkhermeneutischen Perspektive nimmt er theologisch nicht ein sich selbst auslegendes Grundgeschehen zum Ausgangspunkt, sondern bindet das der Selbstauslegung korrespondierende Verstehen prinzipiell an verstehende Subjektivität zurück: *Wo etwas verständlich wird, muss es jemanden geben, für den es verständlich wird.* So wird die Selbstauslegung einzelner Wortgeschehnisse auf das Verstehen endlicher Subjekte bezogen gedacht, die Selbstauslegung des gesamten Wirklichkeitsprozesses dagegen auf das Verstehen Gottes selbst.

Das hat zwei Konsequenzen. Auf der einen Seite besagt das, dass das ursprüngliche Wortgeschehen, das Gott selbst ist, zugleich ursprüngliches Verstehen ist, dem geschöpflich zu entsprechen und das auf geschöpfliche Weise nachzuvollziehen die menschliche Verstehensaufgabe im deutenden Umgang mit der Welt und uns selbst ist. Dass die Welt, wir selbst eingeschlossen, immer noch verständlicher ist, als wir sie jeweils verstanden haben, gründet darin, dass Gott sie und uns immer schon besser verstanden hat, als wir sie und uns verstehen können. Nicht die Wirklichkeit legt sich selbst für uns aus, sondern Gott legt sich, die Welt und uns selbst für uns aus: Ebendieses göttliche Auslegungsgeschehen ist die Wirklichkeit. Selbstauslegung und Verstehen im strengen und eigentlichen Sinn sind deshalb Gottesprädikate, und Gott ist der in und durch alles verständlich und sich verständlich machende Handelnde, der uns zu wahrem Selbst-, Welt- und Gottesverständnis verhilft.

Auf der anderen Seite aber heißt ebendas, dass Gott in letzter Konsequenz ganz traditionell als Handlungssubjekt gedacht wird, das sich intentionalistisch für uns als Gott auslegt und interpretiert. Gott wird nicht als ursprüngliches Wortgeschehen verstanden, dessen Sinnstruktur fundamental ist, insofern sie sich keiner hinter ihr stehenden Intention, nicht einmal einer göttlichen Intention, verdankt, sondern er wird personalistisch als ursprünglicher Sprecher gedacht, der sich in seinem Wort selbst auslegt und uns so seine Intentionen über sich und seine Schöpfung zu erkennen gibt. Weil Ebeling Wortgeschehnisse werkhermeneutisch versteht, müssen sie für ihn von göttlichen Intentionen bestimmt sein, sonst können sie uns nicht über Gottes Wesen und Willen aufklären. Er nimmt dabei die Aporie in Kauf, das Wortgeschehensmodell in theologischer Perspektive an ein personales Redemodell zurückzubinden, und zwar aktualistisch an ein Redemodell kopräsenter Kommunikation zwischen Subjekten bzw. Personen (»Ich sage etwas zu dir«), aus dem die Kategorie des Wortgeschehens doch gerade herausführen wollte. Entsprechend bleibt Ebelings Version hermeneutischer Theologie[166] an ein Gottesbild gebunden, das Gott als ein dem Menschen transzendent gegenüberstehendes Subjekt versteht. Die hermeneutische Einsicht in Gottes Wort als Wort-

---

[166] LORENZ, Die unvollendete Befreiung vom Nominalismus, 342.

geschehen wird damit für das Gottesverständnis selbst nicht fruchtbar gemacht.

6. Hermeneutische Theologie heute?

Einsichten und Probleme hermeneutischer Theologie verdichten sich in ihrem Gottesverständnis. Hier entscheidet sich, wie alles andere verstanden wird – die Welt, der Mensch, das Leben, die Schrift, der Glaube, die Kirche. Diese Orientierung am Gottesverständnis ist zentral für jede ernsthafte Theologie. Für eine hermeneutische Theologie aber heißt das konkreter, dass sie sich an einem Verständnis Gottes als sich selbst als Gott erschließendem Zeichenereignis im menschlichen Leben orientiert: Gott wird als das Grundgeschehen verstanden, durch das sich in den Zeichenprozessen der Welt Gott selbst für andere als Gott konkret auslegt und ebendeshalb als Gott nicht etwa unverständlich ist, sondern gerade verständlich wird.

Allerdings wird eine hermeneutische Theologie heute von hier aus andere Wege gehen müssen, wenn sie einen erhellenden Beitrag zu den zeitgenössischen Debatten von der Neurobiologie der Religion über die multimediale Konstruktion unserer Wirklichkeit bis zur Zukunft der Kirche in Europa machen will.[167] Als eine Gestalt evangelischer Theologie ist die reformatorische Konzentration auf das Verstehen des Wirkens von Gottes Wort unverzichtbar für eine hermeneutische Theologie, auch heute. Doch diese Grundorientierung lässt sich in einer ereignishermeneuti-

---

[167] Vgl. M. Petzoldt, Die Theologie des Wortes im Zeitalter der neuen Medien, in: U. H. J. Körtner (Hg.), Hermeneutik und Ästhetik. Die Theologie des Wortes im multimedialen Zeitalter, Neukirchen-Vluyn 2001, 57–97; B. Beuscher, WinWord. Die Sprachlichkeit des Evangeliums und das Nadelöhr der Medien. Eine semiotische Orientierungsskizze, a. a. O., 98–133.

schen Perspektive produktiver ausarbeiten als in werk- oder subjekthermeneutischen Ansätzen: Gott ist zu verstehen als sich selbst auslegendes Grundgeschehen, das eine Welt hervorbringt, mit deren Mittel es sich selbst durch anderes für andere als Gott verständlich machen kann und in konkreten Zeichenereignissen kontingent auch macht, ebendadurch diese und ihre Welt unablässig und unerschöpflich mehr werden lässt, als sie jeweils sind, ohne jemals aufzuhören, als die kreative Wirklichkeit des Möglichen allen Möglichkeiten des weltlich Wirklichen unergründlich voraus und zugrunde zu liegen.

Ein solches Verstehen des Verstehens Gottes, das von Gottes immer noch größerer Verständlichkeit gegenüber aller Unverständlichkeit ausgeht, ist ein Ansatz, den auszuloten eine hermeneutische Theologie heute nicht nur möglich, sondern mehr als notwendig macht. Um auszuloten, was das beinhalten kann, gehe ich noch einmal konzentriert auf die entscheidende Phase in der Vorgeschichte der hermeneutischen Theologie zurück, die sich in den wenigen Jahren der kurzen, aber intensiven und folgenreichen Begegnung von Bultmann und Heidegger in Marburg abgespielt hat.[168]

---

[168] Vgl. A. Grossmann, Zwischen Phänomenologie und Theologie: Heideggers ›Marburger Religionsgespräch‹ mit Rudolf Bultmann, in: Zeitschrift für Theologie und Kirche 95 (1998), 37–62.

IX. Radikalisierung der Moderne

1. Vorwärts leben, rückwärts verstehen

Als Georg Wünsch für die zweite Auflage des Lexikons ›Die Religion in Geschichte und Gegenwart‹ einen Artikel ›Heidegger‹ verfassen sollte, wandte er sich an Rudolf Bultmann um Rat. Der schrieb Heidegger am 29. Dezember 1927 von diesem Projekt. Zwei Tage später antwortete Heidegger:

> »Den Artikel ›H.‹ finde ich etwas komisch, wo ich gerade anfange zu krabbeln. Anders als durch eine Aufzählung von Motiven, aus denen man gleichsam zusammengesetzt ist, läßt sich ja die Sache nicht darstellen. Inhaltlich wäre nur zu sagen, dass meine Arbeit zielt auf eine Radikalisierung der antiken Ontologie und zugleich auf einen universalen Ausbau derselben in Bezug auf die Region der Geschichte. Das Fundament dieser Problematik bildet der Ausgang vom ›Subjekt‹ im rechtverstandenen Sinne des ›menschlichen Daseins‹, so dass mit der Radikalisierung dieses Ansatzes zugleich die echten Motive des deutschen Idealismus zu ihrem Recht kommen. Augustin, Luther, Kierkegaard sind philosophisch wesentlich für die Ausbildung eines radikalen Daseinsverständnisses, Dilthey für die Interpretation der ›geschichtlichen Welt‹. Aristoteles – Scholastik für die strenge Formulierung gewisser ontologischer Probleme. All das in einer Methodik und am Leitfaden der Idee wissenschaftlicher Philosophie, wie sie Husserl begründet hat. Nicht ohne Einfluß waren auch die logischen und wissenschaftstheoretischen Untersuchungen von Heinrich Rickert und Emil Lask.
> Meine Arbeit hat weder weltanschauliche noch gar theologische Absichten. Wohl aber liegen Ansätze und Absichten in ihr auf eine ontologische Grundlegung der christlichen Theologie als Wissenschaft.«[169]

---

[169] Martin Heidegger an Rudolf Bultmann, 31.12.1927, in: R. BULTMANN/M. HEIDEGGER, Briefwechsel 1925–1975, hg. v. A. Grossmann/Ch. Landmes-

Heidegger beschreibt hier seine philosophische Intention nicht nur in charakteristischer Weise als *Radikalisierung* der antiken Ontologie und als die Bemühung um ein *radikales* Daseinsverständnis im Gefolge Augustins, Luthers und Kierkegaards, sondern er spitzt die Skizze seiner philosophischen Entwicklung auf das Thema hin zu, das die beiden Freunde während der gemeinsamen Zeit in Marburg besonders bewegte: die kritische Klärung des Selbstverständnisses christlicher Theologie als Wissenschaft. An dieser Frage hatte der fünf Jahre ältere Theologe ein ebenso intensives Interesse wie der seit 1923 in Marburg lehrende Philosoph. Allerdings ging es dem einen dabei um die Eigentümlichkeit der Theologie, dem anderen um die der Philosophie. Im kritischen Gespräch zwischen beiden begann sich in den zwanziger Jahren ein Konzept von Theologie abzuzeichnen, das ich ›radikale Theologie‹ nenne. Die Bezeichnung stammt nicht von ihnen, nimmt aber Heideggers Radikalitätsterminologie der zwanziger Jahre auf.[170] Die unter diesem

---

ser. Mit einem Geleitwort von Eberhard Jüngel, Frankfurt am Main/Tübingen 2009, 47–49, 47 f. Heideggers Weg zu seinem Entwurf einer hermeneutischen Phänomenologie in den zwanziger Jahren und der fortwirkende Einfluss seines Philosophierens auf die Ausbildung einer hermeneutischen Theologie wird biographisch detailliert, materialreich und historisch zuverlässig aus den verfügbaren Quellen dargestellt von PÖGGELER, Philosophie und hermeneutische Theologie. Sachlich ist Pöggeler allerdings mehr am generellen Verhältnis von Philosophie und Theologie und dem Thema einer »Theologie als Hermeneutik« interessiert (294 ff.), die er doxographisch ausführlich darstellt, als an den hier im Zentrum stehenden Fragestellungen einer hermeneutischen Theologie im eingangs definierten Sinn und deren Zuspitzung zu einer radikalen Alternative gängiger Theologien.

170 Er ist also nicht im Sinn der *radical theology* der sechziger Jahre und ihrer Fortsetzungen bis in die Gegenwart zu verstehen, die gerade das umgekehrte Konzept einer ganz auf die Problemlagen der Moderne fokussierten ›Gott-ist-tot‹-Theologie verfechten.

Titel anvisierte Theologiekonzeption soll im Folgenden in Auseinandersetzung mit Bultmanns Ansatz und den Fortentwicklungen der hermeneutischen Theologie auf eigene Weise weitergedacht werden. Die Beschäftigung mit dem Denken Heideggers und Bultmanns wäre ja bloße Denkmalpflege und damit keine Aufgabe des Denkens, wenn es nur um einen Rückblick ginge und nicht darum, voranzuschreiten.

Dem würden beide zustimmen. Verstehen kann man das Leben nur rückwärts, leben aber muss man es vorwärts, wie sie von Kierkegaard wussten.[171] Der Blick zurück hilft, sich im Leben zu orientieren, und orientieren muss man sich, weil man nach vorne lebt.[172] Dort ist meist noch nicht viel zu sehen, und deshalb muss man sich im Rückblick an dem orientieren, was im Licht des Kommenden in der Gegenwart am Vergangenen aufscheint.

Das ist nicht zu jeder Zeit dasselbe. Nicht alles, was war, ist heute noch wichtig. Vergangenes fordert auch nicht per se zum Verstehen heraus, sondern Kommendes nötigt zum Verstehen von Vergangenem – nicht von allem, sondern von manchem; nicht ein für allemal, sondern immer wieder; und nicht als Wiederholung des Alten, sondern als Fortschreiten zu Neuem. Wer bewusst lebt, also auf Lebensorientierung angewiesen ist, muss sich mit Vergangenem befassen; hat es nie abschließend verstanden; und kann es nur verstehen, indem er es sich auf seine eigene Weise aneignet.

Treibende Kraft ist dabei nur bedingt das eigene Wollen und Interesse. Denn warum will man, was man will, und warum

---

[171] S. Kierkegaard, Die Tagebücher, 1. Bd., Düsseldorf/Köln 1962, 318 (IV A 164).

[172] Nicht das Leben als solches, wohl aber die Lebensorientierung ist intrinsisch hermeneutisch, und nur insofern es bewussten Lebensvollzug nicht ohne Lebensorientierung gibt, kann und muss das auch von diesem gesagt werden.

interessiert einen, was einen interessiert? In wichtigen Fällen lautet die Antwort, dass man nicht anders kann, nicht weil das an sich unmöglich wäre, sondern weil man sich angesichts dessen, was in der Gegenwart auf einen zukommt, der Nötigung, Vergangenes zu verstehen, nicht entziehen kann, wenn man bewusst zu leben sucht. Bewusst kann man nicht ausschließlich in der Gegenwart leben, selbst wenn man das wollte. Das geht schon deshalb nicht, weil es keine Gegenwart gibt ohne Verhältnis zur Vergangenheit und Zukunft, und kein Sein in der Zeit, ohne immer wieder anders bestimmte Gegenwart. Wer sich dem Verstehen von Vergangenem entziehen will, verliert auch den Zugang zur Gegenwart und den kritischen Blick für die Zukunft. Nicht alles, was kommen könnte, ist auch wünschenswert und anzustreben. Ohne uns rückwärts zu orientieren, können wir auch nicht gezielt vorwärts leben. Vergangenes aber ist nie abschließend verstanden, sondern immer wieder neu und anders zu verstehen, solange man vorwärts lebt. Was kommt, verändert den Blick zurück und damit die Sicht auf die Gegenwart. Wer daher nicht immer wieder auf seine eigene Weise neu versteht, hat wenig oder nichts verstanden.

Auch Bultmann und Heidegger sind nicht zu verstehen, ohne das, was sie in ihrer Zeit zu denken versuchten, heute im Licht des auf uns Zukommenden anders zu denken. Hermeneutisch gibt es keinen Weg zurück zu ihnen, sondern nur die Bemühung, mit ihnen oder gegen sie das zu denken, was heute theologisch und philosophisch angesagt ist.

2. Radikale vs. moderne Theologie

Zu den nach wie vor wichtigen Themen gehört ihre gemeinsame Überzeugung, dass am Ende der Moderne keine moderne Theologie mehr gefordert sei, sondern eine ganz und gar radikale Theologie. Die Zeiten einer sich modern gebärdenden Theo -

logie sind abgelaufen, die dem Streit um Gott im Rückzug auf das vermeintlich unstrittigere Feld der Religion(en) entgehen zu können meint und sich im Überbietungswettbewerb mit der Religionswissenschaft im gewieften Sowohl-als-auch den wissenschaftlichen Entwicklungen der Zeit anzudienen sucht. Ebenso wenig aber bedarf es – so wäre aus heutiger Sicht hinzuzusetzen – einer postmodernen Theologie, die ihr *raison d'être* vor allem aus der Negation der Grundorientierungen moderner Theologie bezieht.[173] Hatte die Moderne, pointiert gesagt, die Tendenz, trotz oder gerade wegen ihrer Einsicht in die soziohistorische Individualisierung aller Lebensvollzüge in der modernen Gesellschaft alles Individuelle zur Sicherung der Gleichheit aller dem Begriff zu unterwerfen und zum Besonderen eines Allgemeinen zu machen, so setzte die – nicht erst nachfolgend, sondern von Anfang an parallel sich entwickelnde – Postmoderne in umgekehrter Einseitigkeit auf Differenz statt Identität und Gemeinsamkeit, um die Andersheit der Anderen (und damit zugleich die eigene Unverwechselbarkeit) zu wahren und gegenüber den Verallgemeinerungs- und Vereinheitlichungstendenzen der Moderne das Recht des Einzelnen auf Differenz, Eigenart, Eigentümlichkeit, Widerspruch und Andersheit zur Geltung zu bringen. In der Theologie der Moderne war der Rekurs auf Gott im Namen autonomer Selbstbestimmung als heteronome Fremdbestimmung verabschiedet und durch das weiche und weniger anstößige Thema der Religion ersetzt worden. Die Postmoderne wiederum konnte oder kann sich unter ›Gott‹ nur die Droh- und Gewaltfigur des monotheistischen Gesetzgebers vorstellen und plädiert deshalb für die Umstellung der Theologie auf eine Beschreibung der anspruchslosen Vielfalt der Götter, die Menschen sich aus Lust oder Unlust am Leben entwerfen, und für eine Ersetzung dessen, was einst Reli-

---

173 Vgl. K. J. VANHOOZER (Hg.), The Cambridge Companion to Postmodern Theology, Cambridge 2003.

gion genannt wurde, durch die Vielfalt des Spirituellen, das jedem zu erkunden oder nicht zu erkunden nach eigenem Bedürfen und Belieben freistehe. Die Tendenzen der europäischen Moderne, im Bemühen um die Sicherung des allen Gemeinsamen im Namen der Gerechtigkeit, Gleichheit und Solidarität alles Individuelle zum Besonderen eines Allgemeinen zu machen, und der Protest der Postmoderne, im Namen der Freiheit und Kreativität des Einzelnen das Recht der Differenz gegenüber dem Allgemeinen und die Notwendigkeit der Pluralität gegenüber den Kräften der Vereinheitlichung einzuklagen, entsprechen sich so in offenkundiger Weise.

Beides zusammen wird daher verabschiedet, wenn Heidegger und Bultmann auf ihre unterschiedlichen Weisen eine *radikale Theologie* fordern, die gerade angesichts der Moderne und ihrer postmodernen Gegenbewegungen weiß, dass der »Weg über die Religion«[174] sachlich und methodisch auch dann in eine Sackgasse führt, wenn man ihn postmodern als Weg über die Vielfalt des Spirituellen pluralisiert und individualisiert,[175] nicht nur, weil sich der Religionsbegriff unter dem Druck kritischer Diffe-

---

[174] C.-D. OSTHÖVENER, Weltvertrauen und Gottvertrauen. Theologische Bemerkungen zu dem humanen Phänomen des Vertrauens, in: TH. SÖDING/ K. HELD (Hg.), Phänomenologie und Theologie, Freiburg/Basel/Wien 2009, 106–120, 112.

[175] Wie nahe Moderne und Postmoderne unter diesem Gesichtspunkt theologisch zusammenrücken können, belegt A. V. SCHELIHA, Dogmatik, »ihre Zeit in Gedanken gefasst«? Die dogmatische Aufgabe zwischen historischer Kritik und christologischer Gegenwartsdeutung (http://web.uni-marburg. de/hosting/wgth/systematik/texte/scheliha.htm). Dass sich die »dogmatische Selbstbeschreibung des modernen Christentums« in dieser Sichtweise darauf reduziert, »die religiösen Ideen des Christentums im Blick auf ihre geschichtlichen Wirkung [sic!] und in ihrer existentiell noch unabgegoltenen Relevanz zu reformulieren« (12), verwundert nicht. Statt eines die Welt radikal verändernden eschatologischen Ereignisses, von dem her ein neues Licht auf alles fällt, wird der christliche Glaube zum religiösen Ideenensemble eines sich verflüchtigenden Häufchens freier Protestanten verharmlost,

renzierungen in nichts oder alles aufzulösen droht[176] und dasselbe für den Begriff des Spirituellen gilt, sondern weil es theologisch um ein kompromissloses Entweder-Oder geht.

Das ist das gerade Gegenteil dessen, was bis in die Gegenwart immer wieder vertreten wird. Theologie, so meint etwa W. Gräb, müsse in der Moderne als Religionshermeneutik betrieben werde, wenn sie nicht in charismatische Irrationalität oder religiösen Fundamentalismus abgleiten wolle,[177] und das setze »die Transformation der biblischen Theologie in eine Religionstheologie voraus.«[178] Diese gehe vom »religiösen Verhältnis des Menschen« aus, das ihr aber nicht »anders als in seinen kulturellen, symbolischen Formen ... zugänglich« sei.[179] Denn »Religion liegt

---

die sich dieser Ideen im Projekt ihres individuellen »Identitätsmanagements« nach Bedarf bedienen können. Doch wir leben nicht mehr im späten 19. Jahrhundert, und was damals fortschrittlich geklungen haben mag, tönt im 21. Jahrhundert bestenfalls wie ein verspätetes und verklingendes Echo aus vergangenen Zeiten.

[176] Vgl. J. WAARDENBURG, Religionen und Religion 1986 (Neuaufl. Berlin/ New York 1996); K. HOCK, Einführung in die Religionswissenschaft, Darmstadt 2002; T. FITZGERALD, The Ideology of Religious Studies, Oxford 2000.

[177] W. GRÄB, Massenmedien - Religion - Hermeneutik, in: DALFERTH/STOELL-GER, Hermeneutik der Religion, 215–229, 215. Aus der umfangreichen Literatur zu dieser religionshermeneutischen Denkrichtung des Protestantismus in der Moderne vgl. auch CH. ALBRECHT, Historische Kulturwissenschaft neuzeitlicher Christentumspraxis. Klassische Protestantismustheorien in ihrer Bedeutung für das Selbstverständnis der Praktischen Theologie, Tübingen 2000; CH. DANZ, Gott und die menschliche Freiheit. Studien zum Gottesbegriff in der Neuzeit, Neukirchen-Vluyn 2005; DERS., Wirken Gottes. Zur Geschichte eines theologischen Grundbegriffs, Neukirchen-Vluyn 2007, bes. 167–217; J. LAUSTER, Religion als Lebensdeutung; I. MÄDLER, Transfigurationen. Materielle Kultur in praktisch-theologischer Perspektive, Gütersloh 2006; W. GRÄB/B. WEYEL (Hg.), Handbuch Praktische Theologie, Gütersloh 2007.

[178] GRÄB, Massenmedien, 216.

[179] A. a. O., 216 f.

dort vor, wo Menschen sich deutend zu Erfahrungen der Transzendenz, den Einbrüchen des Kontingenten verhalten.«[180] Diese Deutungen zu deuten, sei das Geschäft der Theologie. Für diesen Zugang verschwimmen nicht nur die Differenzen zwischen ästhetischer und religiöser Erfahrung,[181] sondern auch die zwischen Theologie und Religionsphilosophie bzw. Religionshermeneutik. Das Interesse gilt nicht den Unterschieden, sondern den Gemeinsamkeiten. Entsprechend heißt es auf katholischer Seite, die »Kommunikations- und Dialogfähigkeit der Theologie heute« habe sich »nicht nur in der Betonung der Differenz von Theologie und Philosophie zu bewähren, sondern auch im konstruktiv-kritischen Gespräch mit heutigem philosophischem Denken, zumal dort – wie etwa die Philosophie von Emmanuel Levinas zeigt – dem Biblischen ein Mitspracherecht eingeräumt werden kann.«[182]

Nichts spricht dagegen, sich theologisch mit Levinas und anderen philosophischen Konzeptionen der Gegenwart intensiv auseinanderzusetzen.[183] Aber warum das Gespräch mit Positionen, die ›dem Biblischen ein Mitspracherecht‹ einzuräumen geruhen, ein besonderer Ausweis für die ›Kommunikations- und Dialogfähigkeit der Theologie‹ sein soll, bleibt ein Rätsel und lässt ein Theologie- und Philosophieverständnis vermuten, von dem sich Heidegger und Bultmann aus guten Gründen distanziert haben. Die Frage ist nicht, ob die Theologie mit der

---

[180] A. a. O., 217. Vgl. U. BARTH, Was ist Religion? Sinndeutung zwischen Erfahrung und Letztbegründung, in: DERS., Religion in der Moderne, Tübingen 2003, 3–27; DERS., Theoriedimensionen des Religionsbegriffs. Die Binnenrelevanz der sogenannten Außenperspektive, in: DERS., Religion in der Moderne, 29–87.

[181] GRÄB, Massenmedien, 219 f.

[182] H. H. HENRIX, in: Theologische Revue 105 (2009), 227.

[183] Vgl. dazu jetzt L. B. PUNTEL, Sein und Gott – ein systematischer Ansatz in Auseinandersetzung mit M. Heidegger, É. Lévinas und J.-L. Marion, Tübingen 2010.

Philosophie ins Gespräch kommen soll, sondern von welcher Position aus und mit welchem Selbstverständnis sie das Gespräch sucht. Versteht sie sich selbst als eine Version kulturwissenschaftlicher Beschäftigung mit Religion, die auf diesem Feld mit Religionswissenschaft, Religionshermeneutik oder Religionsphilosophie konkurriert, oder entwirft sie sich selbst als Theologie, die ihr zentrales Thema in der Gottesthematik und nicht in der Religionsfrage hat? Dass hier systematisch zu unterscheiden ist, haben nach dem Ersten Weltkrieg nicht nur Heidegger, Bultmann, Barth oder Gogarten, sondern auch Tillich betont, auch wenn sie den Unterschied verschieden ausgearbeitet haben. Für Tillich hatte die Umstellung der Theologie von Gott auf den Religionsbegriff in der Moderne hochproblematische Folgen, die er in vier kritischen Einwänden gegen die theologische Orientierung am Religionsbegriff zusammenfasst:

> »1. Er macht die Gottesgewißheit relativ gegenüber der Ichgewißheit.
> 2. Er macht Gott relativ gegenüber der Welt. 3. Er macht die Religion
> relativ gegenüber der Kultur. 4. Er macht die Offenbarung relativ gegenüber der Religionsgeschichte. Insgesamt: Durch ihn wird das Unbedingte gegründet auf das Bedingte, es wird selbst bedingt, d. h. zerstört.«[184]

An der Frage der Orientierung am Leitbegriff Gott oder Religion trennen sich in den zwanziger Jahren die Wege in der deutschsprachigen evangelischen Theologie, und zwar nicht nur zwischen der Dialektischen Theologie[185] und der durch Troeltsch

---

[184] P. TILLICH, Die Überwindung des Religionsbegriffs in der Religionsphilosophie (1922) in: DERS., Main works – Hauptwerke, Bd. 4, Berlin 1987, 73–90, 74. Es ist aufschlussreich, Tillichs Sicht der neuzeitlichen Entwicklung von Theologie und Religionsphilosophie mit der Rekonstruktion E. Jüngels zu vergleichen, die dieser in Gott als Geheimnis der Welt vorgelegt hat.

[185] Vgl. H. G. GÖCKERITZ (Hg.), Friedrich Gogartens Briefwechsel mit Karl Barth, Eduard Thurneysen und Emil Brunner. M. e. Einführung von H. G. Göckeritz, Tübingen 2009, bes. die umfängliche Einführung »Zwei Wege

repräsentierten kulturtheologischen Tradition einer religionsge-
schichtlich orientierten Theologie der Moderne, sondern auch
zwischen der modernen und der Marburger radikalen Theologie.
Die »moderne Theologie«, so bringt Claus-Dieter Osthövener die
in der evangelischen Theologie Deutschlands nach wie vor ver-
breitete Ansicht[186] auf den Punkt, geht »den Weg über Religion.
Sie erörtert die Religion als eine Daseinsform, eine Form der
Selbst- und Weltdeutung des Menschen und verbindet diese Er-
örterung mit den grundlegenden Symbolwelten der christlichen
Überlieferung, innerhalb derer der Gottesgedanke eine sehr
bedeutsame Rolle spielt.«[187] Gott wird zum Nebenthema der Religion und als solches zu einem ›Projekt der Vernunft‹, dem als notwendig zu denkenden Implikat des religiösen Selbstbewusst-
seins, wie etwa U. Barth im Gefolge Fichtes und Schleiermachers
argumentiert.[188] Doch mit dieser Art moderner Theologie entgeht
man nicht den Einsprüchen der Religionskritik, wie Osthövener
weiß,[189] sondern handelt sich die zusätzliche Schwierigkeit ein,
sich theologisch überhaupt noch von der religionswissenschaft-
lichen Erforschung religiöser Symbolwelten und den sich darin
ausdrückenden ›Selbst- und Weltdeutungen des Menschen‹ zu
unterscheiden. Im Grunde kann man das von diesem Ansatz her
gar nicht mehr ernsthaft wollen. Die Auseinandersetzung mit der
Religionswissenschaft in ihren verschiedenen Disziplinen gestaltet sich dementsprechend entweder als Selbstzurücknahme der
Theologie auf einen Spezialfall der Religionswissenschaft, als
Erforschung des Christentums oder als ein Überbietungswettbewerb, in dem sich moderne Theologie als bessere Theorie des

---

zwischen den Zeiten« 1–145. Auf konstruktive Weise denkt D. Korsch, Dialektische Theologie nach Karl Barth, Tübingen 1996, das Problem weiter.

[186] Vgl. W. Schluchter/W. Graf (Hg.), Asketischer Protestantismus und
der »Geist« des modernen Kapitalismus, Tübingen 2005.

[187] Osthövener, Weltvertrauen, 112.

[188] U. Barth, Gott als Projekt der Vernunft, Tübingen 2005.

[189] Vgl. Osthövener , Weltvertrauen, 108 f.

Christentums oder als bessere Form von Religions- und Kulturwissenschaft überhaupt zu präsentieren sucht.

Einen Versuch zur Überwindung der aporetischen Alternative
zwischen kulturhermeneutischer Religionstheologie und dialek-
tischer Wort-Gottes-Theologie am Leitfaden eines subjektivitätstheoretisch begründeten Deutungsbegriffs hat D. Korsch vorgelegt.[190] Die spezifische Leistung religiöser Bildung in der Kultur
besteht ihm zufolge darin, im Zuge der Unterscheidung »zwischen sich selbst und dem Grund, der alle Deutungen trägt, ...
nach diesem Grund der Deutung zu fragen und damit auch die
ästhetisch zu unterscheidenden Deutungsstile zu hinterfra-
gen«.[191] Bei aller Sensibilität für Differenzen werden diese damit
aber doch wieder in einen einheitlich konzipierten umfassenden
Zusammenhang eingezeichnet, der die eschatologische Differenz
zwischen altem und neuem Leben epistemologisch, ontologisch
und theologisch nivelliert: Menschliches Leben vollzieht sich in
Deutungsakten und alle Deutungsakte nehmen den »unver-
brüchlichen Zusammenhang des Menschen mit Gott ... in Anspruch«,[192] der theologisch als das dialektische »Zueinander von
Gott und Mensch als einem Miteinander freier Selbstbestimmung« bestimmt wird.[193] Mit der so bestimmten Dialektik göttlicher und menschlicher Freiheit aber wird alles auf das freie
Selbstbestimmen in Gegenseitigkeit gesetzt. Damit wird die Priorität der deutenden Aktivität und aktiven Selbstbildung durch
Selbstbestimmung festgeschrieben gegenüber der aufseiten des
Menschen doch stets grundlegenderen Passivität, die dem ursprünglichen kreativen Einbrechen des Anderen und Neuen entspricht und dafür steht, dass nicht nur Begonnenes fortgesetzt,
sondern fundamental Neues begonnen wird. Wenn man hier auf

---

190 D. Korsch, Religionsbegriff und Gottesglaube. Dialektische Theologie als
    Hermeneutik der Religion, Tübingen 2005.
191 A. a. O., 317.
192 A. a. O., 326.
193 A. a. O., 327.

Dialektik rekurrieren will, muss man sie so konzipieren, dass die Kontinuität und Einheit des sich frei selbst bestimmenden Gottes aufseiten des Menschen nicht zu einer korrespondierenden Kontinuität und Einheit des sich frei selbst bestimmenden Menschen führt, sondern gerade dessen radikale Diskontinuitäten zwischen altem und neuem Leben zu denken erlaubt. Nicht Dialektik, sondern Paradox ist die Sprachform einer Theologie,[194] die diese Diskontinuitäten ernst nimmt und die tiefgreifenden Differenzen nicht wie die religionsorientierte Theologie der Moderne in der Überbetonung von Kontinuität, Synthese und Einheit untergehen lässt.

3. Von extremsten Positionen aus radikal denken

Ganz anders Heidegger. »Wir bringen die Sachen nur von der Stelle, wenn wir von den extremsten Positionen her radikal arbeiten«, schrieb er Bultmann 1927 ins Stammbuch. Die extremsten Positionen sind aber niemals die einer auf Vermittlung bedachten philosophischen Kulturtheologie oder theologischen Kulturphilosophie. Sie stehen vielmehr gerade für die Aporien der Philosophie und Theologie der Moderne, wie schon Kierkegaard gegenüber Hegels weltgeschichtlicher Synthese des nicht Synthetisierbaren nicht müde wurde zu betonen.[195] Diese Aporien, das sah Heidegger klar, sind nur durch radikales Denken von Extrempositionen aus zu überwinden.

---

[194] An diesem Punkt ist Milbank gegenüber Žižek zuzustimmen. Vgl. S. Žižek/J. Milbank, The Monstrosity of Christ. Paradox or Dialectic?, hg. v. C. Davis, Cambridge (MA) 2009.

[195] Vgl. S. Kierkegaard, Philosophische Brocken. De omnibus dubitandum est, übers. v. E. Hirsch, in: Ders., Gesammelte Werke, Bd. 10, Düsseldorf/Köln 1960; Ders., Abschließende Unwissenschaftliche Nachschrift, in: Ders., Gesammelte Werke, Bd. 16, Gütersloh 1982.

Das war nicht Bultmanns Sprache, aber der Sache nach war er derselben Meinung. Zwar enthielt er sich weitgehend der Radikalitätsterminologie Heideggers, der sich »für die Ausbildung eines radikalen Daseinsverständnisses« und die »Radikalisierung« des Subjektverständnisses des deutschen Idealismus starkmachte,[196] der einen »radikale[n] Begriff der Metaphysik« suchte[197] usf. Aber er machte die Wende zur radikalen Theologie auf die ihm näherliegende Art *inhaltlich* deutlich, exemplarisch etwa in dem Aufsatz »Der Begriff der Offenbarung im Neuen Testament«[198], den er ursprünglich zusammen mit Heideggers Vortrag »Phänomenologie und Theologie« publizieren wollte, nach dessen Rückzug aber »allein seinen Weg gehen« ließ.[199] Nur eine Theologie, das wird dort präzis entfaltet, die kompromisslos der Offenbarung nachdenkt, ist wirklich Theologie. Offenbarung aber ist ein Geschehen, das als *mir* geltendes und auf *mich* *gerichtetes* Tun Gottes »nicht durch historische Beobachtung festgestellt werden« kann, sondern sich nur im Glauben, der riskanten Antwort auf die »Anrede von gewöhnlichen Menschen an uns«, erschließt.[200] Dem nachzudenken ist nur einer Theologie möglich, die radikal praktiziert wird – entschlossen wissenschaftlich in ihren Methoden, der Sache nach aber ganz auf den Glauben gestellt, der »keine menschliche Seelenhaltung, kein menschliches Überzeugtsein, sondern Antwort auf die Anrede« ist.[201]

Philosophisch bot der Marburger Neukantianismus keine Perspektive, da war Bultmann mit Heidegger einig,[202] und auch theolo-

---

[196] Heidegger/Bultmann, Briefwechsel, 48.

[197] A. a. O., 62.

[198] R. Bultmann, Der Begriff der Offenbarung im Neuen Testament, in: Ders., Glauben und Verstehen III, Tübingen 1960, 1–34.

[199] Heidegger/Bultmann, Briefwechsel, 82.

[200] Bultmann, Begriff der Offenbarung, a. a. O., 31.

[201] A. a. O. In diesem Sinn wird auch in der Generation der Bultmannschüler die Radikalitätsterminologie gepflegt. Vgl. G. Ebeling, Das Wesen des christlichen Glaubens, Tübingen 1961, passim.

[202] Vgl. dazu die im Rahmen des DFG-Forschungsprojekts »Heidegger und der

gisch stimmte er ihm zu, dass – wie Heidegger schrieb – »[f]ür die
schwelenden Probleme ... Barth sogar ein zu leicht wiegender Geg-
ner« sei.[203] Ihren Aufgaben in der Gegenwart können Theologie und
Philosophie nur gerecht werden, wenn sie nicht modern oder dok-
trinal, sondern radikal und extrem denken – also weder hinter die
Moderne zurückfallen noch sich an diese anpassen, sondern auf kritische Distanz zum Zeitgeist gehen und sich nicht scheuen, zur
Wahrung der Weltlichkeit der Welt und der Göttlichkeit Gottes
die Grenzen des Denk- und Sagbaren bis an die Extremstellen aus-

---

Neukantianismus« entstandene Arbeit von M. Steinmann, Die Offen-
heit des Sinns. Untersuchungen zu Sprache und Logik bei Martin Heidegger, Tübingen 2008; dazu meine Rez. in: ThLZ 134 (2009), 739–742.

[203] Heidegger/Bultmann, Briefwechsel, 25. Vgl. Heideggers schon zwei
Jahre früher am 24. 8. 1925 an K. Löwith adressierte Notiz über die geistige
Situation der Zeit: »Was noch ›Leben‹ zeigt, ist die Barth-Gogarten-Bewe-
gung, die in Marburg durch Bultmann selbständig und vorsichtig vertreten
wird ...« (zitiert bei Pöggeler, Philosophie, 210). Dabei betonte er aber
sowohl die Differenz Bultmanns zu Barthianismus und Kierkegaardianis-
mus, von deren »allmählich grauenerregend« werdendem »Rummel« Bultmann sich wohltuend abhebe (Brief an Löwith vom 30.7.1925, vgl. Pöggeler, a. a. O.), als auch seine eigene Distanz zur Theologie: Er komme »als
Philosoph in ein ganz schiefes Licht«, wenn man ihn auf die Position in seinem Vortrag »Phänomenologie und Theologie« festlege (M. Heidegger/E.
Blochmann, Briefwechsel 1918–1969, Marbach am Neckar 1989, 24). »Als
Philosoph müsse er zeigen, wie die Philosophie zur Kunst, zu den Wissenschaften, zur Religion stehe, aber zur Religion überhaupt, nicht nur zur
christlichen Religion und Theologie« (Pöggeler, Philosophie, 57). Auch
deshalb wollte er diesen Vortrag nicht zusammen mit Bultmann publizieren (Heidegger/Bultmann, Briefwechsel, 60.70) und weigerte sich kon-
stant, als Philosoph an der Theologischen Rundschau mitzuarbeiten, weil es
nur einer »unklaren Vermengung von Theologie und Philosophie« Vorschub
leisten würde, wenn er »mitleitend in einer Theologischen Rundschau
erscheine« (Heidegger/Bultmann, Briefwechsel, 63). Dennoch wird er,
obwohl er keinerlei Beitrag liefert, von 1928 bis 1944 als Mitarbeiter der
Theologischen Rundschau geführt.

zuloten, wo Bestimmungsbegriffe und Klassifikationsschemata des Besonderen und Allgemeinen nicht weiterführen, sondern Grenzbegriffe und kreative Metaphern die Orientierungspunkte markieren, von denen aus ein anderes Licht auf alles fällt.

Daran hat sich nichts geändert. Theologie, die nicht radikal, sondern modern ist, macht sich überflüssig, am schnellsten dann, wenn sie radikal modern sein will. An solcher Theologie ist wenig, was in die Zukunft weisen würde, und das gilt ebenso für eine Theologie, die den Problemlagen der Moderne nur dogmatistisch ihre evangelikale Alternative entgegensetzt oder durch den Rückschritt in eine prämoderne radical orthodoxy meint entgehen zu können.

Anders das, was Heidegger und Bultmann in den zwanziger Jahren in Marburg auf den Weg brachten. Neben all dem Vielen, was in diesem Jahrzehnt auch begonnen wurde, bildet es eine unübersehbar eigene Spur, der nachzudenken sich lohnt, wenn man sich heute theologisch orientieren will. Was ist dieses radikale Denken, auf das sie setzten? Wie sieht die radikale Theologie aus, die sich daraus entwickelte? Und was ist davon gegenwartsrelevant und zukunftsweisend?

4. RADIKALE HERMENEUTIK UND RADIKALE THEOLOGIE

Die Radikalitätsemphase des frühen Heidegger ist wohlbekannt und immer wieder Thema der Interpreten.[204] Besonders konsequent hat sich John Caputo auf diese Spur begeben. Sein Interesse an Heidegger richtete sich allerdings von Anfang an vorwiegend auf die Frage von dessen Nähe zur Mystik und zum mystischen

---

[204] Vgl. J. SALIS, Radical Phenomenology and Fundamental Ontology, in: Research in Phenomenology 6 (1976), 139–150, und vor allem die umfangreichen Arbeiten von J. CAPUTO: The Question of Being and Transcendental Phenomenology: Heidegger's Relationship to Husserl, in: Research in Phenomenology 7 (1977), 84–105; DERS., Heidegger and Aquinas. An Essay on Overcoming Metaphysics, New York 1982; DERS., Radical Hermeneu-

Denken.[205] Sein eigenes Projekt einer ›radical hermeneutics‹ verdankt Heidegger neben der Kritik der Präsenzmetaphysik des Westens[206] vor allem die der Hermeneutik der Faktizität geschuldete Ausrichtung auf die konkreten Lebensvollzüge. Radikale Hermeneutik ist für Caputo »an attempt to stick with the original difficulty of life, and not to betray it with metaphysics«.[207] »It is a radical thinking which is suspicious of the easy way out, which is especially suspicious that philosophy, which is metaphysics, is always doing just that. ... Hermeneutics wants to describe the fix we are in, and it tries to be hard-hearted and to work ›from below.‹ It makes no claim to have won a transcendental high ground or to have a heavenly informer.«[208]

---

tics. Repetition, Deconstruction, and the Hermeneutic Project, Bloomington/ Indianapolis 1987; DERS., Demythologizing Heidegger, Bloomington 1993; DERS., The Prayers and Tears of Jacques Derrida: Religion without Religion, Bloomington 1997; DERS., More Radical Hermeneutics: On Not Knowing Who We Are, Bloomington 2000; DERS., On Religion, London/ New York 2001; DERS., Philosophy and Theology, Nashville 2006; DERS., The Weakness of God: A Theology of the Event, Indiana 2006; DERS./G. VATTIMO (Hg.), After the Death of God; New York 2007; DERS., What would Jesus Deconstruct? The Good News of Postmodernism for the Church, Grand Rapids 2007.

205 Vgl. J. CAPUTO, The Mystical Element in Heidegger's Thought, Athens 1978; rev. edition New York 1986; DERS., Heidegger and Aquinas, bes. Kap. 1, 2, 8.

206 Caputo folgt Derridas Verschärfung von Heideggers These: »Die Gegenwart ist niemals gegenwärtig« (J. DERRIDA, Dissemination, Wien 1995, 340), und das aus hermeneutischen Gründen, die D. MERSCH, Was sich zeigt. Materialität, Präsenz, Ereignis, München 2002, 367, präzis formuliert: »Jede Kennzeichnung eines Ereignisses ›als‹ Ereignis oder Gegenwärtigkeit ›als‹ Gegenwart hat sie bereits durch die Als-Struktur geteilt und damit von sich abgestoßen; darum kommt Signatur ... chronisch zu spät«. Vgl. dazu J. DERRIDA, Eine gewisse unmögliche Möglichkeit, vom Ereignis zu sprechen.

207 CAPUTO, Radical Hermeneutics, a. a. O., 1.

208 A. a. O., 3.

Es verwundert nicht, dass eine so ausgerichtete radikale Hermeneutik theologisch vor allem die Traditionen negativer Theologie stark macht, für eine »Openness to the Mystery« plädiert,[209] die Traditionen ›schwacher Theologie‹ und die »Weakness of God« betont.[210] Darum geht es mir nicht. Bei aller Sympathie für Caputos Projekt radikaler Hermeneutik rede ich nicht von radikaler Hermeneutik, sondern von radikaler Theologie. Diese ist nicht auf der Basis einer radikalen Daseinshermeneutik errichtet und endet daher theologisch auch nicht in einer Feier negativer Theologie, mystischer Tradition und schwachen Denkens. Es geht nicht um eine postmodern-antimetaphysisch motivierte religiöse Radikalisierung und mystische Vertiefung alltäglicher Lebenserfahrung, wie sie Caputo verfolgt, sondern um einen radikalen Stand- und Blickpunktwechsel, der alles, das Alltägliche und das Wissenschaftliche, das Orthodoxe und das Mystische, das Schwache und das Starke, die philosophischen und die theologischen Traditionen in neuer Weise und grundsätzlich anderer Hinsicht in den Blick rückt. Nicht die mystische Vertiefung menschlicher Lebenserfahrung steht hermeneutisch im Zentrum dieses Projekts, sondern eine radikal theologische Auslegung der ›Erfahrung mit der Erfahrung‹, die den Lebensvollzug des christlichen Glaubens auszeichnet. Die Bezeichnung ›radikale Theologie‹ statt ›radikaler Hermeneutik‹ ist daher mit Bedacht gewählt.

Nun verwendet auch Caputo seit einiger Zeit diesen Ausdruck immer häufiger. Allerdings versteht er darunter:

> »the theological tradition that ensued after Hegel, down to the most lively among contemporary Hegelians, Slavoj Zizek, and his radical readings of Christianity. By radical theology I mean the tradition launched

---

[209] A. a. O., 268–294.

[210] CAPUTO, The Weakness of God, bes. Kap. 4 (Omnipotence, Unconditionality, and the Weak Force of God).

by Hegel's critique of classical ›transcendence‹ as abstract and one-sided, as a form of ›alienation‹ or ›estrangement‹ in which the human spirit fails to recognize itself. ... In radical theology, religion is not about a gift from a being outside the world and it does not have to do with supernatural forces or with interventions here below by a divine being from the sky. It is instead a way of speaking about the unfolding life of the creative human spirit, and about the world itself, in which the divine life is actualized or actually worked out. In its most radical form, the name of God is finally translated (›without remainder‹) into the world so that to understand ›culture‹ or the ›secular‹ we need to understand the ›religion‹ of which it is the translation or repetition. The name of ›God‹ in ›religion‹ has become an ›immanent,‹ ›secular‹ or ›cultural‹ formation, with the result perhaps that in the end we need to displace oppositions like religious/secular and transcendent/immanent.«[211]

Radikale Theologie wird hier also ganz in der Tradition der ›radical theology‹ bzw. ›Gott-ist-tot‹-Theologie der sechziger Jahre (Vahanian, Altizer[212]), ihrer Herkünfte von Meister Eckhard und Hegel und ihrer zeitgenössischen Fortführung bei Nancy[213], Vattimo[214], Deleuze[215] und Žižek[216] verstanden.

---

[211] Radical Theology From Hegel to Zizek (Fall 2009) (http://religion.syr.edu/caputo.html).

[212] Vgl. G. VAHANIAN, The Death of God. The Culture of Our Post-Christian Era, New York 1961; DERS., Wait Without Idols, New York 1964; P. V. BUREN, The Secular Meaning of the Gospel. Based on an Analysis of Its Language, New York 1963; TH. J. J. ALTIZER/W. HAMILTON (Hg.), Radical Theology and the Death of God, Harmondsworth 1968; TH. J. J. ALTIZER, The Gospel of Christian Atheism, Philadelphia 1966; DERS., The Contemporary Jesus, Albany 1997; J. W. MONTGOMERY, The ›Is God Dead?‹ Controversy, Grand Rapids 1966; J. B. COBB (Hg.), The Theology of Altizer: Critique and Response, Philadelphia 1970; D. CUPITT, Radical Theology. Selected Essays, Santa Rosa 2006.

[213] J.-L. NANCY, La déclosion (Déconstruction du christianism 1), Paris 2005.

[214] G. VATTIMO, Jenseits vom Subjekt, hg. von Peter Engelmann, Wien 2005;

Demgegenüber verstehe ich unter ›radikaler Theologie‹ weder eine antimoderne orthodoxe Verklärung der Vormoderne (radical orthodoxy: Milbank) noch eine negationshermeneutisch konzipierte mystische Vertiefung einer säkularen Perspektive, weil diese religiös defizitär wäre und die mystische Dimension des Lebens ignorieren würde (radical hermeneutics: Caputo). Ich bezeichne damit vielmehr den radikalen Wechsel in eine theologische Perspektive, die sich nicht nur graduell, sondern prinzipiell von anderen Perspektiven unterscheidet, insofern sie sich an einer vom Sichereignen der Gegenwart Gottes her aufgebauten Leitdifferenz von Gott und Anderem (Welt) orientiert, in deren Licht alle innerweltlichen Unterschiede zu relativen Differenzen im Gegenüber zum eigentlichen Unterschied weltlicher Wirklichkeit und göttlicher Kreativität werden. Die maßgeblichen Orientierungsunterscheidungen im Lebensvollzug sind dementsprechend nicht die zwischen säkular und religiös, sondern zwischen Glaube einerseits und Religion bzw. Religionslosigkeit andererseits, Gott einerseits und Unendlichkeit (Mystik) bzw. Endlichkeit (Naturalismus) andererseits, Säkularität einerseits und Säkularismus bzw. religiösem Fundamentalismus andererseits. Säkulares Leben in dieser Welt ist nicht etwa zu wenig, so dass es mystisch oder religiös vertieft werden müsste, sondern es ist coram deo mit oder ohne Religion alles, was wir haben.[217] Diesem Leben fehlt nichts, das sich erst in mystischer Vertiefung finden ließe, sondern es ist ebendieses säkulare Leben, in dem

---

DERS./R. RORTY, Die Zukunft der Religion, hg. v. S. Zambala, Frankfurt am Main 2006.

[215] Vgl. P. HALLWARD, Out of this World: Deleuze and the Philosophy of Creation, London/New York 2006.

[216] S. ŽIŽEK, The Parallax View, Cambridge (MA), 2006; DERS./J. MILBANK, The Monstrosity of Christ.

[217] Vgl. I. U. DALFERTH, Post-secular Society: Christianity and the Dialectics of the Secular, in: Journal of the American Academy of Religion 78 (2010), 317–345.

Gott sich als Gott vergegenwärtigt und als das uns gänzlich unerwartet und unverdient zufallende Gute verständlich macht.[218] Die Säkularität der Welt gilt es nicht religiös zu kritisieren oder mystisch zu korrigieren, sondern als Folge des Glaubens und zugleich als dessen Herausforderung theologisch ernst zu nehmen und angemessen zu verstehen: Sie ist der Grundcharakter des faktischen geschichtlichen Lebenszusammenhangs, in dem Gott sich Menschen als Gott erschließt, so dass diese sich als seine Geschöpfe verstehen und ihn als ihren Schöpfer anerkennen können.

---

[218] Vgl. I. U. DALFERTH, Alles umsonst. Zur Kunst des Schenkens und den Grenzen der Gabe, in: M. GABELL/H. JOAS (Hg.), Von der Ursprünglichkeit der Gabe. Jean-Luc Marions Phänomenologie in der Diskussion, Freiburg/München 2007, 159–191.

X. Phänomenologie und Theologie

1. Radikal denken

1923 begann Heidegger seine fünfjährige Lehrtätigkeit in Marburg, und schon im ersten Semester nahm er an Bultmanns Seminar über die Ethik des Paulus teil. Die sich anbahnende Arbeitsgemeinschaft führte bald zur Freundschaft, und als Heidegger sich 1928 wieder nach Freiburg verabschiedete, vereinbarte man, sich künftig per ›Du‹ anzureden. Dabei war klar, dass bei aller gegenseitigen Befruchtung der Theologe Theologe und der Philosoph Philosoph war und blieb. Weder verstand Bultmann die Philosophie als Dienstmagd der Theologie noch versuchte Heidegger, die Theologie in die Philosophie aufzuheben. Das waren Denkmodelle der Vergangenheit, die auf Einheit und Zusammenhang von Theologie und Philosophie drängten und doch immer nur beide unglücklich machten. Jetzt stand die Differenz im Zentrum, und gerade sie verband.

Es ist ein oft zu hörender Einwand idealistischen Einheitsdenkens, dass man von Differenz nur reden könne, wenn das Differente an etwas Gemeinsamem ausweisbar sei: ohne vorausgesetzte Gemeinsamkeit keine Differenz. Doch das ist in dieser Allgemeinheit falsch. Man ist nicht nur dann verschieden, wenn man sich von oder an einem gemeinsamen Dritten unterscheidet. Man kann sich auch *voneinander* unterscheiden, indem man sich von anderem unterscheidet und anderes *als* anderes von sich. Auf beiden Seiten des Unterschiedenen muss dann allerdings der Bezug auf das jeweils andere als anderes mitgesetzt sein. Eben so verstand Heidegger in jenen Jahren das Verhältnis von Philosophie und Theologie. Am 29. 3. 1927 schrieb er an Bultmann:

»Wir bringen die Sachen nur von der Stelle, wenn wir von den extremsten Positionen her radikal arbeiten. Sie von der theologischen Seite, positiv-ontisch, wobei das Ontologische zwar nicht verschwindet, aber unthematisch und nur jeweils mit Fragezeichen versehen abgehandelt wird – ich von der philosophischen Seite, ontologisch-kritisch –, wobei das Ontische im Sinn der Positivität des Christlichen unthematisch bleibt und sein Fragezeichen hat. Im Zwischenbereich sich herumzutummeln, ohne dort noch hier fest zu stehen und konkrete, umfassende Kenntnisse zu haben, bringt, wenn überhaupt etwas, lediglich Verwirrung.«[219]

Mixophilosophicotheologische Verwirrtheiten waren nicht nur für Bultmann, sondern auch für Heidegger ein Gräuel. Im »Protest gegen eine unklare Vermengung von Theologie und Philosophie«[220] waren sich beide einig.

2. Gegen die Vermengung von Theologie und Philosophie

Heideggers Briefnotiz stand im Zusammenhang eines Vortrags, den er 1926 oder 1927 zunächst im ›Kränzchen‹ in Marburg und dann öffentlich am 9.7.1927 in Tübingen und am 14.2.1928 in Marburg gehalten hatte. Veröffentlicht wurde er französisch erst 1969 und deutsch 1970 unter dem Titel ›Phänomenologie

---

[219] Die letzte Bemerkung dürfte auf »Brunner, Grisebach und Tillich« gemünzt sein, mit denen man ihn »in einen Topf wirft«, wie Heidegger klagt (Heidegger/Bultmann, Briefwechsel, 63 f.). Bultmann bestätigt das, wenn er in einem Brief an Heidegger vom 29.10.1928 auf »Leute wie Tillich, Brunner und Lohmeyer« verweist, die »als philosophisch-sachverständige Theologen gelten« oder wie »Griesebach die Köpfe verwirren«, weil sie genau die »unklare Vermengung von Theologie und Philosophie« propagieren, gegen die Heidegger sich wandte (Heidegger/Bultmann, Briefwechsel, 71).

[220] Rudolf Bultmann an Martin Heidegger, 29.10.1928, in: Heidegger/Bultmann, Briefwechsel, 71.

und Theologie«[221], aber er war Bultmann seit seiner Entstehung bekannt und spiegelt bis in den Wortlaut hinein die Nähe zu seinen Überlegungen zur Theologie als positiver Wissenschaft in seiner seit 1926 gehaltenen Vorlesung über Theologische Enzyklopädie.[222]

Trotz Bultmanns Drängen hat Heidegger diesen Vortrag nicht veröffentlicht, weil er schon 1928 in Freiburg zu der Auffassung kam, wie er Bultmann in einem Brief vom 23.10.1928 mitteilte, dass die Grenzen zwischen Philosophie und Theologie in diesem Vortrag »noch nicht scharf und prinzipiell genug gezogen sind. Was keine genügende Durcharbeitung erfährt, ist der Charakter der Theologie, der sie in gewisser formaler Weise der Philosophie insofern gleichstellt, als sie auch auf das Ganze geht, aber ontisch.« Radikal verstanden habe allerdings »auch die Philosophie als Ontologie im Ganzen eine von positiver Wissenschaft total verschiedene Ontik«.[223] Das aber hatte zur Folge, wie er in einem weiteren Brief an Bultmann vom 18.12.1928 schreibt, dass

---

[221] Zu der dort verhandelten Problematik der Beziehung der Ontologie zum ontischen Dasein äußert sich erstmals öffentlich Heideggers Schüler K. Löwith, Phänomenologische Ontologie und protestantische Theologie, in: ZThK NF 11 (1930) 365-399 (abgedruckt in: G. Noller [Hg.], Heidegger und die Theologie. Beginn und Fortgang der Diskussion, München 1967, 95-124; O. Pöggeler [Hg.], Heidegger. Perspektiven zur Deutung seines Werkes, Königsstein im Ts. 1984, 54-77). Vgl. auch M. Jung, Das Denken des Seins und der Glaube an Gott. Zum Verhältnis von Philosophie und Theologie bei M. Heidegger, Würzburg 1990, 171-178; T. Kleffmann, Systematische Theologie – zwischen Philosophie und historischer Wissenschaft. Eine Auseinandersetzung mit Martin Heidegger, in: NZSTh 46 (2004), 207-225, 217-225.

[222] R. Bultmann, Theologische Enzyklopädie, hg. v. E. Jüngel/K. W. Müller, Tübingen 1984. Vgl. E. Jüngel, Glauben und Verstehen. Zum Theologiebegriff Rudolf Bultmanns, in: ders., Wertlose Wahrheit, Zur Identität und Relevanz des christlichen Glaubens. Theologische Erörterungen III, München 1990, 31-36.

[223] Martin Heidegger an Rudolf Bultmann, 23.10.1928, in: Heidegger/Bultmann, Briefwechsel, 62.

»das Problem ›Philosophie und Wissenschaft‹ ganz neu durchdacht« werden musste. Und er fügt hinzu, es sei ihm inzwischen auch klar geworden, dass seine »Fragestellung im Vortrag ... bezüglich der Theologie als Wissenschaft nicht nur zu eng, sondern unhaltbar« sei. »Die Positivität der Theologie, die ich zwar glaube getroffen zu haben, ist etwas anderes als die der Wissenschaften. Theologie steht in einer ganz anderen Weise als die Philosophie außerhalb der Wissenschaften.«[224] Als der Vortrag 1970 schließlich doch auch in Deutschland publiziert wurde, fügte Heidegger einen Brief vom 11.3.1964 bei, der in manchem – etwa im Blick auf die Rolle der Sprache – andere Akzente setzt. Und er widmete die Veröffentlichung Rudolf Bultmann »in freundschaftlichem Gedenken an die Marburger Jahre 1923 bis 1928.«[225]

In kritischer Hinsicht ist Heideggers Anliegen in diesem Vortrag, sich gegen »die Verwischung der Grenzen zwischen Phänomenologie und Theologie«[226] auszusprechen, also ihr Verhältnis so zu bestimmen, dass ihre Differenz gewahrt wird. Eine phänomenologische Theologie gibt es Heidegger zufolge »[genau]so wenig wie eine phänomenologische Mathematik.«[227] »Phänomenologie ist immer nur die Bezeichnung für das Verfahren der Ontologie«, also der Philosophie. So hat die Phänomenologie Heideggers Ausführungen in *Sein und Zeit* zufolge die Aufgabe, das, »was sich zeigt, so wie es sich von ihm selbst her zeigt, von ihm selbst her sehen [zu] lassen«[228]. Was die Phänomenologie in diesem Sinn ›sehen lassen‹ soll, ist aber etwas, »was sich zunächst und zumeist gerade *nicht* zeigt, was gegenüber dem, was sich zunächst und zumeist zeigt, *verborgen* ist, aber zugleich

---

[224] Martin Heidegger an Rudolf Bultmann am 18.12.1928, in: HEIDEGGER/ BULTMANN, Briefwechsel, 87.

[225] M. HEIDEGGER, Phänomenologie und Theologie, Frankfurt am Main 1970, 5.

[226] HEIDEGGER, Sein und Zeit, 272 (als Kritik an der Arbeit von H. G. STOKER, Das Gewissen. Erscheinungsformen und Theorien, Bonn 1925).

[227] HEIDEGGER, Phänomenologie und Theologie, 32.

[228] HEIDEGGER, Sein und Zeit, 34.

etwas ist, was wesenhaft zu dem, was sich zunächst und zumeist zeigt, gehört«: das *Sein* des Seienden.[229] »Sachhaltig genommen« – so Heidegger – »ist die Phänomenologie die Wissenschaft vom Sein des Seienden – Ontologie«[230], also gerade keine Wissenschaft von diesem oder jenem Seienden wie die »Theologie u. dgl.«[231]. Zwischen Theologie und Phänomenologie besteht daher eine prinzipielle Differenz.

In seinem Vortrag »Phänomenologie und Theologie« bringt Heidegger diese prinzipielle Differenz auf die These: »*Die Theologie ist eine positive Wissenschaft und als solche daher von der Philosophie absolut verschieden*«.[232] Philosophie ist »ontologische Wissenschaft« und gerade insofern Phänomenologie, als es ihr um »die begründende Enthüllung« des Seins des Seienden geht.[233] Theologie dagegen ist eine ontische oder positive Wissenschaft, insofern es ihr um »die begründende Enthüllung eines vorliegenden und schon irgendwie enthüllten Seienden«[234] geht. Dieses vorliegende Positum der Theologie ist *nicht* »das Christentum als ein geschichtliches Vorkommnis, bezeugt durch die Religions- und Geistesgeschichte«, da die Theologie zu der so

---

[229] A. a. O., 35.

[230] A. a. O., 37.

[231] A. a. O., 34.

[232] Heidegger, Phänomenologie und Theologie, 15. Zum Verhältnis von Philosophie und Theologie bei Heidegger vgl. G. Noller (Hg.), Heidegger und die Theologie; A. Gethmann-Seifert, Das Verhältnis von Philosophie und Theologie im Denken Martin Heideggers, Freiburg/München 1974; A. Jäger, Gott. Nochmals Martin Heidegger, Tübingen 1978; J. D. Caputo, Heidegger and theology, in: The Cambridge Companion to Heidegger, hg. v. Ch. Guignon, New York 1993, 270–288; P. Brkic, Martin Heidegger und die Theologie. Ein Thema in dreifacher Fragestellung, Mainz 1994; Ph. Capelle, Philosophie et Théologie dans la pensée de Martin Heidegger, Paris 2001.

[233] Heidegger, Phänomenologie und Theologie, 14.

[234] A. a. O., 17.

verstandenen Geschichte des Christentums selbst hinzuge-
hört.[235] Das »Vorliegende (Positum) für die Theologie« ist Heidegger zufolge vielmehr »die Christlichkeit«, also »eine Existenzweise des menschlichen Daseins, die ... nicht aus dem Dasein und
nicht durch es aus freien Stücken gezeitigt wird, sondern aus
dem, was in und mit dieser Existenzweise offenbar wird, aus
dem Geglaubten«[236]. Für den christlichen Glauben ist das »Christus, der gekreuzigte Gott«[237]. Sofern sich Theologie auf dieses
›Vorliegende‹ richtet, hat sie geschichtliches Geschehen zum
Bezugsfeld: die »Kreuzigung«[238] (im Blick auf Jesus) und den
Glauben an den Gekreuzigten (im Blick auf die Christen). Als
»im Existieren vollzogene[s] ... ›Teil-nehmen‹ und ›Teil-haben‹ ...
an dem Geschehen der Kreuzigung« ist dieser Glaube aber
»immer nur als Glauben durch den Glauben *gegeben*«[239], also
eine göttliche Gabe, keine menschliche Tat.

Diese Gabe ist »das Gestelltwerden vor Gott«, das als solches
»ein Umgestelltwerden der Existenz in und durch die gläubig
ergriffene Barmherzigkeit Gottes« ist und sich als Existenzwechsel von der »Gottvergessenheit«[240] zum Gottvertrauen, dem »*gläubig verstehende[n] Existieren in der mit dem Gekreuzigten offenba-
ren, d. h. geschehenden Geschichte*«[241] vollzieht. Insofern sie diesen
Existenzwechsel thematisiert, »Existieren aber Handeln, πρᾶξις
ist«[242], ist Theologie »ihrem innersten Kerne nach eine *historische*«[243] und als solche zugleich *praktische Wissenschaft*[244], also

---

[235] A. a. O.
[236] A. a. O., 18.
[237] A. a. O.
[238] A. a. O.
[239] A. a. O., 19.
[240] A. a. O.
[241] A. a. O., 20.
[242] A. a. O., 24.
[243] A. a. O., 21.
[244] A. a. O., 24.

»eine historische Wissenschaft eigener Art«[245]: die »Wissenschaft vom Handeln Gottes am gläubig handelnden Menschen«.[246]

Nun ist Gottes Handeln am Menschen so wenig ein ›Phänomen‹ wie Gott selbst[247] – wie immer man den Phänomenbegriff versteht.[248] Phänomenal fassbar sind nur das »›Teil-nehmen‹ und ›Teil-haben‹« gläubiger Existenz an »dem Geschehen, welches die Offenbarung = das in ihr Offenbare selbst ist«[249], also die »Offenbarungsaneignung«[250], die der christliche Glaube ist. Sofern sich Theologie auf diesen als auf ihr Explikationsfeld bezieht, thematisiert sie *Vollzugsweisen gläubiger Existenz*. In Anklang an Kierkegaard charakterisiert Heidegger diese als *Aneignungsvorgang*: die Aneignung der Offenbarung. Im Glauben angeeignet und im Existieren mit vollzogen wird dabei allerdings etwas, was nur *in diesem Mitvollzug* gegeben, zugänglich

---

[245] A. a. O., 21 f.

[246] A. a. O., 24 f.

[247] Vgl. G. v. d. Leeuw, Phänomenologie der Religion, Tübingen ³1970: »… wir können die Religion betrachten als … verständliches Erlebnis; oder wir können sie gelten lassen als nicht mehr verständliche Offenbarung. Das Erlebnis … ist ein Phänomen. Die Offenbarung ist es nicht …« (778). »Wir verlassen hier das Gebiet der Erscheinungen und der inneren Erfahrungen. Der Glaube zeigt sich uns nicht …« (610). »Mit dem Glauben tritt ein ganz neues Element in das religiöse Leben. Genau genommen ›tritt‹ er nicht ›in‹ dieses Leben. Denn in diesem Fall wäre er ein Phänomen. Vielmehr bezieht er sich auf das Leben, und zwar zunächst als ein über das Leben ergehendes Urteil, sodann als dessen Befreiung.« (610) »In der Religion ist Gott der Agens in der Beziehung zum Menschen, die Wissenschaft weiß nur vom Tun des Menschen in der Beziehung zu Gott, nichts vom Tun Gottes zu erzählen.« (3)

[248] Vgl. M. Moxter, Die Phänomene der Phänomenologie, in: W.-E. Failing/ H.-G. Heimbrock/T. A. Lotz (Hg.), Religion als Phänomen. Sozialwissenschaftliche, theologische und philosophische Erkundungen in der Lebenswelt, Berlin/New York 2001, 85–95.

[249] Heidegger, Phänomenologie und Theologie, 19.

[250] A. a. O.

und verständlich ist: »Das Offenbarungsgeschehen, das ... in der Gläubigkeit selbst geschieht, enthüllt sich nur dem Glauben«[251] und vollzieht sich als »ein Umgestelltwerden der Existenz« von selbstzentrierter »Gottvergessenheit«[252] auf im Glauben gelebte Gottoffenheit. Theologie richtet sich demnach auf ein ›Phänomen‹, das nur im Vollzug und für den Mitvollziehenden gegeben ist, als ›Handeln Gottes‹ zugleich aber nicht durch das glaubende Ich konstituiert ist und sich insofern phänomenologischer Reduktion im Sinne Husserls prinzipiell entzieht.

Eine phänomenologische Alternative zeichnet sich beim späteren Heidegger im Versuch einer »Phänomenologie des Unscheinbaren« ab.[253] Auch in diesen Versuchen ändert sich aber nichts daran, dass sich die Anwesenheit oder Abwesenheit Gottes phänomenal nicht als solche, sondern nur anhand anderer Phänomene erweist, also immer nur vermittelt durch und über anderes. Anderes aber ist nicht Zeichen für Gottes Anwesenheit bzw. Abwesenheit, sondern wird es nur dann, wenn die zur Debatte stehenden Phänomene in entsprechendem Hori-

---

251 A. a. O. Heideggers Argumentation entspricht hier ganz der Bultmanns. »Offenbarung ist ein Geschehen, das den Tod vernichtet,« aber sie ist, wie auch das ewige Leben, »kein Phänomen dieses Lebens« (BULTMANN, Der Begriff der Offenbarung im Neuen Testament, 15). Sie ist »ein Geschehen nicht innerhalb des menschlichen Lebens, sondern von außen hinein und deshalb auch nicht konstatierbar innerhalb dieses Lebens« (15). Sie ist kein »Weltfaktum[...]«, sondern »ein Tun Gottes« (30) und kann deshalb auch »nicht durch historische Beobachtung festgestellt werden« (31). Verstanden wird sie nur vom Glauben, der seinerseits »Tat, aber nie Getanes« ist (30), »keine menschliche Seelenhaltung, kein menschliches Überzeugtsein, sondern Antwort auf die Anrede« (31), in der die Offenbarung als Zuspruch der Liebe Gottes an mich zur Sprache kommt. Auch der Glaube ist daher kein Lebensphänomen, sondern Offenbarung, »weil er nur in diesem Geschehen ist und sonst nicht ist« (31).

252 HEIDEGGER, Phänomenologie und Theologie, 19.

253 Vgl. M. HEIDEGGER, Seminar in Zähringen, Vier Seminare, hg. v. C. Ochwaldt, Frankfurt am Main 1977. Daran knüpfen so verschiedene Entwürfe

zont und damit von bestimmtem Standpunkt aus wahrgenommen und gleichzeitig oder retrospektiv so verstanden werden, weil Gottes Gegenwart sich in, mit und unter ihnen so zur Geltung bringt. Genau darauf bezieht sich die theologische Unterscheidung des Standpunkts des Glaubens von dem des Nichtglaubens. Der Standpunkt des Glaubens steht nicht als frei wählbare Option zur Verfügung, sondern ist immer nur gegen die bestehende Normalität des Nichtglaubens zu gewinnen. Seitens der Nichtglaubenden und aus deren eigenem Antrieb kann das nicht geschehen, seitens der Glaubenden dagegen braucht es nicht mehr zu geschehen, weil ihr Standpunkt den Wechsel voraussetzt. Eben sie aber wissen, dass sie diesen Wechsel nicht sich selbst zuschreiben können, sondern dem zu verdanken haben, auf den sich ihr Glaube richtet: Gott. So bekennen sie ihren Glauben: Nicht mir oder einem anderen Menschen, sondern allein Gott ist er zu verdanken. Und deshalb wird theologisch zu Recht gesagt, dass dieser Standpunktwechsel allein von Gott selbst vollzogen werden kann, auf den sich ebendeshalb auch der Glaube exklusiv richtet: Der Glaube hängt nur an dem, dem er sich selbst verdankt. Der Standpunkt und Horizont, der von Gottes Anwesenheit und Abwesenheit überhaupt erst sinnvoll zu reden erlaubt, ist theologisch daher als ein von Gott selbst ermöglichter und vollzogener Orientierungswechsel vom Nichtglauben zum Glauben zu bestimmen. Von einer ›Phänomenologie des Unscheinbaren‹ zu reden ist dementsprechend nur insofern sinnvoll, als nicht etwas ›Unscheinbares‹ zusätzlich oder neben den Phänomenen des Lebens zum Phänomen wird, sondern gerade umgekehrt die Phänomene des Lebens von einem neu gewonnenen Standpunkt aus anders, nämlich als Zeichen für Gottes Abwesenheit oder Anwesenheit erschlossen und verständlich werden.[254]

---

an wie D. Janicaud, La phénoménologie éclatée, Combas 1997; ders., Le tournant théologique de la phénoménologie française, Combas 1991; S. W. Laycock/J. G. Hart (eds.), Essays in Phenomenological Theology, Albany 1986; C. Welz, Love's Transcendence and the Problem of Theodicy, Tübingen 2008, bes. 57 ff.

[254] Vgl. Dalferth, Becoming Present, 130 f. passim; ders. (Hg.), The Presence and Absence of God, Tübingen 2009.

3. VOLLZUGSSINN ALS PHÄNOMENOLOGISCHER SCHLÜSSEL

Mit der Betonung des Vollzugscharakters des Glaubens greift Heidegger methodisch auf eine Unterscheidung zurück, die er in seiner Vorlesung *Einführung in die Phänomenologie der Religion* (WS 1920/21) zwischen dem *Gehaltssinn* (dem ›Was‹ der Erfahrung), dem *Bezugssinn* (dem ›Wie‹ der Erfahrung) und dem *Vollzugssinn* gemacht hat: Der *Vollzugssinn* ist »die Art und Weise, in der der Bezugssinn (die im intentionalen Akt vorliegende Relation) selbst vollzogen wird«.[255] Sofern das immer auf eine faktisch-geschichtliche Lebenserfahrung als Grundlage und Voraussetzung aller phänomenologischen Analysen verweist, die sich nicht im Sinne einer ›epoché‹ ausblenden lassen, ohne das Phänomen überhaupt zu verlieren, ist an dieser Stelle schon die entscheidende Abwendung von Husserl und den Konzeptionen transzendentaler Subjektivität im Neukantianismus angelegt und vollzogen.[256] Die Frage der Konstitution der Objekte wird in die ihrer Erschlossenheit verlagert, die freie Variation als Methode der Phänomenologie damit durch die Analyse des Orts der Erschlossenheit von Phänomenen, die - wie es in *Sein und Zeit* heißt - existentiale Analytik des Daseins ersetzt. Nur im Nachvollzug faktischer Lebenserfahrung wird das in dieser immer schon Erschlossene und Verstandene dem Verstehen zugänglich. Mit dieser Betonung des »vollzugsmäßigen Verstehens«[257] wird das Verstehen aber nicht nur auf das Feld faktischer Lebenserfahrung konzentriert, sondern in fundamentaler und folgenreicher Weise an die Partizipantenperspektive ge-

---

[255] JUNG, Das Denken des Seins, 46.

[256] Vgl. M. STEINMANN, Der frühe Heidegger und sein Verhältnis zum Neukantianismus, in: Heidegger und die Anfänge seines Denkens, Heidegger-Jahrbuch 1, hg. v. A. Denker, Freiburg 2004, 259–293.

[257] Vgl. TH. SHEEHAN, Heidegger's ›Introduction to the Phenomenology of Religion‹ (1920/21), in: The Personalist 60 (1979), 312–324, 320.

bunden: Nur im Mitvollzug ist das zu verstehen gesuchte ›Phänomen‹ gegeben und verständlich, denn nur im Mitvollzug ist der Horizont gegeben, in dem die intendierte Sache sichtbar, also phänomenal, werden kann.

Dass ebendas die Pointe von Heideggers früher Religionsphänomenologie ist, der seit der *Phänomenologie des religiösen Lebens* (1920/21)[258] im Unterschied zu E. Cassirer, E. Troeltsch oder R. Otto konsequent auf der Unhintergehbarkeit der Teilnehmerperspektive im verstehenden Umgang mit Religion und Glaube insistiert, wird treffend von M. Höfner herausgearbeitet.[259] Zu Recht macht er aber auch die Schwierigkeiten deutlich, die Heidegger sich damit einhandelt.

Zum einen muss er den Leitbegriff philosophischer Auseinandersetzung mit der Theologie konsequent von *Gott* auf *Religion* umstellen: Nicht Gott ist mögliches Thema phänomenologischer Analyse, sondern allein die Religion. Die philosophische Thematisierung Gottes dagegen wird konsequent als ontotheologische Verobjektivierung kritisiert, die Heidegger schon in Augustins Bemühen sich anbahnen sieht, sein faktisches Leben zu sichern, indem er »in einem als metaphysischer Gegenstand gedachten Gott einen ›Halt‹ gewinnen will.«[260] Umgekehrt versteht er seine eigene phänomenologische Philosophie nicht

---

[258] HEIDEGGER, Phänomenologie des religiösen Lebens. Vgl. D. KAEGI, Die Religion in den Grenzen der bloßen Existenz. Heideggers religionsphilosophische Vorlesungen von 1920/21, in: Internationale Zeitschrift für Philosophie 1 (1996), 133–146; M. ZACCAGNINI, Christentum der Endlichkeit. Heideggers Vorlesungen ›Einleitung in die Phänomenologie der Religion‹, Münster 2003.

[259] M. HÖFNER, Sinn, Symbol, Religion. Theorie des Zeichens und Phänomenologie der Religion bei Ernst Cassirer und Martin Heidegger, Tübingen 2008, bes. Teil D.

[260] A. a. O., 308. Vgl. HEIDEGGER, Phänomenologie des religiösen Lebens, 234–237.

als neutrale Analyse, sondern ausdrücklich als »Handaufhebung gegen Gott«[261].

Zum anderen entfaltet er in kritischer Wendung gegen den religionsgeschichtlichen Historismus (Troeltsch) und den Marburger Irrationalismus (Otto) das Religionsthema als Hermeneutik der Religion im Rahmen einer Hermeneutik der Faktizität, deren Grundzüge er in Auseinandersetzung mit Paulus[262], Augustin[263] und Luther[264] erarbeitet. Doch indem er versucht, »die urchristliche Lebenserfahrung als Paradigma faktischen Lebens überhaupt zu analysieren«, manövriert er sich in die Aporie, in seinen Überlegungen von den spezifisch *religiösen* Inhalten der christlichen Lebensform abzusehen.

> »Die richtige Einsicht, dass Erfahrungsgehalte nur im pragmatischen Kontext ihres Vollzugs angemessen verstanden werden können, wird ... in Heideggers Analysen in die problematische Strategie umgebogen,

---

[261] M. Heidegger, Phänomenologische Interpretationen zu Aristoteles (Anzeige der hermeneutischen Situation) (sog. ›Natorp-Bericht‹, 1922), hg. v. H.-U. Lessing, in: Dilthey-Jahrbuch für Philosophie und Geschichte der Geisteswissenschaften 6, Göttingen 1989, 235–274, 246, Anm. 2.

[262] Vgl. G. Ruff, Am Ursprung der Zeit. Studie zu Martin Heideggers phänomenologischem Zugang zur christlichen Religion in den ersten Freiburger Vorlesungen, Berlin 1997; E. E. Popkes, Phänomenologie frühchristlichen Lebens. Exegetische Anmerkungen zu Heideggers Auslegung paulinischer Briefe, in: Kerygma und Dogma 52 (2006), 263–286.

[263] Fr.-W. v. Herrmann, Gottsuche und Selbstauslegung. Das X. Buch der Confessiones des Heiligen Augustinus im Horizont von Heideggers hermeneutischer Phänomenologie des faktischen Lebens, in: Studia Phaenomenologica 1 (2001), 201–219.

[264] Vgl. O. Pöggeler, Heideggers Luther-Lektüre im Freiburger Theologenkonvikt, in: Heidegger und die Anfänge seines Denkens (Heidegger-Jahrbuch 1), hg. v. A. Denker, Freiburg 2004, 185–196; J. J. McGrath, The Facticity of Being God-Forsaken. The Young Heidegger and Luther's Theology of the Cross, in: American Catholic Philosophical Quarterly 29 (2005), 273–290.

den zeitlichen Vollzug urchristlicher Lebenserfahrung auf Kosten der inhaltlichen Bestimmtheit zur Geltung zu bringen. Die Spannung zwischen der Betonung gleichursprünglicher Strukturmomente des Lebens einerseits und der Auszeichnung des Vollzugs als Ursprung andererseits ... wird ... in Heideggers Religionsphänomenologie zugunsten des Vollzugs aufgelöst. Demgegenüber werden die spezifischen Gehalte christlichen Lebens, wie sie in den paulinischen Briefen zum Ausdruck kommen, von Heidegger entweder ausgeblendet oder aber so weit formalisiert, dass sie sich in die Charakterisierung der Zeitlichkeitserfahrung integrieren lassen.«[265]

In der Analyse konkreter Lebensvollzüge wird damit genau von dem abgesehen, was sie zu konkreten Lebensvollzügen macht. Diese Aporie führt in *Sein und Zeit* nicht nur zu einem ständigen Oszillieren zwischen dem, was Heidegger ›ontisch‹ und ›ontologisch‹ nennt, und der methodischen Schwierigkeit, ontische Vollzugsmomente von ontologischen Strukturmomenten zu unterscheiden und sie zugleich als deren Konkretionen zu verstehen und zu deuten. Die Aporie zeigt sich auch in Heideggers Bemühen, die konkreten Herkünfte der Analytik des Daseins konsequent zu verbergen.[266] Die Merkmale des Vollzugs einer bestimmten ontischen Existenzform werden so als ontologische Strukturmerkmale des Existenzvollzugs von Dasein in der Welt überhaupt ausgegeben. Auch deshalb wurde das Scheitern des Programms unausweichlich.

---

[265] Höfner, Sinn, 317.

[266] Man kann diesen Sachverhalt pragmatisch deuten: *Sein und Zeit* war Heideggers Bewerbungsschrift für eine philosophische Professur, und dafür war es klüger, die theologischen Herkünfte der Gedanken und Argumentationen zu verdecken. Man kann ihn auch als Ausdruck eines methodischen Irrtums verstehen: der Meinung, der Entdeckungszusammenhang einer Einsicht sei für deren Funktion, Bedeutung und Geltung nicht von zu berücksichtigender Relevanz. Dagegen spricht im Grunde Heideggers ganzes Projekt. Oder man kann den Sachverhalt auf eine unausgesprochene

4. Aporien einer phänomenologischen Theologie

Die phänomenologische Zugangsweise wirft im Fall von Offenbarung, Glaube und Theologie grundsätzliche methodologische
Fragen auf. Zu Recht fragt Marion: »Welcher Horizont könnte
eine Offenbarung zulassen?«[267] Die Frage scheint negativ beantwortet werden zu müssen, solange der Horizont das Phänomen
definiert. Entscheidend für die Möglichkeit eines phänomenologischen Offenbarungsverständnisses ist daher, dass nicht der
Horizont das Phänomen, sondern das Phänomen den Horizont
bestimmt. Marion fasst diesen Gedanken im Konzept des ›saturierten Phänomens‹[268] und wendet ihn auch auf das Problem der
Offenbarung an: Offenbarung sei, strikt phänomenologisch
verstanden, »une apparition purement de soi et à partir de soi,
qui ne soumet sa possibilité à aucune détermination préala-
ble«.[269] Oder wie er an anderer Stelle sagt: »Faith does not com-
pensate, either here or anywhere else, for a defect of visibility ...
it alone renders the gaze apt to see the excess of the pre-eminent
saturated phenomenon, the Revelation.«[270] Damit wird zu Recht
das ganze Gewicht auf die Selbstgabe und Selbsterschließung
der Offenbarung *als Offenbarung* gelegt und nicht auf den phänomenalen Horizont ihrer Wahrnehmung abgehoben. Doch
genau das läuft auf nichts anderes hinaus als zu sagen, dass

---

und nicht reflektierte theologische Grundhaltung Heideggers zurückführen,
dass an theologischen Phänomenbeschreibungen das deutlich werde,
was für Lebensvollzüge überhaupt grundsätzlich gelte.

[267] J.-L. Marion, Aspekte der Religionsphänomenologie: Grund, Horizont
und Offenbarung, in: A. Halder et al. (Hg.), Religionsphilosophie heute, Düsseldorf 1988, 100.

[268] Vgl. J.-L. Marion, Étant donné. Essai d'une phénoménologie de la dona-
tion, Paris ²1997.

[269] J.-L. Marion, Le visible et le révélé, Paris 2005, 73 f.

[270] J.-L. Marion, They Recognized Him; and He became Invisible to Them, in:
Modern Theology 18 (2002), 145–152, 150.

Offenbarung, so verstanden, kein *Phänomen ist,* weil sie nicht als Phänomen erscheint. Sie als ›absolutes Phänomen‹ zu bezeichnen, das jeden Horizont übersteigt, ist nicht die Beschreibung eines Phänomens, sondern der Hinweis auf eine Grenzproblematik, die in einem Grenzbegriff artikuliert wird.

Grenzbegriffe sind keine Bestimmungsbegriffe, sondern kritische Hinweise auf die Grenzen sinnvoller Verwendung unserer Bestimmungsbegriffe. Sie sagen nichts über oder von etwas aus, sondern markieren Grenzen unseres Wahrnehmungs- oder Erkenntnisvermögens bzw. des sinnvollen Gebrauchs unserer Bestimmungskategorien. Gott als ›causa sui‹ zu bezeichnen, heißt nicht, dass Gott sich selbst verursacht (hat), sondern dass die Anwendung der Causa-Kategorie auf Gott abwegig ist. Und Offenbarung als ›absolutes Phänomen‹ zu bezeichnen, heißt nicht, dass sie ein Phänomen ist jenseits aller möglichen Wahrnehmungshorizonte, sondern dass die Anwendung des Phänomenbegriffs auf sie abwegig ist.

In ähnlich grundsätzlicher Weise stellt das Gebundensein des zu verstehen gesuchten Phänomens an Mitvollzug und Teilnehmerperspektive vor methodische Schwierigkeiten: Setzt die phänomenologische Analyse solcher Vollzugsphänomene nicht notwendig die Partizipation an den zu analysieren gesuchten Phänomenen voraus, muss also – im Fall des Glaubens – der Philosoph den Glauben nicht lebenspraktisch mitvollziehen, um ihn analysieren zu können?[271]

---

[271] Damit würde die Differenz zwischen Philosophie und Theologie eingezogen. Dass man das von theologischer Seite programmatisch intendieren kann, belegt E. Herms, Theologie als Phänomenologie des christlichen Glaubens. Über den Sinn und die Tragweite dieses Verständnisses von Theologie, in: Phänomenologie. Über den Gegenstandsbezug der Dogmatik, in: Marburger Jahrbuch Theologie VI, hg. v. W. Härle/R. Preul, Marburg 1994, 69–99. Heidegger hätte das als Selbstaufgabe der Philosophie verstanden.

Heidegger sucht dieses Problem auf die bekannte, und in der Theologie Bultmanns dann so folgenreich rezipierte Weise zu lösen: Die Philosophie zeige nur die formalen Strukturen solcher Vollzugs- oder Existenzphänomene auf, sie sei anders als die Theologie nicht »Direktion«, sondern nur »Korrektion« der Existenzweise des Glaubens:[272] »Die formale Anzeige ... des ontologischen Begriffs hat nicht die Funktion der Bindung, sondern umgekehrt der Freigabe und Anweisung auf die spezifische, d. h. glaubensmäßige Ursprungsenthüllung der theologischen Begriffe«.[273]

Doch das eigentliche Problem wird damit nicht gelöst. Die Grundfrage ist nicht, wie sich Philosophie und Theologie in ihrem unterschiedlichen Bezug auf diese Vollzugsphänomene unterscheiden lassen, sondern *ob hier überhaupt noch sinnvoll von ›Phänomenen‹ gesprochen werden kann.* Der phänomenologische Ruf ›Zu den Sachen selbst!‹ hatte ja die Pointe, gegenüber der neuzeitlichen ›Verwissenschaftlichung‹ des Lebens das in den Wissenschaften Thematische auf ein vorgängiges Lebensverhältnis zurückzuführen, sich also den Phänomenen zuzuwenden, um durch die Inszenierung (bzw. die freie Variation) der Sachen selbst neu zur Geltung zu bringen, was die wissenschaftliche Zugangsweise mit ihren theoretischen Konstruktionen systematisch ausblendet. Die Pointe der Phänomenologie war und ist insofern theorie- und wissenschaftskritisch, sie ist »vor allem am Offenhalten des Andersseins interessiert, also an der beschreibenden Rückfrage, ob sich die Sache so zeigt, wie die Theorie vermeint«[274].

---

[272] Vgl. G. Imdahl, Das Leben verstehen. Heideggers formal anzeigende Hermeneutik in den frühen Freiburger Vorlesungen, Würzburg 1997.

[273] Heidegger, Phänomenologie und Theologie, 31.

[274] M. Moxter, Gegenwart, die sich nicht dehnt. Eine kritische Erinnerung an Bultmanns Zeitverständnis, in: D. Georgi/H.-G. Heimbrock/M. Moxter (Hg.), Religion und Gestaltung der Zeit, Kampen 1994, 108–122, 117.

Das stellt im Fall des Glaubens in mehrfacher Weise vor Probleme. So lässt sich Offenbarung (das Handeln Gottes) nicht inszenieren. Dazu müsste man einen Horizont angeben könnte, in dem das der Intentionalität des Ich möglich wäre. Doch jeder Horizont, der so »a priori die Szene kommender Phänomene bestimmt, umgrenzt das Mögliche, begrenzt (oder verbietet) folglich die Offenbarung«[275]. Das macht nicht Offenbarung (Selbsterschließung Gottes im Modus menschlicher Aneignung), wohl aber eine Phänomenologie der Offenbarung unmöglich. Denn ist der Horizont von Offenbarung der konkrete Aneignungsvorgang im je eigenen (individuellen oder gemeinschaftlichen) Existenzvollzug, dann ist das ein ›Phänomen‹, das nur dem Partizipanten im Mitvollzug als solches gegeben und zugänglich ist. Wie aber soll ein Rekurs auf Phänomene, die nur im Mitvollzug gegeben sind, für andere möglich sein und die intendierte theoriekritische Leistung der Phänomenologie erbringen können? Die Sache des Glaubens entzieht sich der freien Inszenierung der Phänomenologie und erlaubt dieser ebendeshalb auch nicht die kritische Korrektur der Theologie, weil sie diese Sache immer nur im Modus des Mitvollzugs und damit in der Gestalt konkreter geschichtlicher Glaubensexistenz thematisieren kann, die sich selbst als Geschöpf göttlicher Selbsterschließung versteht. Theologische Theoriebildung wird damit an die Vielfalt gläubiger Existenz und des Selbstverständnisses der Glaubenden zurückgebunden, ohne darin noch ein Sachkriterium zur Kritik theologisch-theoretischer Verkürzungen finden zu können. Phänomenologisch lässt sich nur die geschichtliche Vielfalt des Glaubenslebens und der religiösen Erfahrungen der Menschen beschreiben, doch eine so verstandene ›phänomenologische‹ Theologie wäre nichts anderes als die von Heidegger ausdrücklich als Verkürzung zurückgewiesenen Auffassungen der Theologie als Wissenschaft vom Christentum als geschichtlichem Vor-

---

[275] Marion, Aspekte der Religionsphänomenologie, 101.

kommnis bzw. – allgemeiner – als »Wissenschaft vom Menschen und seinen religiösen Zuständen und Erlebnissen«[276].

Es liegt auf der Hand: Phänomene, die nur im Mitvollzug als Phänomene gegeben sind, können nicht im Sinne der phänomenologischen Methode zur Korrektur theologischer Verkürzungen herangezogen werden. Es fehlt ihnen entweder die phänomenale Zugänglichkeit (wie der Offenbarung), oder es fehlt ihnen (wie der geschichtlichen Existenzweise des Glaubens) die Widerständigkeit gegenüber verkürzenden Theoriekonstruktionen, da man nicht unabhängig von diesen auf sie beschreibend rekurrieren kann. Zwar ist das Selbstverständnis der Glaubenden aufgrund seiner Selbstunterscheidung von theologischen Rekonstruktionen in seiner Differenz von diesen thematisierbar, sofern das gläubige Selbstverständnis aber selbst korrektur- und kritikbedürftig ist, muss auf eine von ihm unterschiedene Instanz rekurriert werden: auf *Gottes Handeln*. Das aber ist kein Phänomen, das sich phänomenologisch beschreiben ließe. Phänomenologisch kann man immer nur auf Existenzvollzüge rekurrieren, die sich als Aneignung von Gottes Offenbarungshandeln verstehen oder so verstanden werden, nicht aber auf dieses selbst (was immer das heißen könnte): Mit ›Gottes Handeln‹ wird keine phänomenale Wirklichkeit bezeichnet, sondern eine bestimmte Weise, phänomenal Gegebenes (Phänomene) sowie diejenigen, für die sie Phänomene sind, zu sehen und zu verstehen. Wer von ›Gottes Handeln‹ spricht, sieht Phänomene anders, aber er sieht keine anderen Phänomene.

---

[276] Heidegger, Phänomenologie und Theologie, 25 f. Dass auch der Versuch, Religionsphänomenologie auf eine Phänomenologie der Erfahrung zu gründen, in Aporien führt, macht B. Waldenfels, Phänomenologie der Erfahrung und das Dilemma einer Religionsphänomenologie, in: Religion als Phänomen. Sozialwissenschaftliche, theologische und philosophische Erkundungen in der Lebenswelt, hg. v. W.-E. Failing, Berlin 2001, 63–84, deutlich.

5. GOTTES NICHTPHÄNOMENALITÄT

Das ist von prinzipieller Bedeutung. Ausdrücke wie ›Gottes Handeln‹ oder ›Gottes Offenbarung‹ können schon deshalb keine Phänomene meinen, weil Gott kein Phänomen ist – wie immer man ›Phänomen‹ versteht.[277] Nicht als Phänomen, sondern allenfalls als in Phänomenen unthematisch Mitgesetztes lässt sich Gott phänomenologisch thematisieren.[278] Das war nicht nur Heidegger und Bultmann, sondern auch Husserl und Tillich klar.[279]

Mit gutem Grund hat Husserl davon abgesehen, Gott ein Phänomen zu nennen, und ihn stattdessen in platonischem Sinn »als Idee des allervollkommensten Seins; als Idee des allervollkommensten Lebens«[280], als »Überwirklichkeit«[281] bzw. als

---

[277] Das gilt auch für Marions Versuch, das Problem mithilfe des Konzepts des ›saturierten Phänomens‹ auf den Extrempunkt völliger Sinnerfüllung zuzuspitzen, der keinerlei horizontale Variation mehr möglich und nötig macht. Vgl. MARION, Étant donné. Damit wird ein Grenzbegriff formuliert, der aber dann als Bestimmungsbegriff für bestimmte Phänomene und nicht kritisch als Begrenzung des sinnvollen Gebrauchs des Phänomenbegriffs bei bestimmten Problemen verwendet wird.

[278] Das ist das Grundproblem aller Versuche, die sich um eine ›phänomenologische Theologie‹ bemühen, ob dies in Auslegung der Phänomenalität von Phänomenen überhaupt versucht wird (kosmotheologische bzw. fundamentaltheologische Versuche) oder in Auslegung bestimmter religiöser Phänomene (religionsphänomenologische Versuche auf der Basis religiöser Erfahrung). Vgl. die unterschiedlichen Ansätze in: S. W. LAYCOCK/J. G. HART (Hg.), Essays in Phenomenological Theology, New York 1986; Marburger Jahrbuch Theologie VI: Phänomenologie. Über den Gegenstandsbezug der Dogmatik, hrsg. von W. Härle/R. Preul, Marburg 1994; TH. SÖDING/K. HELD (Hg.), Phänomenologie und Theologie, Freiburg/Basel/Wien 2009.

[279] Ich beschränke mich auf zeitgenössische Positionen, die sich mühten, auf ähnliche Fragen Antworten zu finden.

[280] E. HUSSERL, Vorlesungen über Ethik und Wertlehre. 1908–1914, hg. v. U.

›Überseiendes‹ bezeichnet. Für seine streng wissenschaftlich konzipierte phänomenologische Philosophie ist »der oberste Abschluss ... die Frage nach dem ›Prinzip‹ der in ihren universalen Strukturen konkret erschlossenen Teleologie. Demnach ist das oberste ›Konstitutionsproblem‹ die Frage nach dem Sein des ›Überseienden‹, eben dieses Prinzips, das eine in sich zusammenstimmende Totalität der transcendentalen Intersubjektivität mit der durch sie konstituierten Welt existenzmöglich macht, weshalb man es auch platonisch als Idee des Guten bezeichnen könnte.«[282] Ein so verstandener Gott ist keinem Bewusstsein phänomenal als Gegenstand gegeben, aber er ist auch nicht in transzendentalem Sinn dasjenige universale Bewusstsein, das alles, was für ein Bewusstsein Phänomen sein kann, und damit auch jedes Bewusstsein selbst als Phänomen umfasst. Gott ist weder ein Bewusstseinsphänomen unter anderen noch das universale Bewusstsein, für das alles andere Phänomen ist.

Das hat Claudia Welz mit Recht Steven W. Laycock gegenüber betont. Dieser hatte Husserls knappe Bemerkungen über »göttliches Allbewusstsein«[283] dahingehend gedeutet,[284] dass »Husserl's

---

Melle. The Hague, Netherlands 1988, 225 f. Vgl. S. STRASSER, Das Gottesproblem in der Spätphilosophie Edmund Husserls, in: Philosophisches Jahrbuch 67 (1958–1959), 130–142; DERS., History, Teleology, and God in the Philosophy of Husserl, in: Analecta Husserliana IX (1979), 317–333; L. DUPRÉ, Husserl's thought on God and faith, in: Philosophy and Phenomenological Research 29 (1968–1969), 201–215; J. G. HART, A Précis of an Husserlian Philosophical Theology, in: S. W. LAYCOCK/J. G. HART (Hg.), Essays in Phenomenological Theology, 89–168.

[281] E. HUSSERL, Briefwechsel Bd. VII: Wissenschaftlerkorrespondenz, Dordrecht 1992, 21.

[282] E. HUSSERL, Briefwechsel Bd. VI: Philosophenbriefe, Dordrecht 1992, 461.

[283] E. HUSSERL, Zur Phänomenologie der Intersubjektivität, Erster Teil: 1905–1920, Husserliana Bd. XIII, Den Haag 1973, 8.

[284] Vgl. C. WELZ, Love's Transcendence, bes. 30–64. Meine Überlegungen folgen den Analysen von C. Welz.

God is, as it were, a single, universal intentional act, spanning Absolute Subject and Absolute Object«, und dieser universale göttliche Bewusstseinsakt (»divine intentional act«) sei genau dadurch Phänomen oder »appearance« für uns, dass er durch »the universal intersubjective community of finite minds« vermittelt werde.[285] Nun spricht Husserl in der Tat von Gott, dem »idealen Repräsentanten der absoluten Erkenntnis«[286], als »Allbewusstsein«, da man ihm »die ›Fähigkeit‹ zuschreiben« könne, »in Anderer Bewusstsein hineinzuschauen, ... weil Gott nicht *ein* visuelles Feld z. B. hätte, sondern so viele als absolute Bewusstseine sind«[287]. Das heißt, Gott »sieht das Ding von der einen Seite (mit *meinem* Bewusstsein) und ›zugleich‹ von der anderen Seite (mit dem Bewusstsein des *Anderen*)«[288]. Das ist »nur denkbar unter der Bestimmung, dass Gottes Sein alles andere absolute Sein in sich fasst.«[289] Und mit Recht fragt sich Husserl: »Ist das aber denkbar?«[290] Deutlich ist jedenfalls, dass er das erwogene ›göttliche Allbewusstsein‹ auf keinen Fall im Sinn einer der Alleinheit korrelierten Allsubjektivität verstanden wissen will, wie aus einem Anfang der dreißiger Jahre erstellten Text zur Monadologie deutlich wird.[291]

---

285 S. W. Laycock, The Intersubjective Dimension of Husserl's Theology, in: Ders./J. G. Hart (Hg.), Essays in Phenomenological Theology, 169–186, 169 f. Vgl. auch D. Zahavi, Husserl und die transzendentale Intersubjektivität, Dordrecht 1996; P. Hess, Der Mensch muss sterben – das transzendentale Ich ist unvergänglich. Edmund Husserls Argumente für die Unsterblichkeit des transzendentalen Ichs (Diss. Duisburg 2009).

286 E. Husserl, Ideen zu einer reinen Phänomenologie und phänomenologischen Philosophie – Erstes Buch: Allgemeine Einführung in die reine Phänomenologie (1913), Husserliana Band III/1, Den Haag 1976, 350.

287 Husserl, Zur Phänomenologie der Intersubjektivität, 9.

288 A. a. O.

289 A. a. O.

290 A. a. O.

291 Vgl. E. Husserl, Zur Phänomenologie der Intersubjektivität, 3.Teil, Husserliana Band XV, Den Haag 1973, 608–610.

»Das Monadenall, eine monadische All-Einheit, ist im Prozess einer Steigerung in infinitum, und dieser Prozess ist notwendig ein beständiger der Entwicklung von schlafenden Monaden zu patenten Monaden und Entwicklung zu einer sich in Monaden immer wieder konstituierenden Welt, wobei diese Welt konstituierenden Monaden als patent konstituierende nicht alle sind; aber das ganze All ist immer beteiligt an der Fundierung. Und diese Weltkonstitution ist Konstitution eines immer höheren Menschen- und Übermenschentums, in dem das All seines eigenen wahren Seins bewusst wird und die Gestalt eines frei sich selbst zur Vernunft oder Vollkommenheitsgestalt konstituierenden annimmt.

Gott ist das Monadenall nicht selbst, sondern die in ihm liegende Entelechie, als Idee des unendlichen Entwicklungstelos, des der ›Menschheit‹ aus absoluter Vernunft, als notwendig das monadische Sein regelnd, und regelnd aus eigener freier Entscheidung. Diese als intersubjektive ist ein sich notwendig ausbreitender Prozess, ohne den, trotz der notwendig dazugehörigen Verfallsvorkommnisse, das universale Sein eben nicht sein kann etc.«[292]

Gott wird also weder mit einer umfassenden Totalperspektive noch mit der Totalität aller Einzelperspektiven gleichgesetzt, sondern mit der entelechischen Tendenz des Monadenalls, alles Echte und Gute zu verwirklichen und eben so am »Selbstrealisierungsprozess der Gottheit« teilzunehmen.[293] Die Einzelmonaden[294] partizipieren an diesem Prozess, aber dieser ist nicht

---

[292] A. a. O.

[293] A. a. O.

[294] Im Widerspruch zu Leibniz haben diese Husserl zufolge Fenster: »Leibniz sagte, Monaden haben keine Fenster. Ich aber meine, jede Seelenmonade hat unendlich viele Fenster, nämlich jede verständnisvolle Wahrnehmung eines fremden Leibes ist solch ein Fenster, und jedesmal, wenn ich sage, bitte, lieber Freund, und er antwortet mir verständnisvoll, ist aus unseren offenen Fenstern ein Ichakt meines Ich in das Freundes-Ich übergegangen und umgekehrt, eine wechselseitige Motivation hat zwischen uns eine reale Einheit, ja wirklich eine reale Einheit hergestellt. Und die Liebe

mit einer oder allen von ihnen identisch. In diesem Teilhabege-
danken ist mitgesetzt, dass Gott nicht als Phänomen verstanden
wird, sondern als Bedingung der Möglichkeit von Phänomenen,
die eben als solche selbst kein Phänomen ist: Gott ist keine
Monade und auch nicht das Monadenall, »sondern die in ihm
liegende Entelechie«, also das, was dem Monadenall regelnd die
Richtung auf Vervollkommnung des Echten und Guten gibt.
Dieser Gedanke lässt sich nicht umkehren zur These, im Vollzug
ihrer Existenz würden Monaden zum Ort, an dem Gott sich
indirekt als Phänomen erweise. Was phänomenalen Existenzvollzug ermöglicht, wird dadurch nicht selbst zum Phänomen,
so wenig wie Gottes Offenbarungshandeln durch die Aneig-
nungsvorgänge der Offenbarung als Phänomen erwiesen wird.
Auch wenn man argumentiert, Gottes Offenbarungshandeln
sei dem Selbstverständnis der Glaubenden zufolge das in diesen
phänomenalen Prozessen unthematisch Mitgesetzte, kann dieses Offenbarungshandeln in Auslegung dieses Glaubensver-
ständnisses theologisch zwar thematisiert, aber nicht *als Phänomen* thematisiert werden. Es bleibt eine Auslegung auf der
Basis einer Selbstauslegung des Glaubens, auch wenn es theologisch in dessen Sinn als Auslegung der ihn fundierende Selbstauslegung Gottes ausgelegt wird.

Auch Tillich hat keinen Zweifel daran gelassen, dass Gottes
Offenbarungshandeln nicht als Phänomen verstanden werden
kann. Offenbarung beschreibt er als den »Durchbruch des
Unbedingten in die Welt des Bedingten«, das sich als Unbeding-
tes niemals »selbst zu etwas Bedingtem machen lassen« kann,
»zu einem Gebiet neben anderen, zu Religion neben Kultur«,[295]

---

dringt wirklich von Seele zu Seele, und im Befehl wirkt ernstlich und
unmittelbar der eine Wille auf den anderen, fremden Willen, bzw. wirkt
das eine Willenssubjekt auf das andere.« Zur Phänomenologie der Intersubjektivität, 1.Teil, Husserliana Band XIII, Den Haag 1973, 473.

[295] P. Tillich, Religionsphilosophie (1925), in: Ders., Main Works/Haupt-

zu einem Phänomen unter Phänomenen. Offenbarung ist »ein Sich-Zeigen des Unbedingt-Transzendenten als Unbedingt-Transzendentes«, und das kann immer nur *eines* sein (und nicht Verschiedenes oder Mehreres), es kann sich immer nur als Ereignis vollziehen, als »Sich-Verwirklichen des Unbedingt-Verborgenen im Sein« (und nicht als Mitteilung davon), und es kann so immer nur *unbedingt* offenbar werden (und nicht als »teilweise oder halbdunkle Kundgebung«).[296] Dieser »Durchbruch des unbedingten Sinngehalts durch die Sinnform«[297] ereignet sich als »Ergriffenwerden des Seienden durch ein Unbedingt-Ergreifendes«[298], also in dem, was Tillich »Glaube« nennt.

> »Glaube ist immer Offenbarungsglaube, denn Glaube ist Erfassung des unbedingten Gehalts durch die bedingten Formen hindurch. Der autonome Unglaube kennt keine Offenbarung, sondern nur Formschöpfung. ... Der heteronome Glaube sieht nicht den Durchbruchscharakter der Offenbarung. Er gibt dem Offenbarungsmittler die Absolutheit der Offenbarung selbst und zerstört dadurch die autonome Formschöpfung. Der Streit zwischen der heteronomen Deutung und autonomen Verneinung der Offenbarung ist nur zu schlichten durch die Einsicht in den *paradox-symbolischen Charakter der Offenbarung.*«[299]

Gerade dieser Charakter schließt aus, dass Offenbarung als Phänomen verstanden werden kann. Sie ist niemals als solche ›gege-

---

werke 4: Writings in the Philosophy of Religion/Religionsphilosophische Schriften, hg. v. J. Clayton, Berlin 1987, 118–170, 118. Dass die Religion nicht eine kulturelle Sphäre neben anderen, keine ›symbolische Form‹ neben anderen ist, ist auch als Kritik an E. Cassirers Philosophie der symbolischen Formen zu lesen. Vgl. zu dessen Verhältnis zu Heidegger die Arbeit von HÖFNER, Sinn.

296 P. TILLICH, Offenbarung: Religionsphilosophisch (1930), in: DERS., Main Works/Hauptwerke 4, a. a. O. 237–242, 239.

297 TILLICH, Religionsphilosophie, 160.

298 TILLICH, Offenbarung, 239.

299 TILLICH, Religionspilosophie, 160.

ben‹, sondern kann immer nur im Durchbrechen bedingter Formen erfahren werden, aber auch das nur dann, wenn dieses Durchbrechen als Durchbruch des unbedingten Sinngehalts erlebt und verstanden wird. Ebendas aber ist immer nur im und für den Glauben der Fall, während autonomer Unglaube und heteronomer Glaube keine Offenbarungswahrnehmung haben, weil sie abstrakt entweder nur die Form oder nur den Inhalt thematisieren und damit keine Offenbarung zu Gesicht bekommen. Nur für den Glauben ›zeigt sich‹ das Unbedingte im Bedingten, aber *was* sich dem Glauben zeigt, ist kein Phänomen, sondern das Durchbrechen und Infragestellen der Phänomenalität von Phänomenen, das für andere oder Dritte so nicht wahrnehmbar ist. Sie sehen immer nur Menschen, die bekennen, dass sie glauben, aber nicht den Glauben, den diese bekennen, und nicht das Erfassen des Unbedingten im Bedingten, als das sich dieser Glaube versteht.

Phänomenologisch gilt daher, dass sich Gottes Handeln nicht beschreiben lässt. Es ist kein Phänomen, und auch als das in Phänomenen unthematisch Mitgesetzte kommt es nur in der Sicht der Glaubenden selbst in den Blick. Von anderen beschrieben werden können die Lebensvollzüge gläubig handelnder Menschen, nicht das Handeln Gottes, das deren Selbstverständnis zufolge diese Lebensvollzüge ermöglicht, trägt und bestimmt. Macht Theologie daher Gottes Handeln zum Gegenstand, benötigt sie eine andere Methode als die der Phänomenologie, entwirft sie sich als Phänomenologie, macht sie nicht Gottes Handeln zum Gegenstand.

XI. Resonanzanalyse der Offenbarung

Die sich damit abzeichnende Differenz im Theologieverständnis wurde von Barth und Bultmann exemplarisch und in korrespondierender Einseitigkeit realisiert. Beide sind sich einig, dass evangelische Theologie nicht als religionsgeschichtliche Theorie des Christentums, sondern als Resonanzanalyse der Offenbarung zu konzipieren sei, wenn sie sich sachlich nicht überflüssig machen wolle. Während der eine diese Resonanzanalyse aber als Glaubenstheologie entwirft, konzipiert sie der andere als Offenbarungstheologie.

1. BULTMANNS GLAUBENSTHEOLOGIE

Bultmann gründet seine Theologie auf die Antwort-Struktur des Glaubens, der sich selbst als durch Gottes Offenbarung begründet bekennt: Phänomenal gegeben ist nicht Gottes Offenbarungshandeln, sondern allein der Glaube daran, genauer: die geschichtlichen Manifestationen des Wechsels vom Unglauben zum Glauben, die Glaubende auf Gott selbst zurückführen.

Diese Auffassung wirft zwei folgenreiche Probleme auf. Zum einen legt die Rede von der Antwort-Struktur des Glaubens das gängige theologische Missverständnis nahe, dieser sei die menschliche Antwort auf eine göttliche Anrede. Aber das ist irreführend. Gottes ›Anrede‹ erfolgt nie anders als durch Zeichen vermittelt, also im Fall des Evangeliums in, mit und unter menschlicher Evangeliumsverkündigung. Darüber hinaus ist das Dass und das Was des Glaubens nicht weniger als *opus dei* zu verstehen als die Sache der Anrede, auf die der Glaube bezogen ist. Zu unterscheiden sind theologisch stets zwei Verhältnispaare: auf der einen Seite das Verhältnis von *menschlicher Anrede* (Verkündigung) und *menschlicher Antwort* (Verstehen der Verkündigung und Anerkennen des Verkündigten), auf der anderen Seite das Verhältnis von *göttlicher Selbsterschließung* (Offenbarung; Wort Gottes) und *göttlicher Anteilgabe am sich selbst erschließenden göttlichen Leben* (Glauben). Wie auf der einen Seite daher ein Verhältnis zu denken ist zwischen *Wort Gottes* (*verbum aeternum*) und menschlicher Verkündigung (*verbum externum; viva vox evangelii*), so ist auf der anderen Seite ein Verhältnis zu denken zwischen dem Verstehen der Verkündigung (*verbum externum*) und dem Partizipieren an Gottes Leben (*verbum internum*). Die Struktur der Glaubenssituation ist also keine Relation zwischen Gott und Mensch, sondern die Präsenz Gottes beim Menschen, der durch Gott selbst in das göttliche Leben anaphorisch (im Blick zurück) und kataphorisch (im Blick voraus) einbezogen wird.[300]

---

[300] Anapher und Katapher sind rhetorische bzw. linguistische Figuren, die hier im übertragenen Sinn aufgegriffen werden. So ist ein Satz (oder Satzteil) p anaphorisch zu einem Satz (oder Satzteil) q, wenn q Antezedens von p ist und p in seinem Sinn von q abhängig ist. Zum Beispiel: ›Frieda Kahlo lebte mit Diego Rivera‹ (q). ›Er behandelte sie schlecht‹ (p). Eine entsprechende Abhängigkeit von Vorausgehendem gilt auch für das christliche Grundbekenntnis zu Jesus Christus: ›Gott offenbart sich in der Auferweckung des Gekreuzigten als erbarmende Liebe‹ (q). ›Christen glauben an Jesus Christus‹ (p). Im einen wie im anderen Fall kann man den Satz(teil) p nicht verstehen, ohne auf q zurückzugehen. Entsprechendes gilt von der Katapher. So ist ein Satz (oder Satzteil) p kataphorisch zu einem Satz (oder Satzteil) q, wenn das, was p sagt, erst durch das verständlich wird, was später durch q gesagt wird. Beispiel: ›Sie war erschöpft‹ (p). ›Deshalb ging Frieda früh ins Bett‹ (q). Entsprechend gilt für das christliche Hoffnungsbekenntnis: ›Christen hoffen auf Gott‹ (p). ›Die schöpferische Liebe behält das letzte Wort‹ (q). Zu den linguistischen Problemen solcher zurück- bzw. vorausweisender Sinnbeziehungen vgl. M. Consten, Anaphorisch oder deiktisch?, Tübingen 2004.

Geht man zum andern theologisch von der Gegebenheit des Glaubens in seinen geschichtlichen Manifestationen aus, dann steht man methodisch vor dem Problem, diese Glaubensmanifestationen von anderen Phänomenen, die nicht Manifestationen des Glaubens sind, zuverlässig zu unterscheiden. Aber wie soll das möglich sein? Man kann mithilfe neutraler Kriterien unter den historischen Fakten keine Heilsfakten, in der Geschichte keine Heilsgeschichte, unter den Lebensphänomenen keine besondere Gruppe von Glaubensphänomenen identifizieren, wie Bultmann nicht müde wurde zu betonen. Es gibt Menschen, die überzeugt sind zu glauben, und andere, die das vehement bestreiten. Aber wie kann man wissen, ob das eine Glaube und das andere Unglaube manifestiert? Die Differenz zwischen Glaube und Unglaube tritt nicht auf der Ebene der Phänomene, sondern – um es im Jargon des Marburger Neukantianismus zu sagen – allein auf der Ebene der *Reihe* der Phänomene in Erscheinung: Der Glaube fügt keine neuen Phänomene zum Leben eines Menschen hinzu, sondern rückt alle Lebensphänomene in ein neues und anderes Licht. Er eröffnet eine neue Reihe und addiert nicht bloß einige neue Phänomene zur alten Reihe.

Der Übergang vom Unglauben zum Glauben ist deshalb auch nicht graduell, gleitend oder vermittelt, kein Mehr oder Weniger, sondern ein striktes Entweder-Oder, eine ›Entscheidung‹, wie Bultmann im Anschluss an Kierkegaard sagt, zwischen zwei alternativen Lebensreihen oder Grundorientierungen des Lebens. Diese Entscheidung hat den Charakter des Immer-schon-entschieden-Habens, ist also keine Wahl zwischen frei verfügbaren Optionen.[301] Jeder Mensch lebt existen-

---

[301] Vgl. CH. LANDMESSER, Der Mensch in der Entscheidung. Anthropologie als Aufgabe der Theologie in der Auseinandersetzung mit Rudolf Bultmann, in: DERS./A. KLEIN (Hg.), Rudolf Bultmann (1884–1976) – Theologe der Gegenwart. Hermeneutik – Exegese – Theologie – Philosophie, Neukirchen-Vluyn 2010, 87–110.

tiell in diesem Entweder-Oder, und es gibt keinen, der ihm auf einer neutralen Position gegenüberstünde und von dort aus das eine oder das andere oder auch keines von beiden wählen könnte. Jeder lebt faktisch im Unglauben oder im Glauben, auch wenn er das Erste nicht weiß, wenn ihm das Zweite nicht bekannt ist. Niemand lebt im Glauben, der nicht aus dem Unglauben käme, und weil keiner von sich aus vom Unglauben in den Glauben wechseln will oder kann, lebt niemand im Glauben, ohne das Gott zu verdanken: Der Glaube weiß sich anaphorisch und kataphorisch in Gottes Heilshandeln gegründet, und ebendas manifestiert sich existentiell im Entweder-Oder von Glaubensleben und Leben im Unglauben.

Diesem existentiellen Entweder-Oder versucht Bultmann methodisch durch einen Doppelschritt gerecht zu werden. Zum einen verlegt er den Akzent von den Heils*fakten* bzw. der Heils*geschichte* auf das Heils*geschehen* bzw. Heils*ereignis*. Zum andern analysiert er dieses nicht direkt, sondern indirekt anhand der Resonanzphänomene des Glaubens, in denen es nichtthematisch mit- bzw. vorausgesetzt ist. Nicht das Heilsgeschehen (die Offenbarung und der Glaube) ist also Phänomen, sondern allein die existentiellen Manifestationsweisen des Glaubens in der Geschichte. Die gäbe es nicht, wenn es keinen Glauben gäbe, und den gibt es nur, insofern das Heilshandeln Gottes, dem er sich verdankt, unthematisch mitpräsent ist.

Das sich damit abzeichnende Theologieprogramm ist bekannt: Nur ein Glaube, der sich existentiell und geschichtlich manifestiert, kann theologisch reflektiert werden (Theologie ist eine *ontische Wissenschaft*), aber diese Reflexion verfehlt ihre theologische Aufgabe und Pointe, wenn sie das nicht ausdrücklich zum Thema macht, was im Glauben unthematisch mitgesetzt ist: *Gottes Heilshandeln* (diese ontische Wissenschaft ist *Theologie*). Diese indirekte Thematisierungsstrategie prägt alle wesentlichen Züge von Bultmanns Theologie, auch das Programm der existentialen Analyse biblischer Texte. Die ontische

Gegebenheit des Glaubens manifestiert sich nicht in besonderen Heilsfakten, sondern in der Neuorientierung des Lebens an Gott, die aus der Begegnung mit dem Kerygma resultiert. Diese Neuorientierung kommt nicht in bestimmten einzelnen Lebensphänomenen, sondern im Wechsel von einem Leben im Unglauben zu einem Leben im Glauben zum Ausdruck. Diesem kerygmatisch bedingten existentiellen Wechsel muss die Theologie nachdenken, wenn sie den Glauben und das in ihm mitgesetzte Heilshandeln Gottes anhand der geschichtlichen Lebensphänomene des Glaubens verstehen will. Es gibt keinen Glauben ohne Verstehen, aber Verstehen allein ist nicht Glaube, sondern der Versuch, das, was im Glauben geschieht, sich und anderen verständlich zu machen. Man glaubt nicht von sich aus, und man versteht auch nicht durch sich selbst. Beides, der Glaube und das Verstehen, wird von Glaubenden vielmehr Gott verdankt – der *Glaube* Gottes Wort, in dem Gott als Gott verstehbar und verständlich gegenwärtig wird, und das *Verstehen* Gottes Geist, durch den Gottes Gegenwart wahrgenommen (also verstanden) und für wahr genommen (also anerkannt) wird.

2. BARTHS OFFENBARUNGSTHEOLOGIE

Barth verfährt anders. Er geht nicht vom Glauben als existentieller Realität und geschichtlicher Gegebenheit aus, weil sich der Glaube phänomenal so nicht eindeutig fassen lässt, sondern er versteht den Glauben von der Selbstoffenbarung Gottes in Christus her, die er ihrerseits biblisch-christologisch entfaltet. Mit dem Bezug auf Jesus Christus anhand des Zeugnisses der Schrift, die Jesus als Christus, also als Gottes Sein mit uns Menschen (Gottessohn) und als unser Sein mit Gott (Menschensohn) auf mannigfache Weisen zur Sprache bringt, gewinnt er ein Kriterium, um den Glauben von seinen Manifestationen in der Geschichte des Christentums zu unterscheiden. Allerdings muss

er dieses Kriterium selbst dogmatisch konstruieren, weil sich
Gottes Selbstoffenbarung nicht in den geschichtlichen Phänomenen als solchen erschließt, sondern nur aufgrund des Zeugnisses der biblischen Texte thematisieren lässt. Zwar ist keine
Christologie, sondern die Orientierung an Jesus Christus das
Kriterium rechter Theologie, wie Barth betont. Aber der Jesus
Christus, an den Christen glauben und dem die Christologie
nachdenkt, ist als gemeinsamer Bezugspunkt christlicher Lebensorientierung und christologischen Nachdenkens nur über
das Zeugnis der Schrift eindeutig identifizierbar. Dort kommt
er als Immanuel, als das geschichtliche Ereignis der Selbstoffenbarung Gottes zur Sprache, in dem sich der ewige Gott in der
Zeit in eschatologischer Endgültigkeit als Gott für uns Menschen erschließt. Dieses Christuszeugnis bietet (phänomenologisch gesprochen) den ›Vorbegriff‹ dessen, was die Theologie
dogmatisch rekonstruieren muss, um den so bezeugten Christus aller kirchlichen Verkündigung und theologischen Lehre
gegenüber immer wieder als normatives Prius kritisch zur Geltung zu bringen.

Das damit umrissene phänomenologische Verfahren lässt
sich in der ganzen *Kirchlichen Dogmatik* beobachten, besonders
deutlich in KD IV,1. Im 13. Kapitel (Der Gegenstand und die Probleme der Versöhnungslehre) wird zunächst ausführlich »Das
Werk Gottes des Versöhners« (§ 57) beschrieben und damit der
›Phänomenbestand‹ geschildert, an dem sich »Die Lehre von der
Versöhnung« (§ 58) zu orientieren hat. Aber auch unterhalb dieser großflächigen Struktur von Phänomenbestand und Lehre
wiederholt sich dieses Verhältnis innerhalb der einzelnen Ab-
schnitte. So beginnt der 1. Abschnitt von § 57 (Gott mit uns)
mit einer »ersten allgemeinsten Annäherung« an die so »in der
gröbsten Kontur bezeichnete Sache«, die es im Folgenden zu bedenken gilt.[302] Diese Sache wird in sieben Punkten näher be-

---

[302] KD IV,1, 2 f.

schrieben, die hervorheben, dass es (1) um die »Beschreibung einer Tat Gottes, oder besser: Gottes in dieser seiner Tat« geht;[303] dass (2) diese Tat »als eine unter anderen zugleich das Telos aller göttlichen Taten« ist;[304] dass (3) damit die Geschichte zwischen »Gott und der ganzen Kreatur ... in ihrer Mitte und Spitze zur Heilsgeschichte wird«;[305] dass (4) dadurch Gott »als der in Freiheit Liebende« und der Mensch als der bestimmt wird, dessen Würde darin besteht, »als solcher von Gott zum Heil ausersehen« zu sein; dass dies (5) deutlich macht, dass der Mensch »ganz anderswo als da« steht, »wo er nach dem, was Gott ihm zugedacht hat, stehen müsste«, dass er also Sünder ist;[307] dass (6) angesichts dessen »Gott sich selbst zum Vollstrecker seines Heilswillens gemacht hat«, also »Mensch geworden ist, um sich ... in göttlicher Souveränität, unserer Sache anzunehmen«[308] und dass (7) von diesem freien und ungeschuldeten ›Gott mit uns‹ her allen Ernstes auch ein ›Wir mit Gott‹ in den Blick kommt: »Dieses ›Wir mit Gott‹, das in dem ›Gott mit uns‹ eingeschlossen ist, ist der christliche Glaube, die christliche Liebe, die christliche Hoffnung«.[309] Theologisches Nachdenken über Glaube, Liebe und Hoffnung muss diese christlichen Lebensphänomene daher bis ins Detail aus dem Grundgeschehen des ›Gott mit uns‹ verstehen, in dem sie mitgesetzt und durch das sie bedingt und bestimmt sind. Weil Theologie das nicht kann, ohne dieses Grundgeschehen klar und unmissverständlich vor Augen zu haben, ist sie methodisch an die Konkretion dieser sieben Aspekte in dem Grundereignis verwiesen, von dem her »es unter uns Menschen

---

[303] KD IV,1,4.
[304] KD IV,1,6.
[305] KD IV,1,7.
[306] KD IV,1,8 f.
[307] KD IV,1,9.
[308] KD IV,1,11.
[309] KD IV,1,14 f.

zu einer *Kommunikation* dieses ›Gott mit uns‹« gekommen ist
und das den »Namen trägt, *Jesus Christus*«[310]. Dieser ist »das Er-
kenntnisprinzip« für alles, was theologisch von Gott und Mensch
zu sagen ist, und damit das Grundphänomen, an dem sich alle
Theologie messen lassen muss.[311] Dieses Grundphänomen ist
etwas ganz und gar Einzelnes, ein konkretes Geschehen, keine
»besondere Gestalt eines Allgemeinen, die als solche auch aus-
wechselbar wäre«[312]. Man kann es nicht irgendwo, sondern nur
genau dort finden, wo es in Erscheinung tritt und sich als solches zeigt. Dieses konkrete Geschehen, das den Namen ›Jesus
Christus‹ trägt, wird für theologisches Nachdenken daher auf
keine andere Weise als im »Bericht und Zeugnis«[313] der christlichen Botschaft im Neuen und Alten Testament sachlich zugänglich und methodisch zuverlässig beschreibbar. Nur indem
sie dieses Zeugnis nach- und ausbuchstabiert, bleibt Theologie
bei ihrer Sache.

Der methodische Zirkel dieser ›phänomenologischen‹ Argumentation springt in die Augen: Die Dogmatik konstruiert das
Phänomen (die ›Sache‹), an dem sich alle Dogmatik zu orientieren hat, und auch wenn sie es als Rekonstruktion dessen aus-
gibt, was die Schrift bezeugt, bleibt es doch eine dogmatische
Konstruktion. Wie Bultmanns Theologie im Horizont des Selbstverstehens verbleibt, so die Barths im Horizont des Schriftver-
stehens.

Bultmann hatte versucht, theologisch das Verstehen Gottes
konsequent vom menschlichen Selbstverstehen her zu entfalten, indem er das Selbstverständnis des im Glauben immer
zugleich um sich selbst wissenden Menschen als Schlüssel zum
rechten Gottesverständnis verstand. Ebendamit aber blieb seine

---

[310] KD IV,1, 16 f.
[311] KD IV,1, 17.
[312] KD IV,1, 21.
[313] KD IV,1, 17.

theologische Entfaltung des Gottesverständnisses an den Horizont menschlichen Selbstverstehens im Glauben gebunden und vermochte über Gottes Handeln nur zu sagen, dass es vom menschlichen Selbstverstehen her in der Glaubensdifferenz von Sünde und Gnade notwendig, aber unthematisch mitgesetzt sei.

Barth dagegen geht es gerade umgekehrt darum, wie Gott sich und uns versteht. Er sucht das menschliche Gottes- und Selbstverstehen konsequent vom göttlichen Selbstverstehen her zu entfalten, das er in der dogmatischen Nacherzählung des Schriftzeugnisses als Selbstauslegung Gottes in sich selbst (Trinität) und für uns im christologisch (Jesus Christus) und pneumatologisch (Geist) konkretisierten Offenbarungsgeschehen begreift. In der Gemeinschaft von Vater, Sohn und Geist, so lautet seine These, versteht Gott sich immer schon selbst als aus Freiheit überströmende Liebe zu dem von ihm Verschiedenen und legt dieses Selbstverständnis im Offenbarungsgeschehen von Kreuz und Auferstehung Jesu für uns Menschen konkret geschichtlich aus. Nicht das menschliche Selbstverstehen, sondern die göttliche Selbstauslegung ist daher der Schlüssel zum Verstehen Gottes, d. h. zu dem, wie Gott von uns verstanden werden muss, um wirklich als Gott verstanden zu werden. Doch die Einsicht in dieses Offenbarungsgeschehen verdankt sich ganz dem Zeugnis der Schrift. Wie daher Bultmann seine Theologie am Leitfaden seiner existentialen Analyse menschlicher Existenz im Horizont menschlichen Selbstverstehens im Glauben entfaltet, so Barth seine Theologie am Leitfaden seiner Schriftauslegung im Horizont einer dogmatischen Rekonstruktion der Selbstoffenbarung Gottes in Jesus Christus.

3. Systematische Unbestimmtheit und
dogmatische Konstruktion

Bultmann und Barth stehen damit vor korrespondieren Problemen, wenn es um die theologische Klärung dessen geht, was mit
der Metapher vom ›Handeln Gottes‹ gemeint ist.

Bultmann versucht diesen theologischen Orientierungs-
punkt von der gläubigen Existenz aus zu thematisieren, ihn also
von der diastatischen Zeitstruktur des Glaubens her zu denken,
der sich anaphorisch als durch Gottes Handeln begründet bekennt und kataphorisch auf eine letztendliche Klärung dessen
hofft, was ›Gottes Handeln‹ für die Wahrheit menschlichen Lebens besagt. Was mit dieser Metapher gemeint ist, scheint sich
aber zwischen retrospektiver und prospektiver Unbestimmtheit ins willkürlich Kontingente zu verflüchtigen, so dass sich
das Anderssein dieses Orientierungspunktes gegenüber seinen
jeweiligen Thematisierungen nur negativ aufrechterhalten, die
phänomenologische Grundintention sich *positiv* also nicht verwirklichen lässt.

Geht man dagegen wie Barth positiv vom sich selbst erschließenden Offenbarungshandeln Gottes aus und entfaltet dieses in
seinem göttlichen Anderssein inhaltlich, setzt man sich dem
Vorwurf der dogmatischen Konstruktion aus. Die phänomenologische Intention scheint in diesem Fall nur gewahrt werden
zu können, indem man das phänomenologische Korrekturmo-
ment der Beschreibung selbst als Konstruktion präsentiert. Gott
ist Phänomen allein dort, wo er sich als solches manifestiert: in
Jesus Christus. Dass er das dort tut, ist aber selbst nicht phänomenal evident, sondern wird nur evident, weil und insofern
Gott es in seinem Wirken als Geist Menschen evident werden
lässt: Dass Christus der phänomenale Gott ist, ist erst im Horizont dessen evident, was in der Pneumatologie dargelegt wird.
Ohne Geist keine Erkenntnis, dass Jesus Christus Gottes Offenbarungshandeln als geschichtliches Phänomen ist, ohne diese

Erkenntnis aber keine Möglichkeit, Gottes Gegenwart im Glauben und den Glauben in der Geschichte zu identifizieren.

Auf dem Weg der Glaubensphänomenologie kommt damit das Handeln Gottes nicht in den Blick, sondern nur das Zeugnis des Glaubens, sich anaphorisch dem zu verdanken, was es ›Gottes Handeln‹ nennt, und kataphorisch darauf zu hoffen, dass sich der Sinn dieser Metapher in der Zukunft der Welt klären wird. Auf dem Weg der Offenbarungstheologie dagegen wird das Handeln Gottes dogmatisch auf der Basis des Schriftzeugnisses konstruiert und damit der Weg phänomenologischer Beschreibung verlassen. So oder so scheint sich eine phänomenologische Theologie als ein hölzernes Eisen zu erweisen. Weder der Rekurs auf den Glauben noch auf die Selbstoffenbarung Gottes bieten dafür einen hinreichenden phänomenalen An-satzpunkt.

4. Ereignishermeneutik der anaphorisch-kataphorischen Struktur des Glaubens

Es sei denn, Theologie wird radikal und entwirft sich als *Ereignis-hermeneutik der anaphorisch-kataphorischen Struktur des Glaubens*, die als explorative (erkundende) und imaginative (vorstellungskräftige) Hermeneutik der *Selbstvergegenwärtigung Gottes im menschlichen Leben* entwickelt wird. Was soll das heißen?

Wie Bultmann gezeigt hatte, kann sich Theologie nicht auf objektive Heilstatsachen oder eine besondere Heilsgeschichte gründen, ohne aporetisch zu werden. Er versuchte daher, sie nicht auf *Heilsgeschichte*, sondern auf das existenzerhellende *Heilsereignis* des christlichen Kerygmas zu konzentrieren.[314]

---

314 Vgl. R. Bultmann, Heilsgeschehen und Geschichte. Zu Oscar Cullmann, Christus und die Zeit, in: ThLZ 73 (1948), 659–666, 665.

Die hermeneutische Theologie der Bultmannschüler Ebeling und Fuchs präzisiert das, indem sie dieses Heilsereignis seinerseits als *Sprachereignis* bzw. *Wortgeschehen* bestimmt,[315] in dem Menschen durch Gottes Selbstvergegenwärtigung so ausgelegt werden, dass sie im Licht christlicher Verkündigung Gott, sich und ihre Welt neu verstehen. Menschen sind dabei der Ort, nicht die primären Akteure dieser Auslegung. In Übereinstimmung mit dem späteren Heidegger wird hermeneutisch der Fokus von der Existenz und Geschichte auf die Sprache verlegt und betont, dass wir immer schon in einer sprachlich erschlossenen und gedeuteten Welt leben.[316] Die Pointe christlicher Glaubenskommunikation besteht nun nicht darin, diese Deutungen zu bestätigen oder ihnen eine weitere hinzuzufügen, sondern Menschen in ihren Deutungswelten (negativ gesagt) zu *dislozieren* (ihre bisherigen Orientierungen also radikal zu problematisieren: christliche Desorientierung) und sie (positiv gesagt) in anderer Weise *neu zu orientieren* (christliche Re-Orientierung), ihnen also zu ermöglichen, im Licht der Gegenwart Gottes einen radikal anderen Blick auf diese Welt und ihr Leben in dieser Welt zu gewinnen.[317]

Dieser neue Blick auf das Leben ist kein zusätzliches oder neues Lebensphänomen, so gewiss der dadurch orientierte christliche Lebensvollzug phänomenale Gestalten ausbildet, die sich als ›christliches Leben‹ von anderen Lebensweisen empi-

---

315 Vgl. J. M. Robinson, Die Hermeneutik seit Karl Barth, in: Ders./J. B. Cobb (Hg.), Die Neue Hermeneutik, 13–108, 83 f.

316 Vgl. G. Noller (Hg.), Heidegger und die Theologie; Jäger, Gott, 1–133.

317 Christliche Sprachprozesse sind insofern *Stör- und Unterscheidungsprozesse* im vertrauten Welt- und Lebensumgang. Christen haben das Bestehende und Vorfindliche nicht zu bestätigen, zu begründen oder zu legitimieren, sondern kritisch auf das hin zu bedenken, was daran zukunftsfähig und zu fördern oder aber zukunftsunfähig und damit zu überwinden und zu beenden ist.

risch unterscheiden lassen. Aber dieses gibt es nicht anders als in der Vielfalt seiner Deutungen, und keine davon ist per se das, was in ihnen als ›Handeln Gottes‹ angesprochen wird. Wer das damit Gemeinte als Phänomen unter Phänomenen sucht, wird nur Deutungen unter Deutungen finden, aber nichts, was sich für das Deuten als Handeln Gottes zeigt.[318] Wo Menschen Gottes Handeln als das bezeugen, was sie von einem selbstzentrierten zu einem Gott-orientierten Leben verändert hat, verorten sie diesen Orientierungswechsel retrospektiv-anaphorisch und prospektiv-kataphorisch in einem Zusammenhang, den sie metaphorisch ›Handeln Gottes‹ nennen.

Mit der abduktiven Metapher von ›Gottes Handeln‹, die im Blick zurück weiter als *Offenbarung, Schöpfung* etc. und im Blick voraus als *Erlösung, Vollendung* usf. konkretisiert werden kann, nehmen sie auf etwas Bezug, was sich im Sichzeigen der Phänomene *nicht* zeigt, ihr Sichzeigen aber als Herkunft, Hintergrund und Ziel begleitet und bestimmt, auch wenn es nur da ist, indem es sich entzieht: Gottes abwesende Anwesenheit.

---

[318] In dieser Hinsicht trifft die Kritik H. Brauns oder F. Buris an Bultmanns gegenständlichem Reden vom Handeln Gottes. Vgl. H. Braun, Die Problematik einer Theologie des Neuen Testaments, in: Ders., Gesammelte Studien zum Neuen Testament und seiner Umwelt, Tübingen ²1967, 325–341; F. Buri, Entmythologisierung oder Entkerygmatisierung der Theologie, in: Kerygma und Dogma II, Hamburg 1952, 85–101. Ihre Therapievorschläge, das Wort ›Gott‹ als Ausdruck für Agape, eine bestimmte Form der Mitmenschlichkeit, zu verstehen (Braun) oder die Entmythologisierung zur Entkerygmatisierung zu radikalisieren, schütten aber das Kind mit dem Bade aus. Man muss nicht zwischen den Alternativen wählen: entweder mythische Rede von Gott oder Ethik der Mitmenschlichkeit bzw. der Ehrfurcht vor dem Leben, weil es weitere Möglichkeiten gibt, insbesondere die, den metaphorischen Charakter der Rede vom ›Handeln Gottes‹ ernst zu nehmen und diesen zum hermeneutischen Leitfaden des theologischen Denkens zu machen.

Dass das so ist, tritt nicht an den Phänomenen als solchen in Erscheinung, sondern zeigt sich erst in der Sicht des Glaubens: Gott ist phänomenal *nicht anwesend*, aber auch nicht einfach *nicht da*, sondern als phänomenal Abwesender *mit* den Phänomenen anwesend – das, was mit ihrem Dasein unthematisch mitgesetzt ist und als solches nicht aus ihnen selbst erschlossen werden kann, sondern erst in der Sicht und Auslegung des Glaubens ausdrücklich thematisch wird. Auf der Ebene der Phänomene tritt es im Rückblick und im Vorblick als *Lücke* in Erscheinung, die sich selbst nicht als Phänomen thematisieren lässt, weil sie kein Phänomen ist, sondern den *Standpunkt* und den *Horizont* markiert, von dem aus bzw. in dem die Phänomene in der Sicht des Glaubens in anderer und neuer Weise, nämlich als *Gottes gute* und *verkehrte Schöpfung* in den Blick kommen. Es ist der *blind spot* des Glaubens, der kein Phänomen unter Phänomenen ist,[319] sondern von dem her und auf den hin Phänomene überhaupt erst als Schöpfung oder als Manifestationen des Glaubens in Erscheinung treten (können). Nur vom Glauben her lassen sie sich so thematisieren, der im Rückblick auf seine Genese und im Vorausblick auf sein Ziel das nicht phänomenal Fassbare, dem er sich verdankt und auf dessen sich durchsetzende Kraft er hofft, metaphorisch als ›Handeln Gottes‹ versteht und in verschiedenen theologischen Reflexions- oder Orientie-

---

[319] Werden der Glaube und seine Manifestationen von anderem Standpunkt aus in den Blick genommen, wird also – um es mit Luhmann zu sagen – sein Beobachten seinerseits beobachtet, dann kommt er als die Glaubensweise und das Glaubensleben bestimmter Menschen(gruppen) in den Blick, also als *Glaube von Christen*. Der aber stellt als historisches und empirisches Phänomen immer eine Mixtur aus christlichen und nicht christlichen Momenten dar, ist also bestenfalls ein mehr oder minder deutlicher und stets vertiefbarer und verbesserbarer Prozess der Umwandlung konkreten menschlichen Lebens in ein christliches Leben, aber nicht unzweideutige Manifestation des Glaubens im Leben von Menschen.

rungsbegriffen als Wort Gottes, Offenbarung, Schöpfung, Erlösung usf. näher bestimmt und zur Sprache bringt.

Methodischer Ausgangspunkt dieser theologischen Explikation ist bei Barth das Schriftzeugnis, das auf Gottes Selbstoffenbarung als sein Woher verweist und Gott als Woraufhin des Glaubens zu entfalten nötigt. Bei Bultmann dagegen ist es der Phänomenkomplex des Glaubens, der das, dem er sich verdankt und auf das er hofft, mit der Metapher ›Gottes Handeln‹ bezeugt. Für beide gilt dabei ein Vierfaches. Zum einen lassen sich die Bezugspunkte des anaphorischen wie des kataphorischen Rück- und Vorausbeziehens für den theoretischen Blick wissenschaftlicher Beschreibung nur *negativ* bestimmen als das, worauf die zum Ausgang genommenen Phänomene *selbst verweisen*, ohne dass es an und für sich als Phänomen zu fassen wäre. Man kann wissenschaftlich weder behaupten, dass es diese Referenzpunkte des Glaubens gibt, noch bestreiten, dass es sie geben kann.[320] Zum andern kann man selbst diese negative Phänomenologie nur vollziehen, wenn man die Partizipantenperspektive zum Ausgangspunkt nimmt. Wird das nicht getan, ist das Resultat keine negative Phänomenologie des Glaubens, sondern dessen Negation: Man beschreibt im Rückblick oder Vorausblick nicht negativ eine Lücke, sondern nichts. Zum Dritten variieren die metaphorischen Bestimmungen des anaphorischen wie des kataphorischen Bezugs in der Partizipantenper-

---

[320] R. BULTMANN, Ist voraussetzungslose Exegese möglich?, in: Theologische Zeitschrift 13 (1957), 409–417, 411 f.: »Während z. B. die alttestamentliche Ge - schichtserzählung vom handelnden Eingreifen Gottes in die Geschichte redet, kann die historische Wissenschaft nicht ein Handeln Gottes konsta- tieren, sondern nimmt nur den Glauben an Gott und sein Handeln wahr. Als historische Wissenschaft darf sie freilich nicht behaupten, daß solcher Glaube eine Illusion sei, und daß es kein Handeln Gottes in der Geschichte gäbe. Aber sie selbst kann das als Wissenschaft nicht wahrnehmen und damit rechnen ...«.

spektive mit den konkreten Gegebenheiten, auf deren Basis sie konzipiert und entworfen werden: Man muss nicht die Metapher ›Handeln Gottes‹ verwenden, um von dem zu sprechen, womit von ihr gesprochen wird. Viertens kann man das, was in der Partizipantenperspektive mit welchen Metaphern auch immer als das bezeugt wird, was von der Schrift bzw. im Glauben als unverfügbarer Grund vorausgesetzt oder als erhofftes Ziel ersehnt wird, nicht thematisieren, ohne *alle* Phänomene von hier aus in das Licht dessen zu rücken, was sich im Sichzeigen der Phänomene *nicht* zeigt, ihr Sichzeigen aber unabweisbar begleitet und bestimmt, auch wenn es nur da ist, indem es sich entzieht.

Von dieser phänomenalen Lücke im Rücken und in der Zukunft, die das anaphorische Woher und kataphorische Wohin des Glaubens ist und metaphorisch als ›Handeln Gottes‹ zur Sprache gebracht wird, fällt ein anderes Licht auf alles. Thematisiert wird damit kein besonderes neues Phänomen unter oder neben anderen, sondern *eine neue Sicht aller Phänomene* – nicht weil man das will, obwohl man es auch lassen könnte, sondern weil man nicht anders kann als sich und alles andere im Gewahrwerden dieser Lücke retrospektiv und prospektiv radikal anders und neu zu verstehen.

XII. Radikale Theologie

Radikale Theologie, die die anaphorisch-kataphorische Dynamik des Glaubens im Rückblick auf sein Woher und im Vorausblick auf sein Wohin entfaltet und reflektiert, beschreibt keine neuen Phänomene (Erfahrung), sondern beschreibt alle Phänomene neu (Erfahrung mit der Erfahrung), entfaltet also einen *neuen Blickpunkt* (Standpunkt und Horizont), von dem her alle Phänomene neu zu sehen und zu verstehen sind.

Von anderem Standpunkt aus mag dieser neue Blickpunkt nur als ein *anderer* Gesichtspunkt erscheinen, eine andere Variante in der Reihe der (kulturellen oder religiösen) Phänomene. Das ist nicht falsch. Dass man ihn so sehen kann, ist im Gegenteil wesentlich für diesen Standpunkt. Es ist die Bedingung dafür, dass man sich von ihm aus tatsächlich auf die *Erfahrungen dieses Lebens* beziehen kann (die ›Erfahrung mit aller Erfahrung‹ gehört selbst zu diesem Leben und nicht zu einer anderen Welt) und dass man im Horizont seines Bezugs auf die Erfahrungen dieses Lebens immer auch auf ihn selbst als ein Phänomen dieses Lebens rekurrieren kann und muss (in seiner Perspektive auf alles kann und muss er immer auch sich selbst als kulturelles oder religiöses Phänomen thematisieren und reflektieren).

Das heißt aber nicht, dass der Standpunkt und die Sichtweise des Glaubens vollständig oder zureichend verstanden wären, wenn man sie nur als einen Standpunkt bzw. eine Sichtweise unter andern verstehen wollte. Es ist immer möglich, Gesichtspunkte zu formulieren, unter denen der Glaube und seine Sicht des Lebens mit anderen Phänomenen einer Reihe verglichen werden können. Aber damit wird er unter einer bestimmten Fragestellung auf das vergleichbare Allgemeine in einer be-

stimmten Konstruktion reduziert und nicht phänomenologisch in seiner irreduziblen Eigenart von sich selbst her erfasst.

Erst wo das geschieht, wird unbeschadet seiner mannigfachen Vergleichbarkeiten mit anderem die radikale Andersheit
seiner Sichtweise deutlich. Von ihm selbst aus differenziert sich
die Sicht der Welt in eine bisherige (undifferenzierte) und eine
neue (differenzierte) Reihe: In der – nicht *aus* der! – bisherigen
Reihe entsteht eine neue Reihe, die das Bisherige nicht fortsetzt,
sondern differenziert in ein neues Licht rückt. Sie entfaltet eine
doppelte Sicht auf das Leben der Menschen in dieser Welt, indem
sie alles im Licht von Gottes Gegenwart am Leitfaden der eschatologischen *Differenz von Alt und Neu* unter die Frage stellt, ob
es im Licht von Gottes Gegenwart eine Zukunft hat oder nicht.
Damit wird die Gesamtheit des phänomenal Zugänglichen
unter dem Gesichtspunkt des Werdens betrachtet, und zwar in
der doppelten Akzentuierung des *Werdens des Neuen* und des
Vergehens des Alten, einer *Welt im Werden* und einer *Welt im
Vergehen*. Mit dieser *dynamischen Verdoppelung* ihrer Sicht der
Welt und des Lebens tritt radikale Theologie in Kontrast nicht
nur zu jeder monistisch konzipierten Philosophie, sondern auch
zu allen empirisch und historisch arbeitenden Wissenschaften.
Sie wird eine wissenschaftliche Unternehmung *sui generis*.

1. Heideggers Verstehensgrenze

Heidegger hat das geahnt, aber nicht verstanden. Nach langem
Hin und Her, ob er seinen Vortrag ›Phänomenologie und Theologie‹ zusammen mit Bultmanns Offenbarungsvortrag publizieren werde, gab Heidegger am 18. Dezember 1928 seinem
Freund endgültig eine Absage: »Meine Fragestellung im Vortrag
ist bezüglich der Theologie als Wissenschaft nicht nur zu eng,
sondern unhaltbar. Die Positivität der Theologie, die ich zwar
glaube getroffen zu haben, ist etwas anderes als die der Wissen-

schaften. Theologie steht in einer ganz anderen Weise als die Philosophie außerhalb der Wissenschaften. Aber darüber ein andermal ...«[321] Weiter als zu dieser negativen Einsicht ist Heidegger nicht vorgestoßen. Er hatte die Differenz der Theologie zur Philosophie dahingehend bestimmt, dass die Theologie eine positive Wissenschaft sei. Deren Differenz von der Theologie war damit aber noch nicht geklärt. Heidegger sah das Problem – »wenn weder Philosophie noch Wissenschaft«[322], was ist die Theologie dann? –, aber er wusste keine Lösung. »Zwar bin ich persönlich überzeugt, dass Theologie *keine* Wissenschaft ist – aber ich bin heute noch nicht im Stande, das *wirklich zu zeigen* und zwar so, dass dabei die große geistesgeschichtliche Funktion der Theologie positiv begriffen ist.«[323] Er konnte keine finden, weil er als Philosoph und nicht als Theologe dachte. Theologie ist in der Tat keine der positiven Wissenschaften, weil sie nicht nur auf ein Teilthema (etwa Religion), sondern auf das Ganze geht. Aber sie geht auf das Ganze nicht wie die Philosophie, sondern ›in einer ganz anderen Weise‹. Wie sie das tut, vermochte Heidegger nicht zu sagen. Die Theologie in ihrer doppelten Differenz zu den Wissenschaften und zur Philosophie blieb ihm Rätsel.

Das hat sich auch später nicht mehr geändert. Die Differenz zwischen Philosophie und Theologie war ihm deutlich, worin sie begründet und wie genau sie zu entfalten ist, nicht. Noch im Protokoll einer Seminarsitzung vom 4. März 1961,[324] die Heidegger gemeinsam mit G. Ebeling zu Luthers Disputation De *homine* und Luthers Disputation über Joh 1,14 durchführte, wird festgehalten, »Prof. Heidegger betonte« im

---

[321] HEIDEGGER/BULTMANN, Briefwechsel, 87.

[322] HEIDEGGER, Brief an Elisabeth Blochmann vom 8.8.1928, in: Martin Heidegger/Elisabeth Blochmann. Briefwechsel.

[323] A. a. O.

[324] HEIDEGGER/BULTMANN, Briefwechsel, 287-305, 297-299. Die folgenden Zitate finden sich auf diesen Seiten.

Blick auf die antithetische »lutherische Sicht des Verhältnisses von ratio und fides«, »es komme ihm hier nur auf den Gegensatz zum Glauben an«. Dass man »mit Hilfe von Syllogismen richtige Erkenntnisse aus einem Bereich des Denkens in einen anderen überträgt ... sei schon zweifelhaft zwischen einzelnen Bereichen der Naturwissenschaft. Viel weniger aber könne Wahres innerhalb der Philosophie auch für die Theologie als wahr behauptet werden, denn der Unterschied zwischen ihnen sei unendlich größer als der zwischen den einzelnen Wissenschaften. Die Sache der Theologie stehe nicht allein *contra*, sondern *extra, intra, supra, infra, citra, ultra omnem veritatem dialecticam*. Luther ... betont immer wieder ausdrücklich, ... die Sache der Theologie lasse sich nicht unter das Urteil und in die Einengungen der menschlichen Vernunft einschließen. Im Bereich der Theologie gelte nur die Dialektik von Wort Gottes und Glauben.« Glaube und Vernunft, Theologie und Philosophie müssten daher bezogen auf ihren jeweiligen Bereich bedacht werden. »Die Sache der Theologie aber ist nicht der Bereich der ratio.« Daraufhin wurde auf die Rolle der Sprache verwiesen und »Prof. Heidegger betonte«, dass die »formale Funktion der Sprache ... keinesfalls unterschätzt werden« dürfe. »Eine Vokabel im Bereich der Theologie bekommt ihre Relevanz ja erst durch ihre theologische Interpretation; denn die Vokabeln sind dem theologischen und philosophischen Reden gemeinsam. So muss der Streit zwischen Theologie und Philosophie ganz wesentlich ausgetragen werden als Streit um die Sprache in ihrer formalen Funktion.« Auch wenn textkritisch nicht immer genau auszumachen ist, welche Gedanken Heidegger zuzuschreiben sind und welche Ebeling oder anderen Seminarteilnehmern, und auch wenn viele Wendungen stark an Ebelings Denken erinnern und eher auf ihn als auf Heidegger zurückgehen dürften, so viel ist deutlich, dass Heidegger auch in diesem Gespräch die *Differenz* zwischen Philosophie und Theologie betonte. Auch die Sprache wird von ihm nicht als Lösungshorizont zur Bestimmung ihrer Beziehung, sondern als Problemanzeige ihrer Differenz ins Spiel gebracht.

Doch gerade in der doppelten Differenz der Theologie zu den Wissenschaften und zur Philosophie zeigt sich ihre Pointe, wie radikale Theologie weiß: Sie ist weder Wissenschaft unter Wissenschaften noch Konkurrentin der Philosophie. Beide sind dem

Wirklichen verpflichtet, zu dem sie gehören. Der Theologie aber geht es um das Mögliche. Sie ist weder ontische noch ontologische Wissenschaft, sondern – wenn überhaupt – *Möglichkeitswissenschaft*. Anders als jene entfaltet sie keine Bestimmungsbegriffe, mit deren Hilfe Wirkliches beschreibend erfasst wird, sondern – aus deren Perspektive formuliert – *Grenzbegriffe*, die den Anspruch von Wissenschaft und Philosophie kritisch einschränken, vom Standpunkt des Wirklichen aus alles Wesentliche über die Welt und das menschliche Leben in ihr sagen zu können, bzw. – aus ihrer eigenen Perspektive gesagt – *theologische Orientierungsbegriffe*, mit deren Hilfe im Denken kritisch durchdacht wird, wie sich menschliches Leben im Glauben in radikaler Weise neu orientiert. Die Welt ist mehr als das, was der Fall ist, das Leben mehr als das, was wir aus ihm machen, beides mehr, als in Wissenschaften und Philosophie zur Sprache kommt.

Das thematisiert Theologie, indem sie alles im Licht der stillen Kraft des Möglichen versteht, die sich vom Blickpunkt des Glaubens aus als Horizont menschlichen Lebens *coram deo* erschließt. Sie spricht von keiner anderen Welt als dieser, sondern von dieser Welt anders, insofern sie diese *unter anderem Gesichtspunkt* und *in einem anderen Horizont* (unter dem Gesichtspunkt der Priorität des Möglichen vor dem Wirklichen in der Orientierung an Gott als der Wirklichkeit des Möglichen) betrachtet und damit radikal anders sieht. Sie expliziert und reflektiert den Glauben also nicht als ein besonderes Phänomen in der Welt, sondern als eine *neue Sichtweise der Welt*, in der deutlich wird, dass die Welt mehr ist als das, was der Fall ist und in Fortsetzung dessen der Fall sein kann. Wirkliches lebt von den Möglichkeiten, die ihm zugespielt werden und nicht schon in ihm angelegt sind. Nur deshalb gibt es eine Geschichte des Wirklichen, die nicht nur die Exekution der Variationsmöglichkeiten eines Seinsmusters in der Zeit ist, wie es im Anschluss an Aristoteles eine lange Tradition christlicher Theologie dachte, oder die Emergenz neuer Wirklichkeiten auf der Basis der Möglichkeiten früherer Wirklichkeiten, wie es gegenwärtige Prozessmetaphysik zu denken sucht,[325] sondern ein *ursprüngliches Werden* von *genuin Neuem (creatio ex nihilo).*

Das theologische Problem der panentheistischen Emergenzmetaphysik ist ein methodologischer Grundfehler: Sie bemüht sich, die Welt in Gott (und nicht die Welt als Gott, Gott als die Welt, Gott ohne die Welt, oder die Welt ohne Gott) zu denken. Aber dabei objektiviert sie Gott und die Welt, ohne sich über die hermeneutischen Voraussetzungen und theologischen Folgen ihres Verfahrens oder den Referenzrahmen und Denkhorizont ihrer Bemühung hinreichend Rechenschaft abzulegen. Weder ›Welt‹ noch ›Gott‹ sind Namen theoretisch thematisierbarer und wissenschaftlich erforschbarer Objekte, sondern wir leben in der Welt, insofern wir auf weltliche Weise leben, und wir leben *coram deo,* insofern wir im Horizont der göttlichen Kraft des Möglichen leben, das sich nicht uns verdenkt, sondern dem wir uns verdanken. Wie sich die Wissenschaften streng genommen nicht mit der Welt, sondern in der Welt (also auf weltliche Weise) mit ihren jeweiligen Problemen befassen, so ist Gott kein Phänomen der Welt, sondern der Blickpunkt und Horizont, von dem aus und in dem sich uns unser Leben und unsere Welt als Schöpfung erschließt. Die Welt ist kein Phänomen, sondern der Horizont der Wahrnehmung von Phänomenen. Und Gottes schöpferisches Handeln ist der Rahmen des Verstehens weltlicher Phänomene als Schöpfung, nicht eines der dabei wahrgenommenen und verstandenen Phänomene.

Das theologisch berechtigte Bemühen, Gott und Welt in ihrer Beziehung zueinander zu denken, wird in emergenzmetaphysischen Versuchen methodisch aporetisch durchgeführt, weil diese Beziehung von der Welt aus und in deren Horizont und nicht von Gott aus und in

---

325 Vgl. PH. CLAYTON/P. DAVIES (Hg.), The Re-emergence of Emergence. The Emergenist Hypothesis from Science to Religion, Oxford 2006; PH. CLAYTON, Mind & Emergence. From Quantum to Consciousness, Oxford 2004; deutsch: Emergenz und Bewusstsein. Evolutionärer Prozess und die Grenzen des Naturalismus. Aus dem Englischen von G. Schenke Robinson, Göttingen 2008.

dessen Horizont zu denken versucht wird, ohne zu klären, was ›Welt‹ oder ›Gott‹ eigentlich heißen soll oder warum es des Rekurses auf Gott bedarf, um den Weltprozess zu verstehen. Gott und Welt werden objektivierend aufeinander bezogen und metaphysisch in einen einheitlichen Emergenzrahmen eines vom Physikalischen über das Mentale bis zum Transzendenten reichenden Kontinuums eingezeichnet, ohne sich über den Sinnhorizont dieses Versuchs Klarheit zu verschaffen. So wird die Welt in alltäglich-wissenschaftlicher Perspektive in Konkordanz mit den naturwissenschaftlichen Theoriebildungen verstanden und *in dieser Sichtweise* in die umfassendere, ebenfalls *in dieser Sichtweise* verstandene Gottesstruktur eingebettet. Anstatt die Welt (als Natur und Kultur) im Horizont des Gottesverhältnisses schöpfungstheologisch neu zu verstehen, wird Gott zum metaphysischen Rahmen der physisch-psychisch-mental-transzendent verstandenen Welt. Damit wird entweder die Gottesthematik metaphysisch ›naturalisiert‹, also im Horizont einer wissenschaftlichen Welttheorie als deren Rahmen entwickelt (metaphysischer Panentheismus); oder die Welt wird wissenschaftlich und Gott theologisch verstanden, also ein Methodenbruch begangen, indem Welt und Gott in jeweils verschiedenen Horizonten bestimmt und so gerade nicht aufeinander bezogen werden. Nicht von ungefähr oszillieren panentheistische Ansätze regelmäßig zwischen metaphysisch-monistischen Konzeptionen, die Gott ›weltlich‹ denken, oder methodologisch inkonsistenten dualistischen Konzeptionen, die die Welt weltlich und Gott göttlich denken. In beiden Fällen werden Gott und Welt nicht homogen als Schöpfer und Schöpfung zusammen gedacht, weil (wie im ersten Fall) nicht wirklich eine Schöpfung, sondern nur ein emergenter Weltprozess gedacht wird, oder (wie im zweiten Fall) nicht wirklich eine Beziehung zwischen Gott und Welt, sondern eine bloß äußerliche Korrelation des Nichtbezogenen.

Anders die radikale Theologie, die das Mögliche nicht im Rahmen eines Emergenzkontinuums vom Wirklichen aus denkt, sondern die von der göttlichen Kraft des Möglichen her das Anderswerden von Wirklichem und das Werden von genuin Neuem in den Blick fasst. Sie zielt auf das Ganze, wie die Philosophie, aber sie tut es *von einem anderen Standpunkt aus* und unter *einem anderen Gesichtspunkt: sub ratione dei*, wie die Alten sagten.

2. Sub ratione dei

Diese *ratio* der Gegenwart Gottes ist kein Phänomen, sondern der Gesichtspunkt, unter dem Phänomene im Glauben als Zeichen für Gottes anwesende Abwesenheit in den Blick kommen, also als Verweis auf das, was in der Phänomenalität von Phänomenen unthematisch mitgesetzt ist, ohne das sie nicht wären, das aber selbst nicht phänomenal in Erscheinung tritt. Gott ist nicht ›da‹ als Phänomen, sondern als die Wirklichkeit des Möglichen, die dem Dasein von Phänomenen am Ort des Menschen den Mehrwert verleiht, nicht nur *als Welt* (auf weltliche Weise), sondern als weltliche Welt auch anders, nämlich *als Schöpfung* (auf die Weise des Glaubens) erfahrbar zu sein.

Dass sie Schöpfung sind, manifestieren Phänomene nicht als solche und deshalb auch nicht für alle und jeden. Wie die Schönheit der Welt im Auge des Menschen manifest wird, so erschließt sich ihr Geschaffensein nur dort, wo Phänomene *von* Geschöpfen *als* Geschöpfe, also als Zeichen der abwesenden Anwesenheit des Schöpfers gesehen und erlebt werden. Wer sich nicht selbst als Geschöpf versteht, der wird auch die Welt nicht als Schöpfung sehen und verstehen können. Das eigene Geschöpfsein entdeckt man aber nicht durch das Studium der Natur oder seiner selbst, sondern nur dadurch, dass man *in der Kommunikation mit anderen darauf gebracht wird,* der eigene Lebensvollzug also in radikaler Weise unterbrochen (Dislozierung) und neu ausgerichtet wird (Neuorientierung).[326]

---

[326] Die christlichen Grundrituale der Taufe und des Abendmahls sind auch ritualisierte Gemeinschaftserinnerung an diese alles verändernde Dislozierung und Neuorientierung des Lebens, ohne die es keinen Glauben und damit auch kein christliches Leben gibt und die man nicht selbst herbeiführt, sondern in die man sich passiv gemeinsam mit anderen durch Gottes wirksame Gegenwart einbezogen erfährt.

Von diesem lebensverändernden Standpunkt- und Sicht-
wechsel ist die Rede, wenn theologisch von Handeln Gottes,
Offenbarung, Wort Gottes, Schöpfung, Glaube, Unglaube usf.
gesprochen wird. Das sind keine Namen phänomenaler Ereignisse (*religiöser* Ereignisse oder Erlebnisse im Unterschied zu
profanen), sondern *theologische Denk*- bzw. *Reflexionskatego-
rien* zur Explikation der neuen (nicht selbstverständlichen) Lebensorientierung des christlichen Glaubens und seines anderen
(nicht selbstverständlichen) Blicks auf alles. So ist *Offenbarung*
die theologische Kategorie zur Explikation dessen, worauf der
Glaube sich anaphorisch als seinen Grund bezieht, wenn er sich
im Bekenntnis als Glaube an Jesus Christus ausspricht. Entsprechend ist *Unglaube* die theologische Kategorie, mit der der
Glaube den Ort bezeichnet, von dem er herkommt, ohne aus
ihm entstanden zu sein.

Auch *Schöpfung* ist eine solche theologische Orientierungs-
kategorie und keine wissenschaftlich oder philosophisch einlös-
bare Phänomenbeschreibung. Wissenschaftlich erforscht werden kann nur, was sich anhand von Differenzen im empirisch
oder historisch Erfahrbaren fassen lässt, was also im Horizont
des Empirischen oder Historischen manchmal und in gewisser
Hinsicht, aber nicht überall und in jeder Hinsicht der Fall ist.
Entsprechend kann im Blick auf die so erschlossene Welt nur das
als Möglichkeitshorizont des Wirklichen philosophisch erkun-
det werden, was sich im Prinzip anhand solcher Differenzen im
Erfahrbaren phänomenal konkretisieren lässt. Das Prädikat ›ist
geschaffen‹ (›Geschaffensein‹) dagegen kann nicht einigen Phänomenen wahrheitsgemäß zugesprochen werden, anderen aber
nicht: die Differenz *geschaffen/nicht geschaffen* ist keine phänomenale Differenz im Erfahrbaren. Vielmehr gilt: Wenn überhaupt etwas mit Recht als von Gott geschaffen bezeichnet wird,
dann muss *alles* Wirkliche und Mögliche so bezeichnet werden.
Schöpfung ist kein Bestimmungs- (Klassifikations-), sondern
ein Orientierungsbegriff. Er sagt nicht nur etwas über das aus,

von dem er prädiziert wird, sondern zugleich über den, der das prädiziert; und zwar, dass dieser *sich selbst* als Geschöpf unter Geschöpfen versteht. Wer sich so versteht, nimmt eine bestimmte Einstellung zu dem ein, was er als Schöpfung bezeichnet. Dazu gehört, dass nichts Weltliches als Gott oder Göttliches behandelt wird, aber auch nichts Göttliches als Weltliches. Wer von Schöpfung spricht, sagt, dass alles Wirkliche und Mögliche Gott zu verdanken ist, und wer das sagt, Gott aber nicht dankt, begeht keinen gedanklichen Fehler, sondern einen praktischen Selbstwiderspruch.

3. Ontologische Plastizität der Phänomene

Zu einer solchen *relecture* der Phänomene der Welt und des eigenen Lebens im Licht der Gegenwart Gottes kann es nun allerdings nur kommen, wenn diese Phänomene *ontologische Plastizität* besitzen, sich im Blick auf das, was sie sind, also *mehrfach determinieren* und wahrheitsgemäß verschieden verstehen lassen. Das geläufige Modell von Faktum und Interpretation, objektiver Wirklichkeit und subjektiver Deutung ist schlechterdings ungeeignet, das hier anstehende Problem zu erfassen, und zwar nicht nur deshalb, weil Fakten nicht ontologische Vorgaben, sondern stets semiotische Resultate von Interpretation sind, sondern weil das, was im Interpretieren als Interpretandum vom Interpretans unterschieden wird, nicht ontologisch rigide, sondern *plastisch* ist, also auf verschiedene Weise, in unterschiedlicher Hinsicht und in verschiedener Intensität ›richtig‹, ›wahr‹ oder ›sachgemäß‹ interpretiert und verstanden werden kann.

Phänomene unseres Lebens und unserer Welt werden so von uns nicht nur auf weltlich-sinnliche Weise als *Phänomene* erfahren (Erfahrung), sondern als solche zugleich oder im Rückblick auch in anderer Weise als *Zeichen für Gottes Gegenwart* verstanden (Erfahrung mit der und gegen die Erfahrung).[327] Sie werden so verstanden, weil sie – so die Präzisierung des Glaubens – *durch Gott selbst* für Menschen zu Zeichen seiner Gegenwart werden, also keine willkürliche, sondern im konkreten Fall unvermeidliche und dem Schöpfungscharakter der Welt gerecht werdende Erfahrung mit der Erfahrung sind:[328] Die Welt ist nicht Schöpfung, weil sie so erfahren wird, sondern sie wird so erfahren, weil sie Schöpfung ist. Keiner muss sie so erfahren, aber keiner kann sie auch so erfahren, ohne sich selbst als Geschöpf zu verstehen. Versteht man sich so und wird damit auch die Welt so verstanden, tritt alles, was zuvor auf eine Weise erlebt, gesehen und erfahren wurde, noch einmal auf andere Weise in den Blick, ohne dass das Frühere durch das Spätere einfach abgelöst oder ersetzt würde.

Die Phänomene der Welt sind ontologisch plastisch und auf mehr als eine Weise wahrheitsgemäß bestimmbar. Das belegt

---

[327] Wohlgemerkt, sie werden nicht *als* Zeichen für Gottes Gegenwart verstanden, sondern als *Zeichen* für sie. Wie man im Lebensvollzug nicht mit etwas als Tisch, Baum oder Mensch zu tun hat, sondern mit Tischen, Bäumen und Menschen, so lebt man im Glauben nicht in der Welt *als* Schöpfung, sondern in der *Schöpfung*. Nur in der Reflexion auf diesen Sachverhalt und damit ihm Horizont theologischer, philosophischer oder wissenschaftlicher *Distanzierung* von diesem Lebensvollzug kann und wird man diesen mit anderen Weisen des Lebensvollzugs vergleichen; und nur auf dem Hintergrund eines solchen Vergleichs kann man dann auch in reflektiert-selbstbezüglicher Weise von der Erfahrung der Welt als Schöpfung sprechen.

[328] In diesem Sinn wird *Jesus* (ein bestimmtes, in Umrissen erkennbares historisches Phänomen) von Christen als der *Christus* (das maßgebliche Zeichen für Gottes erbarmende Gegenwart bei den Menschen) bekannt und dieses Bekenntnis anders als die historische Erkenntnis Jesu nicht auf eigene Einsicht, sondern auf das Wirken des *Geistes Gottes* zurückgeführt, der dem uns historisch Erkennbaren einen metaphorischen Mehrwert an Sinn verleiht und so eine tiefere Wahrheitseinsicht ermöglicht.

nicht nur die Dynamik von wissenschaftlicher Welterkennt-
nis, die stets sich selbst zu übertreffen sucht und bei keiner
hypothetischen Erklärung der Wirklichkeit der Welt stehen
bleibt. Das zeigt sich auch in der unselbstverständlichen, radikal dislozierenden und neu orientierenden Einsicht in das
eigene Geschöpfsein und die gemeinsame Welt als Gottes
Schöpfung.

Niemand muss sich und seine Welt so verschieden verstehen,
aber jeder kann es. Die Möglichkeit zu solcher Mehrfachdeter-
mination ist in der dynamischen Zeichenstruktur von Phänomenen selbst angelegt. Sind Phänomene doch vierstellige Zeichenereignisse, in denen sich ›etwas durch etwas als etwas für
jemanden‹ erschließt. Solche Zeichenereignisse sind in der Einheit eines Vorgangs zugleich wirklichkeitsinformiert und wirk-
lichkeitsinterpretativ, insofern *etwas für jemand durch etwas als
etwas erscheint* und *von jemand durch etwas als etwas für
jemand interpretiert wird*.[329] Jedes Phänomen ist ein konkretes
Zeichenereignis, in dem Selektionen aus vier Möglichkeitshori-
zonten und drei Wirklichkeitsdimensionen so miteinander verknüpft werden, dass die Reihe vorausgehender Phänomene,
ohne die dieses Zeichenereignis nicht möglich wäre, um ein
weiteres Zeichenereignis erweitert wird, das seinerseits andere
Zeichenereignisse möglich macht, die ohne es nicht möglich
(gewesen) wären.[330] Jedem Phänomen liegen andere im Rücken,
und jedes Phänomen führt zu anderen weiter.

Phänomene sind dementsprechend durch vier Strukturmomente gekennzeichnet, die wesentlich sind für sie: Was erscheint, ist stets etwas *mit und unter anderem* (Mit-Struktur); es
erscheint *als etwas* (Als-Struktur); es erscheint als etwas *für
jemanden* (Für-Struktur); und es erscheint als etwas für jeman-

---

[329] Vgl. DALFERTH, Die Wirklichkeit des Möglichen, 128.
[330] Vgl. a. a. O., 19–22.

den *durch etwas* (Durch-Struktur).[331] Kein Phänomen kommt
daher allein, und kein Phänomen lässt sich auf nur eine Weise
richtig verstehen. Im Gegenteil, da Phänomene aufgrund ihrer
Mit-, Als-, Für- und Durch-Struktur komplex vernetzt sind und
deshalb weder die Reihe des Vorausgehenden noch der Horizont
des Nachfolgenden auf nur eine Weise bestimmt ist oder bestimmt werden könnte, besitzt jedes Phänomen wesentlich
ontologische Plastizität, und zwar genau deshalb, weil es ein
Zeichenereignis unter Zeichenereignissen in der Zeit ist.

4. Möglichkeitshorizonte und Wirklichkeitsdimensionen

Jedes phänomenale Zeichenereignis ist durch vier semiotische
Grunddimensionen ausgezeichnet, nämlich das Verhältnis von
Zeichen und Zeichen (syntaktische Dimension), das Verhältnis
von Zeichen und Bezeichnetem (semantische Dimension), das
Verhältnis von Zeichen und Zeicheninterpret (pragmatische Dimension) und das Verhältnis von Zeichen und Zeichenträger
(materiale bzw. mediale Dimension), ebendadurch aber auch
auf *vier Möglichkeitshorizonte* und *drei Wirklichkeitsdimensionen bezogen.*

Die *vier Möglichkeitshorizonte* von Zeichenereignissen sind
der Bezug auf den *Inbegriff möglicher Zeichen*, den *Inbegriff des
Bezeichenbaren*, den *Inbegriff möglicher Zeicheninterpreten* und
den *Inbegriff des Erfahrbaren*. Über die syntaktische Zeichendi-
mension ist jedes Zeichenereignis auf den *Inbegriff möglicher
Zeichen(codes)* bezogen, aktualisiert also eine Möglichkeit aus
der Gesamtheit der möglichen Zeichen- und Kommunikations-
repertoires. Über die semantische Dimension ist es auf den *Inbe-*

---

[331] Vgl. I. U. Dalferth, Weder möglich noch unmöglich. Zur Phänomenologie des Unmöglichen (im Druck).

griff des Bezeichenbaren bezogen, aktualisiert also eine – sofern sie den Gesetzen der Logik entspricht – mögliche Welt. Über die pragmatische Dimension ist es auf den Inbegriff möglicher Interpreten bezogen, aktualisiert also eine unter allen möglichen Zeichen-, Kommunikations- oder Interpretationsgemeinschaften. Über die materiale bzw. mediale Dimension schließlich ist es auf den Inbegriff des Erfahrbaren bezogen, verwendet also etwas als Zeichenträger (Medium), was die entsprechende Interpretationsgemeinschaft mit den ihr zur Verfügung stehenden Mitteln im Prinzip auch wahrnehmen kann.

Jedes Zeichenereignis vollzieht sich als spezifische Verbindung dieser vier Möglichkeitshorizonte. Unter Inanspruchnahme bestimmter Zeichen(codes) wird eine mögliche Welt für einen oder mehrere Zeicheninterpreten mithilfe bestimmter Mittel der realen Welt aktualisiert. Zeichenereignisse transformieren beständig Möglichkeiten in reale Sachverhalte, die als konkrete Sinnentwürfe verfügbar, weil im Licht der Differenz von Wahrheit und Falschheit negierbar sind. In der Wirklichkeit wird so durch die Negation bestimmter Möglichkeiten bei der Bildung von Sinnstrukturen auf konkrete Weise Distanz zur Wirklichkeit geschaffen und damit Raum zur Freiheit eröffnet. Denn durch Zeichenereignisse entstehen in der realen Welt mögliche Sinn-Welten, die jene nicht nur semiotisch transzendieren, ohne sie zu verlassen, sondern sie auch weniger komplex und damit überschaubarer repräsentieren und eben durch die so etablierte Differenz von Wirklichkeit und komplexitätsreduzierendem Wirklichkeitsentwurf verantwortlichen Gebrauch von Freiheit überhaupt erst möglich machen.

Die drei Wirklichkeitsdimensionen von Zeichenereignissen, durch die sie bei aller semiotischen Transzendierung bzw. Modifizierung des Gegebenen an Gegebenes konstitutiv gebunden bleiben, sind die dabei immer vorausgesetzte Existenz von Zeicheninterpreten (Gesellschaft), von Zeichencodes (Kultur) und von Zeichenmedien (Natur). Als Zeichenmedium kommt für uns alles in Betracht, was wir mit unseren Sinnen direkt oder über Hilfsmittel wahrzunehmen vermögen. Es sind damit immer *Naturphänomene*, die die uns vorgegebene, nicht von uns konstituierte Ordnung der *Natur* repräsentieren.[332] Als Wesen, die Zeichen konstituieren, mit Zeichen Verhalten beeinflussen und durch Zeichen Wissen und Erkenntnis produzieren und kommunizieren, sind wir bleibend an die Natur gebunden, weil wir auf materiale Zeichenträger angewiesen sind, die wir verwenden und rezipieren können.

Zeichencodes, also das Repertoire von Zeichen und Zeichenverwendungsregeln, derer wir uns individuell oder gemeinsam bedienen, sind bei uns als sozialen Handlungswesen immer *Kulturphänomene*. Sie repräsentieren die uns zwar individuell immer auch vorgegebenen, von uns aber auch immer (mit)konstituierten und damit prinzipiell veränderbaren und gestaltbaren geschichtlichen Ordnungen der *Kultur*. Kulturordnungen sind Produkte unseres gemeinsamen Handelns und damit Ausdruck unserer Freiheit, die sich selbst Regeln gibt. Naturordnungen dagegen sind die uns vorgegebenen Rahmenbedingungen all unseres Handelns und damit Ausdruck der Notwendigkeiten, die sich in Gesetze fassen lassen. Sofern unsere kognitiven Akte Zeichen, und damit die Existenz von Zeichenmedien und von Zeichencodes, in Anspruch nehmen, sind sie jeweils konkrete Vermittlungen zwischen den gesetzmäßigen Ordnungen der Natur, die *vor* unserem Handeln gesetzt sind, und den regelmäßigen Ordnungen der Kultur, die *durch* unser Handeln gesetzt sind. Die daraus resultierende Spannung zwischen der *Bindung* an *Naturordnungen* und der *Freiheit zu Kulturordnungen*, an die wir auch, wenngleich auf andere Weise, gebunden sind, ist ein fundamentales Strukturmerkmal

---

332 Natur wird damit über unsere Körpersinne definiert, und in dem Maß, in dem diese technisch verändert werden, wird auch das, was wir mit Natur meinen, anders bestimmt.

menschlichen Lebens und menschlicher Freiheit, das sich in jedem Lebensakt manifestiert. Denn einerseits können wir nichts glauben, wissen, erkennen, planvoll tun oder kommunizieren ohne Zeichenmedien, die uns nur ihre Funktion, nicht aber ihre Existenz verdanken. Andererseits können wir es auch nicht ohne Zeichencodes, die uns mit ihrer Funktion auch ihre Existenz verdanken.

5. Die gewöhnliche Sichtweise: Real und Ideal

Die drei semiotisch differenzierten Wirklichkeitsdimensionen von Zeichenereignissen markieren mit den Stichworten Natur, Kultur und Gesellschaft die drei grundlegenden Wissens- und Erkenntnisfelder des Menschen. Durch Zeichengebrauch werden in der Natur-Welt kulturelle Sinn-Welten konstituiert, ohne die es kein komplexeres Zusammenleben in menschlichen Gesellschaften geben könnte. So verwenden Christen (Interpreten) das deutsche Wort ›Gott‹ (Medium) als Zeichen für Gott (Bezeichnetes). Was sie tun, indem sie das tun, lässt sich im Blick auf die Wirklichkeitsdimensionen von Natur (Zeichenmedien), Kultur (symbolische Welten) und Gesellschaft (Zeicheninterpreten) wissenschaftlich betrachten, also empirisch und historisch beschreiben und (sofern es gelingt) erklären.[333]

Was so wissenschaftlich in den Blick kommt und kommen kann, wird gemeinhin am Leitfaden der in der Moderne kulturell dominant gewordenen Orientierungsunterscheidung Real/

---

[333] Semiotisch betrachtet sind nicht nur die Naturwissenschaften, sondern auch die Kultur- und Gesellschaftswissenschaften (Humanwissenschaften) Wirklichkeitswissenschaften, die weder gegeneinander ausgespielt werden sollten noch methodisch auf einen Nenner gebracht werden können: Sie befragen die Welt am Leitfaden verschiedener, voneinander abhängiger Wirklichkeitsdimensionen.

Ideal als Bereich des Realen (dem christlichen Gebrauch von
›Gott‹) von dem durch den Zeichengebrauch konstituierten
Bereich des Idealen (dem mit ›Gott‹ bezeichneten Gott) unterschieden. Das ist die heute gewöhnliche Sichtweise, die unsere
Alltagspraxen und Lebenswelten weithin bestimmt, auch mit
ihren zunehmend digitalisierten Kommunikationspraktiken.
Methodisch und theoretisch liegt diese Sichtweise auch unseren
wissenschaftlichen Zugangsweisen zur Welt als Natur, Kultur
und Gesellschaft zugrunde, wie sie sich seit dem 17. Jahrhundert
entwickelt haben. In den heute dominierenden wissenschaftstheoretischen (Selbst-)Auslegungen dieser Zugangsweisen wird
das in Gestalt verschiedener Naturalismuskonzeptionen entfaltet, für die es entweder dogmatistisch nur die Welt des empirisch und historisch zugänglichen Realen gibt (ontologischer
oder metaphysischer Naturalismus[334]) oder die skeptisch (methodologischer Naturalismus[335]) keinen guten Grund sehen,
eine andere Welt als die der wissenschaftlich erforschbaren Realität anzunehmen.[336] Beides kann in verschiedener Gestalt ver-

334 Vgl. D. PAPINEAU, Naturalism, in: Stanford Encyclopedia of Philosophy
(März 2010) (http://plato.stanford.edu/entries/naturalism/index.html/):
»The driving motivation for ontological naturalism is the need to explain
how different kinds of things can make a causal difference to the spatio-
temporal world.«

335 R. FELDMAN, Methodological Naturalism in Epistemology, in: The Black-
well Guide to Epistemology, hg. v. J. Greco/E. Sosa, Malden 1999, 170–186;
DERS., Naturalized Epistemology, in: The Stanford Encyclopedia of Philosophy (Herbst 2006), (http://plato.stanford.edu/archives/fall2006/ entries/
epistemology-naturalized/); J. KIM, The American Origins of Philosophical
Naturalism, in: Journal of Philosophical Research, APA Centennial Volume
(2003), 83–98.

336 Zur damit verknüpften Debatte über Religion und Gott vgl. A. PLANTIN-
GA, Methodological Naturalism?, in J. V. D. MEER (Hg.), Facets of Faith
and Science, Lanham 1996, 91–130; P. DRAPER, God, Science, and Naturalism, in: W. WAINWRIGHT (Hg.), The Oxford Handbook of Philosophy of

treten werden.[337] Bei allen Unterschieden im Einzelnen sind diese philosophischen Naturalismus-Konzeptionen aber durch die gemeinsame Überzeugung charakterisiert, dass es keine reale und ideale ›Welt‹ gibt, keine duale ›Wirklichkeit‹ des Realen und Idealen, sondern nur die wissenschaftlich (empirisch oder historisch) fassbare reale Welt, während alles Ideale ein Sinnprodukt in der realen Welt ist und sich darauf reduzieren lässt.

Phänomene kann es nach dieser gewöhnlichen Auffassung nur im Realen geben, denn alles Ideale ist nicht Phänomen, sondern durch phänomenale Zeichenereignisse als deren ideale Korrelate konstituiert. Alle Sinn-Welten lassen sich so als kulturelle Phänomene betrachten und als Korrelate von Zeichenprozessen im Horizont des Realen verstehen. Die Zeichenereignisse des christlichen Lebens in dieser Weise wissenschaftlich zu untersuchen, erfordert keinen Glauben, sondern im Gegenteil faktischen oder methodischen Nichtglauben: Man muss nicht anerkennen, was Christen sagen und tun, um das wissenschaftlich erforschen zu können. Dafür genügt es, diese Phänomene empirisch und historisch in den Blick zu fassen. Sofern man das tut, ist es unerheblich, ob man glaubt oder nicht glaubt: Der Gebrauch wissenschaftlicher Methoden bleibt durch diese Standpunktdifferenz unberührt. Die Methoden der empirischen und historischen Wissenschaften ändern sich ebenso wenig wie die mit ihnen erzielten Resultate, wenn man sie als Christ oder Nichtchrist, Glaubender oder Nichtglaubender praktiziert. Sie geben wissenschaftliche Antworten auf wissenschaftliche Fragen, helfen also, auf überprüfbare Weise wissenschaftliche Lösungen für wissenschaftliche Probleme zu finden – nicht mehr, aber auch nicht weniger.

Religion, Oxford 2005, 272–303; D. DENNETT, Breaking the Spell: Religion as a Natural Phenomenon, Viking 2006.

337 Vgl. PAPINEAU, Naturalism; FELDMAN, Naturalized Epistemology.

Nicht nur faktisch, sondern prinzipiell nicht in den Blick kommt dabei das, was Christen ›Gott‹, ›Handeln Gottes‹, ›Schöpfung‹ usf. nennen. Mit empirischen und historischen Methoden lassen sich immer nur kulturelle Phänomene des Christentums bearbeiten, aber der ganze Bereich christlicher Idealität ist selbst kein Gegenstandsfeld realwissenschaftlicher Forschung. Es gibt keine empirische Schöpfungswissenschaft oder historische Gotteswissenschaft, keine Realwissenschaft von Gott oder vom göttlichen Handeln. Nicht nur Gott spielt keine Rolle im wissenschaftlichen Beschreiben und Erklären der Welt in den historischen und empirischen Disziplinen, sondern ebenso wenig das ganze System theologischer Orientierungsbegriffe (Schöpfung, Offenbarung, Handeln Gottes, Vorsehung, Erlösung, usf.). Sie alle haben dort nichts zu suchen, weil sie nichts zu sagen haben, was nicht ohne sie unverfänglicher gesagt werden könnte. Sie sind keine prä- oder pseudowissenschaftlichen Beschreibungs- oder Erklärungsbegriffe, sondern Orientierungsbegriffe des Glaubenslebens bzw. der dieses kritisch reflektierenden Theologie. Beides ist nicht zu vermischen. Wie Bultmann zu Recht betont hat:

»Während z. B. die alttestamentliche Geschichtserzählung vom handelnden Eingreifen Gottes in die Geschichte redet, kann die historische Wissenschaft nicht ein Handeln Gottes konstatieren, sondern nimmt nur den Glauben an Gott und sein Handeln wahr. Als historische Wissenschaft darf sie freilich nicht behaupten, daß solcher Glaube eine Illusion sei, und daß es kein Handeln Gottes in der Geschichte gäbe. Aber sie selbst kann das als Wissenschaft nicht wahrnehmen und damit rechnen; sie kann es nur jedermann freistellen, ob er in einem geschichtlichen Ereignis, das sich selbst aus seinen innergeschichtlichen Ursachen versteht, ein Handeln Gottes sehen will.«[338]

---

[338] R. Bultmann, Ist voraussetzungslose Exegese möglich? In: Theologische Zeitschrift 13 (1957), 409–417, 411 f. Dass es nicht beliebig und keine bloße subjektive Willkür ist, in einem geschichtlichen Ereignis ein Handeln Gottes zu sehen, muss hier allerdings präzisierend angefügt werden.

6. Radikale Konversion: Alt und Neu

Genau das ist anders in der Perspektive radikaler Theologie. Diese bedient sich aller wissenschaftlichen Methoden und kann sich auf alle Phänomene beziehen, die in den Wissenschaften erforscht werden, diese Wissenschaften und sie selbst eingeschlossen. Aber sie tut es von anderem Standpunkt aus und in anderem Horizont: dem Standpunkt und Horizont des *Glaubens*.

Auch die Unterscheidung von *Glaube* und *Unglaube* gehört im Sinn radikaler Theologie zu den theologischen Orientierungsbegriffen und stellt kein Paar deskriptiver Begriffe dar, mit denen anthropologische, moralische oder religiöse Phänomene beschrieben werden könnten. Die Ausdrücke ›Glaube‹ und ›Unglaube‹ fungieren zwar umgangssprachlich, aber nicht theologisch – jedenfalls nicht evangelisch-theologisch im Horizont reformatorischer Theologie – als Beschreibungsbegriffe, mit denen sich empirische Phänomene klassifizieren und verschiedenen Mengen zuordnen lassen. Dieser divergierende Gebrauch von ›glauben‹ bzw. ›nicht glauben‹ (umgangssprachlich: Beschreibungsbegriffe) und ›Glaube/Unglaube‹ (theologisch: Orientierungsbegriffe) ist ein permanenter Anlass für Verwirrungen und Verwechslungen. Zweifellos gibt es empirisch Menschen, die etwas glauben (p), und andere, die das nicht glauben (–p), und im Horizont der gewöhnlichen Sichtweise werden sie am Leitfaden der Orientierungsdifferenz von Real und Ideal in dieser doxastischen Verschiedenheit auch zu Recht als glaubende bzw. nichtglaubende Menschen beschrieben. Doch damit ist die theologische Pointe auch dann nicht erfasst, wenn es sich bei p um religiöse Glaubensansichten (*religious beliefs*) handelt. Theologisch werden *alle* Menschen im Horizont des Glaubens am Leitfaden der Orientierungsdifferenz von Glaube und Unglaube in den Blick gefasst, sowohl die (in gewöhnlicher Sichtweise) religiös Glaubenden als auch die religiös Nichtglaubenden, und es ist keineswegs gesagt, dass die Ersteren *im Glauben* und die Letzteren *im Unglauben* leben. Die Sachlage kann im konkreten Fall genau umgekehrt sein: Der religiös Glaubende lebt *im Unglauben* und der religiös Nichtglaubende *im Glauben*. Ob das eine oder andere gilt, entscheidet sich nicht daran, was Menschen tun (glauben oder nicht glauben), sondern daran, wie das im Blick auf Gottes Verhältnis zu ihnen und ihr Verhältnis zu Gott zu beurteilen ist, an dem sich die Orientierungsunterscheidung von Glaube und Unglaube ausrichtet. Alle Menschen, was immer sie tun oder lassen, leben im Blick auf Gott beurteilt entweder im Glauben oder im Unglauben, und kein Mensch, der lebt, lebt weder im einen noch im anderen Verhältnis zu Gott. *Glaube* und *Un-glaube* fungieren deshalb theologisch zusammen als Leitunterscheidung christlicher Lebensorientierung. Sie beschreiben nicht verschiedenartige Lebensphänomene, sondern bringen *sub ratione dei* eine differenzierende Totalperspektive auf alle Phänomene des Lebens zum Ausdruck. Menschen glauben vieles (oder glauben es nicht), aber sie tun das – theologisch gesprochen – entweder *im Glauben* (Glaube) oder *im Unglauben* (Unglaube), und das, was sie tun oder nicht tun (glauben oder nicht glauben), ist nicht mit dem Ort und Horizont zu verwechseln, an bzw. in dem sie das tun (Glaube/Unglaube).

Der Standpunkt des Glaubens ist kein Standpunkt im Horizont der gewöhnlichen Sichtweise, sondern setzt einen grundsätzlichen Standpunktwechsel bzw. eine radikale Konversion, einen – wie es vom neuen Standpunkt und nur von ihm aus gesagt werden kann – Wechsel vom Nichtglauben zum Glauben, vom *alten* zum *neuen Leben* voraus. *Radikal* ist dieser Standpunktwechsel zum Glauben aus mehreren Gründen: Er öffnet einen neuen Blick auf alles; er vollzieht sich als Wechsel von einem totalen oder umfassenden Orientierungssystem (altes Leben) zu einem ebenfalls umfassenden neuen (neues Leben); und er lässt sich nicht erzwingen oder aus eigenem Vermögen vollziehen.

Zum einen ist dieser Standpunktwechsel radikal, weil er nicht nur eine Positionsänderung im Horizont der gewöhnlichen Sichtweise ist, sondern dazu führt, nicht nur einiges, sondern *alles* neu und anders zu sehen, einschließlich des Standpunkts des Glaubens selbst, von dem aus man alles neu sieht: Der Standpunkt des Glaubens eröffnet einen nicht nur anderen, sondern *neuen* Blick auf die *ganze* Welt. Dieser neue Blick schließt ein, das Vorher und das Nachher des Standpunktwechsels unter dem Beurteilungsgesichtspunkt von Alt und Neu zu differenzieren, und zwar so, dass nicht das Vorher das Alte und das Jetzt das Neue ist, sondern dass im Vorausgehenden, im Jetzigen und im Künftigen zwischen Alt und Neu unterschieden wird, zwischen dem, was im Vorausgehenden auf das Leben des Glaubens vorausweist bzw. von diesem aus als überwundenes und beendetes Altes zu beurteilen ist, und zwischen dem, was im Jetzt als Neues eine Zukunft hat, und dem, was als überwundene Wirklichkeit des Alten zwar noch nachwirkt, aber zum Abbau und Verschwinden verurteilt ist, weil es keine Zukunft hat. Die Kontinuität eines Lebensvollzugs im Vorher und Nachher wird damit durch die Differenz von Alt und Neu so überlagert, dass alles, das Vorher, das Jetzt und das Nachher, in differenzierter Weise neu in den Blick kommt: Ein menschliches Leben wird so als Glaubensleben bestimmt, verstanden und gelebt.

Zum andern ist der Standpunkt des Glaubens nicht direkt, sondern nur durch den Wechsel von einem gewöhnlichen Standpunkt aus zu gewinnen. Der Standpunkt des Glaubens hat lebensgeschichtlich immer ein Vorher, das im Jetzt erinnert wird: Keiner wird als Glaubender geboren, jeder Glaubende ist vielmehr im Lauf seines Lebens zum Glaubenden geworden, also von einem Menschen, wie er faktisch lebt, zu einem Menschen, wie er in Gottes Gegenwart leben kann, soll und will. Die dem Glauben vorausgehenden Standpunkte der gewöhnlichen Sichtweise sind nicht per se, sondern werden erst vom Glauben aus retrospektiv als Standpunkte des faktischen Nichtglaubens oder aktiven Unglaubens (in Gestalt der Glaubensverweigerung, des Aberglaubens, der Glaubensbestreitung usf.) bestimmbar. Kein Lebensvollzug in der gewöhnlichen Perspektive zeichnet sich als solcher als ein Lebensvollzug des Nicht- oder Unglaubens aus: Er mag als moralisch gut oder böse beurteilt werden, aber dieses moralische Urteil in der gewöhnlichen Perspektive ist als solches kein Ansatzpunkt für die Unterscheidung des alten und neuen Lebens in der Glaubensperspektive. Umgekehrt kann jeder Lebensvollzug in der gewöhnlichen Perspektive auch in der neuen Perspektive auftreten, dort allerdings nicht nur unter der moralischen Beurteilung als gut oder böse, sondern unter der zuvor nicht erschwinglichen Beurteilungs-differenz von Sünde (Sünder) und Gnade (gerechtfertigter Sünder). Da das moralisch Gute erfreulicherweise auch vom Sünder und das moralisch Böse bedauerlicherweise auch vom gerecht-fertigten Sünder begangen werden kann, bietet die moralische Unterscheidung keine zuverlässige Basis zum Verständnis der radikalen Unterscheidung zwischen Glaube und Nichtglaube, sondern ist von dieser her einer kritischen Meta-Beurteilung zu unterziehen: Moral und Glaube sind keine natürlichen Ver-wandten, sondern stehen in komplizierterer Beziehung.

Da der vorangegangene Standpunkt der gewöhnlichen Sicht-weise eine totale Perspektive ist, die auf alles geht, ist auch der neue Standpunkt des Glaubens eine totale Perspektive auf alles. Von beiden Standpunkten aus lässt sich daher auch das jeweils andere in den Blick fassen, aber in bezeichnend verschiedener Weise. Während vom Standpunkt der gewöhnlichen Sichtweise aus der Glaube am Leitfaden der Orientierungsdifferenz von Real/Ideal nur ein anderer Standpunkt im selben Horizont ist, kommt die gewöhnliche Sichtweise vom Standpunkt des Glau-bens aus als eine grundsätzlich andere Totalperspektive in den Blick. So wird der Wechsel zum Glauben vom Standpunkt der gewöhnlichen Sichtweise aus als ein relativer Wechsel von einem nichtreligiösen zu einem religiösen oder von einem reli-giösen zu einem anders bestimmten religiösen Leben beschrie-ben, nicht aber als absoluter oder radikaler Wechsel in ein neues Leben. Umgekehrt werden vom Standpunkt des Glaubens aus zwei totale Orientierungszusammenhänge unterschieden und aufeinander bezogen, so dass es möglich und notwendig wird, das Leben eines jeden Menschen und der Menschheit insgesamt in der Differenz zweier nicht ineinander überführbarer Total-perspektiven zu verorten und zu beschreiben. Während im Ho-rizont der gewöhnlichen Perspektive der Glaube nur als eine *andere,* etwa religiöse Variante menschlichen Lebens in den Blick kommt, eröffnet sich vom Standpunkt des Glaubens aus ein *neuer* Blick auf die *ganze* Welt, der sich vom *alten* Blick auf die *ganze* Welt vom Standpunkt des Nichtglaubens aus nicht nur graduell, sondern prinzipiell unterscheidet, eben damit aber einen *doppelten Blick auf alles* kennt: Nur im Horizont des Glaubens kann zwischen Glauben und Nichtglauben, nur im Horizont des Neuen zwischen Neu und Alt unterschieden werden. Aber da muss auch so unterschieden werden.

Zum dritten kann man diesen Standpunktwechsel nicht selbst vollziehen, weder als Glaubender noch als Nichtglaubender. Der Nichtglaubende kann es nicht, weil der Standpunkt des Glaubens in der gewöhnlichen Sichtweise kein radikal anderer Standpunkt ist, sondern wenn überhaupt, dann nur ein anderer, nämlich religiöser, Standpunkt im gleichen Horizont, den man einnehmen kann, aber nicht muss. Einnehmen oder nicht einnehmen muss ihn jeder Mensch freilich selbst, indem er sich dafür oder dagegen entscheidet. Es liegt daher auf der Hand, dass es gute Gründe gibt, in einem solchen Fall nach guten Gründen für den Wechsel (oder Nichtwechsel) auf einen religiösen Standpunkt zu fragen, ob es um den Wechsel (oder Nichtwechsel) von einem nichtreligiösen auf einen religiösen Standpunkt geht oder um einen Wechsel (oder Nichtwechsel) von einem religiösen auf einen anderen religiösen Standpunkt. Und es liegt ebenso auf der Hand, dass solche Gründe, wenn es sie gibt, selten auch für andere und nie für alle anderen überzeugend sind. Meist leuchten sie nur mehr oder weniger ein, und das, was für den einen hinreichend (gewesen) sein mag, ist es selten auch für einen anderen.

Glaubende, auf der anderen Seite, sehen sich und alles andere von diesem neuen Standpunkt aus und müssen nicht erst durch Argumente zu einem Standpunktwechsel bewegt werden. Sie erleben den Wechsel nicht als Wahl, sondern als Widerfahrnis, haben sich also nicht mit einer erst noch zu treffenden, sondern mit einer gefallenen Entscheidung auseinanderzusetzen. Auch sie suchen nach Gründen und Argumenten. Aber ihre Suche hat nicht die Funktion, im Abwägen des Pro und Contra zu einer Entscheidung zu kommen, sondern die gefallene Entscheidung des widerfahrenen Wechsels zu verstehen und sich und anderen nachträglich verständlich zu machen. Die für die Glaubenden selbst entscheidenden Gründe und Argumente aber sind für Nichtglaubende gerade nicht überzeugend, weil sie nicht vom Standpunkt der gewöhnlichen Sichtweise, sondern des Glaubens aus formuliert werden. So verstehen sie den Wechsel auf den Standpunkt des Glaubens als Gottes gnädiges Geschenk, das ihr Leben unverdient und ungeahnt bereichert. Entsprechend beschreiben sie diesen Wechsel als die Gott selbst zu verdanken-de Neuausrichtung eines menschlichen Lebens an der sich selbst erschließenden schöpferischen Gegenwart Gottes, das als Widerfahrnis erlebte Gewahrwerden der Wahrheit einer Mög-lichkeit, die in kontrafaktischer (dislozierender), korrigierender (verbessernder) oder kulminierender (vollendender) Weise das Leben dazu befreit, alles Wirkliche und von dort aus Mögliche als Gottes gute Schöpfung wahrzunehmen. Die Welt in ihren Wirklichkeiten und Möglichkeiten erweist sich als mehr, als sie von sich aus ist oder werden kann, wenn sie auch für uns wird, wozu Gottes Gegenwart sie macht: Gottes gute Schöpfung.

7. Radikal neu: Glaube und Unglaube

Gelebter Glaube ist die Vollzugsweise der Wahrheit dieser unab-leitbar zugespielten Möglichkeit. Die Sicht des Glaubens unter-scheidet sich von der des Nichtglaubens dadurch, dass sie das, was in realwissenschaftlicher Sicht das ›bloß‹ Ideale im Unter-schied zum Realen ist, in radikaler Konversion als Anzeige des Standpunkts der eigentlichen Wirklichkeit alles Wirklichen und Möglichen versteht: Der Gott, auf den Christen mit dem Zei-chen ›Gott‹ verweisen, ist keine bloß ideale Größe, sondern der

Schöpfer, und alles, was realwissenschaftlich als Natur, Kultur und Gesellschaft sowie als die Möglichkeitshorizonte dieser Wirklichkeitsdimensionen in den Blick kommt, ist von diesem Schöpfer als seine *Schöpfung* zu unterscheiden. Nicht die Unterscheidung von *Real* und *Ideal* ist dementsprechend die orientierende Grunddifferenz dieser neuen Lebensorientierung, sondern die zwischen *Schöpfer* und *Schöpfung,* der kreativen *Wirklichkeit des Möglichen* (Gott) und der *Welt mit ihren Wirklichkeiten und Möglichkeiten* (Schöpfung).[339] Sich an dieser Differenz auszurichten, heißt, im *Glauben* zu leben, es faktisch nicht zu tun dagegen ist *Nichtglaube,* und es in aktiver Ablehnung des Glaubens nicht zu tun *Unglaube.*

In der Orientierung an der Grunddifferenz von Schöpfer und Schöpfung auf der Basis der sich im Glauben selbst als solche auslegenden Unterscheidung des Schöpfers von der Schöpfung ist radikale Theologie *theozentrische Theologie;* und insofern diese Unterscheidung nicht per se deutlich ist, sondern immer nur im Geschehen des Unterschiedenwerdens von Schöpfer und Schöpfung in der Selbstunterscheidung des Schöpfers von der Schöpfung deutlich wird, ist radikale Theologie wesentlich theozentrische *Ereignis-Theologie* (im Blick auf Gott) bzw. theo-

---

339 Es geht also nicht um eine *Umbesetzung* oder *Neubezeichnung* der Differenz von *Real* und *Ideal* als *Schöpfung* und *Schöpfer.* Das würde den eigentlichen Punkt verfehlen und dem Missverständnis Vorschub leisten, in der Perspektive des Glaubens werde nur das religiös auf andere Weise beschrieben, was wissenschaftlich schon so beschrieben wurde, wie es ›eigentlich‹ ist. Was als Schöpfung vom Schöpfer unterschieden wird, umfasst beides, das Reale und das Ideale, während der Schöpfer von beidem unterschieden bleibt, also weder ein empirisches oder historisches Phänomen im Horizont des Realen von Natur, Kultur oder Gesellschaft ist noch ein kulturelles Sinnphänomen im Horizont des Idealen. Was Christen mit ›Gott‹ meinen, geht nie in dem auf, was sie mit diesem Zeichen sagen. Der Schöpfer ist in keiner Weise Teil oder Moment der Schöpfung, sondern der, der durch seine Beziehung zu ihr diese zu dem macht, was sie ist: seine Schöpfung.

zentrische *Widerfahrnis-Theologie* (im Blick auf den Menschen). Als solche entfaltet sie ihr Verständnis Gottes und alles Übrigen vom unverfügbaren Geschehen der radikalen Veränderung vom alten zum neuen Leben her, die im Orientierungshorizont des Glaubens als der Gott zu verdankende Wechsel aus dem Nicht- und Unglauben in den Glauben verstanden wird. Niemand muss vom Standpunkt des Nicht- oder Unglaubens auf den des Glaubens wechseln, aber für jeden ist es möglich (*de dicto*), auch wenn niemand es selbst und von sich aus kann (*de re*).

Dieser radikale, weil diskontinuierliche und nicht erzwingbare, sondern, wenn überhaupt, frei sich einstellende *Standpunktwechsel* zum Glauben und die sich von dort ergebende *neue Sichtweise auf alles* ist das, was radikale Theologie entfaltet. Sie redet von *Gott* nicht mehr nur als *Sinnprodukt religiösen Redens von Gott*, spricht also nicht nur *sub ratione mundi* von einem geschichtlich-kulturellen *Gottesverständnis* und damit dem, was bestimmte Menschen zu bestimmten Zeiten mit dem Zeichen ›Gott‹ meinen. Sie thematisiert Gott vielmehr als den *Grund des Standpunktwechsels,* der dazu führt, *sich selbst als Geschöpf Gottes* zu verstehen und die Welt von Natur, Kultur und Gesellschaft samt allen damit verknüpften Möglichkeiten *sub ratione dei,* im Licht der *Gegenwart Gottes* zu sehen, sie also als *Schöpfung des Schöpfers* wahrzunehmen und zu verstehen.

8. Radikal anders: Schöpfer und Schöpfung

Das hat zwei gewichtige Folgen. Zum einen: Wer mit ›Gott‹ den Schöpfer meint, dem der Wechsel auf den Standpunkt des Glaubens zu verdanken ist, der wird Gott zugleich als den verstehen, ohne den nichts, was ist, sein könnte und nichts, was sein könnte, möglich wäre, der also als absolutes Voraus und Woher alles Wirklichen und Möglichen die unhintergehbare kreative Wirklichkeit des Möglichen ist. Gott ist damit nicht nur grenzbegrifflich als der zu denken, über den hinaus Größeres nicht gedacht werden kann, und auch nicht nur negationstheologisch als der, der größer ist als alles, was gedacht werden kann. Beides thematisiert Gott im Horizont eines Denkens, das nicht durch den Standpunktwechsel zum Glauben und der damit gesetzten Neuorientierung gegenüber dem Unglauben bestimmt ist – einem Unglauben, der sich niemals selbst, sondern immer nur von Glauben her als solcher durchschaubar ist und deshalb auch all das umfasst, was als Bemühung um eine Verstehen von Welt, Mensch und Gott in Geschichte und Gegenwart menschlichen Denkens aufzufinden ist. Die Würde und Größe, aber auch Tragik und Aporie dieses Denkens wird in ihrer ganzen Tragweite erst im Licht des Standpunktwechsels an den neuen, Gott selbst zu verdankenden Ort im Verhältnis zu Gott und damit im neuen Orientierungshorizont des Glaubens deutlich.

Dabei werden materialiter keine grundsätzlich neuen Phänomene der Erfahrungs- und Denkvielfalt der Menschen in der Geschichte dieser Welt hinzugefügt, sondern diese kommen unter neuem Gesichtspunkt als Schöpfung unter der Leitdifferenz von Glaube und Unglaube in den Blick und werden eben so differenziert bewertbar. Nichts in der Welt ist gegenüber anderem damit in prinzipieller Weise theologisch ausgezeichnet, Orientierungsdifferenzen wie die zwischen heilig und profan oder religiös und säkular verlieren ihre theologische Valenz und werden im Licht der Grundunterscheidung von Schöpfer und Schöpfung aufseiten des Geschaffenen gemeinsam der Wirklichkeit des Schöpfers kontrastiert. Als Schöpfung kommt alles von Gott Verschiedene nicht von sich aus, sondern allein im Licht des sich selbst von ihr unterscheidenden Schöpfers in den Blick, der ebendadurch die Möglichkeit schafft, sich differenziert (als Schöpfer, Erlöser, Vollender) auf diese zu beziehen, ohne jemals mit ihr identisch zu werden oder nicht mehr von ihr unterschieden werden zu können. Gottes Schöpfersein erweist sich im Orientierungshorizont des Glaubens damit als die grundlegende und nicht hintergehbare *positive Realität*, der sich alles Übrige in seiner differenzierten Bestimmtheit verdankt, weil es ohne sie nicht wäre. Diese schöpferische Wirklichkeit ist ihrerseits als solche aber nur verstehbar, weil und insofern sie sich selbst im Horizont der Schöpfung konkret verstehbar macht. Sie so zu verstehen, ist gleichbedeutend damit, auf den Standpunkt des Glaubens zu wechseln.

Entsprechend wird Gottes Schöpfersein im Glauben nicht unabhängig von diesem Gott selbst zu verdankenden Standpunktwechsel denk- und verstehbar: *Gott ist der, der sich durch sein Wort und seinen Geist selbst als Gott verstehbar macht,* indem er im Evangelium Jesu Christi[340] am Ort der Menschen so als Gott gegenwärtig wird, dass den Menschen ein grundlegend neuer Orientierungshorizont eröffnet wird, in dem sie Gott, sich, ihr Leben und ihre Welt neu zu sehen, zu verstehen und zu leben lernen. Das wird auf allen Ebenen christlichen Lebens deutlich:

– Im Glaubensleben wird der grundlegende Wechsel des Orientierungshorizonts durch Gottes Selbstvergegenwärtigung am Ort des Menschen als freie Widerfahrnis und unverdiente Gabe Gottes erlebt und als Bekehrung vollzogen, d. h. als Abkehr vom alten Leben in der Gottesferne und als Umkehr zum neuen Leben in der Gemeinschaft mit Gott.

– Im christlichen Gemeinschaftsleben wird dieser Orientierungswechsel in der Symbolik der Taufe als radikales Ende des alten und als Anfang eines radikal neuen Lebens zur Darstellung gebracht: Wie das Untertauchen im Wasser den Tod des alten und das Neugeborenwerden des neuen Menschen symbolisiert, so markiert der Empfang eines neuen Namens im Na-

---

340 Die Wendung ›Evangelium Jesu Christi‹ ist als *gen. auctoris* zu verstehen im Blick auf die Person Jesu Christi und als *gen. obj.* im Blick auf das von den Christen verkündete Evangelium von ihm.

men des dreieinigen Gottes diesen Wechsel als Eintritt in eine radikal neue, durch keine Bindungen an Früheres bedingte oder bestimmte Gemeinschaft mit allen, die ihr Leben an Gottes guter Gegenwart orientieren, wie diese sich im Evangelium Jesu Christi als wirksame Gegenwart der gutmachenden Güte Gottes verständlich erschließt und wirksam vermittelt.

– Theologisch wird dieser radikale Wechsel des Orientierungshorizonts als der Gott selbst zu verdankende Wechsel zum Glauben aus dem Unglauben bestimmt. In universalem Horizont wird das im Blick auf den in der Geschichte Jesu Christi sich ereignenden eschatologischen Wechsel von der alten zur neuen Schöpfung am Leitfaden der Orientierungsunterscheidung von Alt und Neu zur Darstellung gebracht, im individuellen Lebenshorizont eines jeden Menschen im Blick auf den im Wirken des Evangeliums sich ereignenden soteriologischen Wechsel vom alten zum neuen Leben am Leitfaden der Orientierungsunterscheidung von Unheil und Heil. Beide Unterscheidungen schematisieren im Hinblick auf verschiedene Bestimmungshorizonte dasselbe Geschehen: den Wechsel in den Glauben aus dem Unglauben.

Von diesem fundamentalen Wechsel und seinen symbolischen Schematisierungen her wird Gottes Gottsein in mannigfachen, situationsbedingten Konkretionen als Vater, Sohn, Geist, Schöpfer, Versöhner, Erlöser, Vollender ... ansprechbar und denkbar. Die Trinitätslehre ist die systematische Verdichtung dieser Konkretionen in einer nicht nur Gott, sondern das gesamte Orientierungsganze des Glaubens betreffenden Kern - formel. Denn in der trinitarischen Verdichtung der kritisch aufeinander bezogenen Konkretionen des Verständnisses von Gottes Gottsein im Orientierungshorizont des Glaubens werden die Kriterien deutlich, die es ermöglichen, alles, was als ›Gott‹, ›Mensch‹ ›Welt‹, ›Leben‹ usf. verstanden wird, einer differenzierenden Neubeschreibung und kritischen Beurteilung zu unterziehen.

Daraus ergibt sich das andere: Wer die Welt als Schöpfung versteht, gibt nicht nur zu erkennen, dass er sich selbst als Geschöpf sieht, sondern sagt auch notwendig *mehr* über sich und die Welt aus, als von sich aus phänomenal zur Erscheinung kommt. Die kontingente Faktizität der Welt der Phänomene wird nur dann Zeichen für ihr Sein als Schöpfung, wenn diese Faktizität von einem, der sich selbst als Geschöpf versteht, als Ort des Zuspiels von Möglichkeiten *durch Gott und von Gott her* gesehen, die Welt also in ihrer Weltlichkeit als Schöpfung des Schöpfers verstanden wird.

Damit verkehrt sich im theologischen Denken die Pointe der Unterscheidung von Real und Ideal. Das in realwissenschaftlicher Perspektive Ideale wird theologisch als Hinweis auf das eigentlich Reale, nämlich den Schöpfer, verstanden, das wissenschaftlich Reale wie das kulturell Ideale dagegen als das Produkt dieser schöpferischen Realität, nämlich als Schöpfung. Die gewöhnliche Orientierungsunterscheidung zwischen Real und Ideal wird im Licht der theologischen Orientierungsdifferenz zwischen Schöpfung und Schöpfer eingebunden in den Horizont der Schöpfung, die ihrerseits vom Schöpfer dadurch unterschieden wird, dass dieser sich auf sie bezieht, indem er sich von ihr unterscheidet. Nur das kann wirklich werden, was möglich und nicht unmöglich ist, und nur dann kann Wirkliches werden, wenn das Mögliche vom Unmöglichen unterschieden wird. Möglich und unmöglich aber ist in theologischer Perspektive das, was Gott möglich bzw. unmöglich macht. Die modale Grundunterscheidung zwischen Möglichem und Unmöglichem ist konstituiert durch die reale Grundunterscheidung des Schöpfers von der Schöpfung.[341] Die Welt in der Differenz des Realen und Idealen wird dadurch wirklich, dass Gott das Mög-

---

[341] Modalbestimmungen (möglich, unmöglich, notwendig, nicht notwendig, kontingent, nicht kontingent) sind immer Bestimmungen *von* bzw. *für*

liche möglich, das Unmögliche unmöglich und das Wirkliche wirklich macht, indem er sich als Schöpfer von der Schöpfung unterscheidet und so die Welt als seine Schöpfung im Horizont seiner Unterscheidung des Möglichen vom Unmöglichen wirklich werden lässt.

Die Ersetzung der Leitdifferenz Real/Ideal durch die Leitdifferenz Schöpfer/Schöpfung im gelebten Glauben und in seiner theologischen Reflexion, und die Neubestimmung der ersten Differenz im Licht der zweiten (die Differenz Real/Ideal wird der Schöpfung eingezeichnet, die vom Schöpfer unterschieden wird) setzt voraus, dass man einen solchen radikalen Standpunkt- und Orientierungswechsel vollziehen kann, dass es also möglich ist, so disloziert zu werden (den alten Orientierungsort zu verlassen) und sich neu zu orientieren (vom neuen Ort aus alles anders zu sehen). Um diese Möglichkeit zu erweisen, muss man den Standpunktwechsel nicht real vollziehen, auch wenn die Möglichkeit dadurch erwiesen wird, dass man ihn vollzieht. Wie sich die realwissenschaftliche Perspektive aber von der Position eines faktischen oder methodischen Nichtglaubens aus entwickeln lässt, so die theologische Perspektive von der Position eines faktischen oder methodischen Glaubens aus. Man muss nicht glauben, um dem Denkgeschäft der Theologie nachgehen zu können. Aber man muss zumindest den radikalen Orientierungswechsel des

---

etwas bzw. jemanden. Sie stehen nicht absolut, sondern sind bezogen auf etwas bzw. jemanden. In der Moderne sind das Propositionen (alethische Modalitäten) oder Glaubensansichten bzw. beliefs (epistemische Modalitäten). In der aristotelischen Tradition war das die Welt (alles und nur das ist möglich, was wirklich war, ist oder sein wird). Im christlichen Denken ist es Gott, der die Welt als seine Schöpfung wirklich sein lässt, indem er sich von ihr unterscheidet und so das Mögliche möglich, das Unmögliche unmöglich und das Wirkliche wirklich macht. Vgl. für eine genauere Darstellung und Analyse dieser Problematik vgl. I. U. DALFERTH, Possibile absolutum. The theological discovery of the ontological priority of the possible (im Druck).

Glaubens im Gedankenexperiment mit vollziehen, um zu sehen, worin das Denkgeschäft der Theologie besteht.[342]

9. Radikale Präsenz radikaler Andersheit

Der Standpunktwechsel vom Nichtglauben zum Glauben ist ein Zeichenereignis, das *nicht nur eine Reihe fortsetzt* oder eine *neue Reihe innerhalb der anderen eröffnet*, sondern einen grundlegend neuen Horizont zum Verstehen von beidem eröffnet. Der Sinn dieses Zeichenereignisses ist insofern genau sein Vollzug. Das heißt, der Gehaltssinn (Was), der Bezugssinn (Wer) und der Vollzugssinn (Wie) fallen für die Betroffenen so zusammen, dass mit dem Gebrauch des Zeichens ›Gott‹ – und das steht hier für den Inbegriff aller anderen Zeichen im *usus fidei* – Gott durch Gott als Gott so verständlich wird, dass die Betroffenen nicht anders können als Gott als ihren Schöpfer, sich als seine Geschöpfe und ihre Welt als seine Schöpfung zu verstehen.

Das Ereignis des Standpunktwechsels vom Nichtglauben zum Glauben hat so die Struktur: ›*Gott wird durch Gott für jemanden als Gott* – d. h. als Schöpfer, als Geber alles Guten, als

---

[342] Aus diesem Grund sollte Theologie nicht als Wissenschaft unter Wissenschaften beschrieben werden, sondern als radikale *scienza nuova* einer kritisch-reflektierenden Interpretationspraxis, die alle Verfahren und Ergebnisse der Wissenschaften gebraucht, um das Leben in all seinen – alltäglichen, kulturellen, wissenschaftlichen, gesellschaftlichen, politischen, ökonomischen, religiösen usf. – Vollzügen im Licht der grundlegenden Neuorientierung des Glaubens zu beschreiben und zu analysieren und so im Medium kritischer Reflexion zur Klärung dessen beizutragen, was es heißt, das Leben im Horizont des Glaubens von Grund auf neu auszurichten und auf neue Weise zu leben. Vgl. I. U. DALFERTH, Evangelische Theologie als Interpretationspraxis. Eine systematische Orientierung, Leipzig 2004.

barmherziger Vater usf. – *verständlich*. Das besagt im Blick auf Gott, dass Gott zugleich *als radikal präsent* und *radikal anders* erfahren wird, als derjenige – wie mit dem Zeichen ›Gott‹ in der Differenz von Zeichen und Bezeichneten angezeigt wird –, der sich selbst in freier Unverfügbarkeit als der in allem Zeichengebrauch anwesend Abwesende (Gegenwart seiner Verborgenheit) und abwesend Anwesende (Verborgenheit seiner Gegenwart) erschließt. Gottes Gegenwart ist kein Phänomen, sondern – in der Sicht des Glaubens – das in der Phänomenalität von Phänomenen unthematisch Mitgesetzte: Anzeige der abwesenden Anwesenheit Gottes – einer abwesenden Anwesenheit, in der nicht etwa Gottes Nichtwirksamkeit oder Nichtgegenwart zum Ausdruck kommt, sondern im Gegenteil die schlechterdings unbedingte, Gegenwart konstituierende Kreativität Gottes, das, was nicht ist, ins Sein zu rufen, und das, was ist, obwohl es auch nicht sein könnte, im Sein zu halten. Das heißt, Gott ist nicht als Phänomen ›da‹, sondern als der, der dem Dasein von Phänomenen am Ort des Menschen den Mehrwert verleiht, Schöpfung und damit Ort seiner abwesenden Anwesenheit zu sein. Nur für Menschen gibt es Phänomene, nur für Glaubende sind sie Gottes Schöpfung, und als Schöpfung sind sie das, in dem Gott gegenwärtig ist.

Erfahren wird Gottes Präsenz dementsprechend nicht als solche, sondern als das, was *mit* den Phänomenen da ist, ohne selbst Phänomen zu sein. Genauer – und das macht sie zur *radikalen* Präsenz einer *radikalen* Andersheit – was mit ganz konkreten Phänomenen so da ist, dass diese als Zeichen für Gottes Präsenz verstanden werden, ohne dass Gott selbst je zum bloßen Zeichen würde. Gott ist stets verschieden vom Zeichen ›Gott‹ (das ist eine grammatische Bemerkung, wie das Zeichen ›Gott‹ christlich gebraucht wird). Zeichen kann man gebrauchen, Gott nicht, und nur weil Gott so von allen Zeichen als Bezeichnetes und nicht nur als Zeichen verschieden ist, kann ›Gott‹ als Zeichen gebraucht werden.

Zeichen für Gott können Phänomene deshalb nur werden, wenn einerseits *im Erleben* die Differenz zwischen Zeichen und Bezeichnetem eingezogen wird, so dass die *Präsenz* des Phänomens als *Präsenz* Gottes erlebt wird; und wenn andererseits *im Denken* zwischen dem *Phänomen* und *Gott* so unterschieden werden kann und muss, dass jenes als weltliches Zeichen für Gott verstanden wird, weil das, dessen Präsenz direkt erlebt wird (das Phänomen), nur ein Zeichen für den wird, dessen Präsenz darin miterlebt wird (Gott), ohne dass es selbst zum dadurch Bezeichneten würde oder dieser selbst Phänomen wäre. Gott ist *mit* diesem Phänomen, aber nicht *als* dieses Phänomen präsent, dieses Phänomen ist *Zeichen* für Gott und nicht identisch mit Gott. Deshalb ist Gottes radikale Präsenz die Präsenz seiner radikalen Andersheit. Nur wo ein Phänomen so erlebt wird, dass es im Denken als Zeichen für die anwesende Abwesenheit Gottes verstanden wird, liegt das vor, was man in fragwürdig verkürzender Weise eine ›Erfahrung Gottes‹ nennt. Wird die *Präsenz* des Phänomens nicht als *Präsenz* Gottes erlebt, wird nicht Gott, sondern nur ein weltliches Phänomen erfahren. Wird *Gott* im Denken nicht von dem infrage stehenden *Phänomen* unterschieden, wird dieses nicht als Zeichen für Gott und Gott dementsprechend überhaupt nicht verstanden.

Werden Phänomene als *Zeichen für Gottes Gegenwart* erlebt (gesehen, gehört, geschmeckt, gefühlt), dann geben sie *mehr* zu verstehen, als sie von sich aus zeigen. Diese andere Sicht-, Erlebens- und Verstehensweise setzt einen radikalen Standpunktwechsel voraus, ohne den es keine ›Gotteserfahrung‹ gibt. Radikal ist dieser Standpunktwechsel in zweifachem Sinn: Man sieht *mehr* in Phänomenen, wenn man sie als Zeichen für Gottes Gegenwart sieht, und das geht nur, wenn man auch *sich selbst* anders, nämlich als Ort der abwesenden Anwesenheit Gott sieht. Doch *dass* man sie und sich so sieht, kann man nicht selbst bewerkstelligen, sondern ist den Glaubenden zufolge allein Gott selbst zu verdanken, zu dessen Zeichen Phänomene und zu dessen Präsenzort Menschen dadurch werden, dass Gott selbst sich verstehbar vergegenwärtigt. Nur wo Gott selbst sich durch Gott für jemanden als Gott verständlich macht, kommt es zu dem Standpunktwechsel, der Phänomene als Zeichen für Gott und Gott anhand dieser Phänomene zu verstehen erlaubt.

Verlässliches Zeichen für Gottes Präsenz ist daher nur, was *durch Gott selbst* zum Zeichen seiner verborgenen Gegenwart wird (›Selbstauslegung Gottes‹: Jesus Christus) und zugleich *durch Gott selbst* von jemandem als Zeichen seiner verborgenen Gegenwart *verstanden wird* (›Verstehen der Selbstauslegung Gottes als Selbstauslegung‹: Glaube an Jesus als Christus). Das Erste sieht der christliche Glaube zentral in dem Geschehen, das im Bekenntnis zu Jesus als dem Christus zum Ausdruck kommt: Jesus ist von Gott selbst zum verlässlichen Zeichen seiner verborgenen Gegenwart bei und für uns Menschen gemacht worden. Das wird theologisch in der Christologie und der darin mit gesetzten Gotteslehre (Trinitätslehre) und Lehre vom Menschen (Anthropologie) reflektiert und entfaltet. Das Zweite ist das, was den Glauben an Jesus als den Christus konstituiert: Dass Jesus Christus verlässliches Zeichen für Gottes verborgene Gegenwart ist, wird im Glauben verstanden und als durch Gott selbst gewiss gemachte Wahrheit bekannt. Theologisch wird das in der Pneumatologie und der darin mit gesetzten Lehre vom Glauben (Rechtfertigungslehre) und Lehre von der Glaubensgemeinschaft (Ekklesiologie) durchdacht und entfaltet. Zusammengenommen wird dadurch unterstrichen, dass kein Phänomen als solches Zeichen für Gottes verborgene Gegenwart ist, dass Phänomene vielmehr nur durch Gott selbst zu solchen Zeichen werden, und zwar sowohl im Blick auf ihre Als-Struktur (Zeichen *Gottes*) als auch auf ihre Für-Struktur (Zeichen Gottes *für uns*): Sie werden zu Zeichen *für Gottes Gegenwart* nur dadurch, dass Gott selbst sich in ihnen für uns auslegt, und sie werden zu *Zeichen* für Gottes Gegenwart nur dann, wenn sie im Glauben durch Gott selbst auch so verstanden werden.

10. Radikale Kontingenz und Trinität

Das hat theologische und hermeneutische Implikationen. Hermeneutisch heißt das, dass in die konkrete Bestimmung, unter der Gott gedacht und verstanden wird, der Charakter der Situation eingeht, in der es zu diesem Orientierungswechsel kommt. Es gibt deshalb nicht nur eine ›richtige‹ Bestimmung Gottes, sondern eine sich fortbestimmende und mannigfach vernetzende Reihe von zutreffenden Gottesverständnissen. Von einem Verständnis *Gottes* – und nicht nur einem mehr oder weniger treffenden *Verständnis* Gottes – kann man streng genommen aber nur dann reden, wenn es ein Ereignis des Verstehens Gottes gibt, in dem der Gehaltssinn (Was), der Bezugssinn (Wer) und der Vollzugssinn (Wie) so zusammenfallen, dass ›Gott durch Gott als Gott für jemanden‹ erschlossen wird. Ersetzt man ›jemanden‹ in dieser Formel durch ›die Glaubenden‹, erhält man Bultmanns Position, ersetzt man es durch ›in Jesus Christus für alle‹, die Position Barths. Beiden gemeinsam ist, dass es um ein Ereignis geht, dessen Sinn der Vollzug des Ereignisses ist: Einen theologischen Rekurs auf Heilsgeschichte gibt es nur als Rekurs auf ein sich *selbst verständlich vermittelndes Heilsgeschehen.*

Wird das radikal gedacht, dann ist mit ›Gott‹ nichts anderes gemeint als das Ereignis, in dem Gott anhand bestimmter Phänomene unserer Welt- oder Selbsterfahrung *durch Gott* (der diese Phänomene zum Ort seiner sich verständlich erschließenden Gegenwart macht) als Gott für jemanden verständlich wird. Das definiert die Gegenwart dieses Ereignisses als Heilspräsenz, erweist die ontologische Plastizität dieses phänomenalen Ereignisses, legt das Verständnis des sich darin ereignenden Gottes kontingent und dynamisch darauf fest, dass Gott der ist, der sich anderen *als Gott* verständlich macht, und differenziert dadurch das Verständnis des Adressaten in ein Vorher und Nachher, das am Leitfaden der Differenz von Alt und Neu theologisch ausgearbeitet werden kann.

Insofern dieses Ereignis notwendigerweise *für jemanden ist*, bezieht es sich auf *dadurch Vereinzelte*. Das müssen nicht Individuen im Unterschied zu einer Gemeinschaft sein, das kann auch eine Mehrzahl von Menschen sein, die durch dieses Ereignis von anderem und anderen unterschieden und als eine neue soziale Größe konstituiert wird. Im singularen wie kollektiven Fall ist entscheidend, dass eine Differenz gesetzt wird, in der die Betroffenen sich und alles andere nicht mehr nur wie bisher, sondern diskontinuierlich neu und anders verstehen: Am Ort des Ich (›Da‹) bricht die Alterität auf, die vom ›alten und neuen Ich‹, vom ›ich, aber nicht ich‹ zu reden nötigt und theologisch in der doppelten Figur von Schöpfung und Sünde bedacht wird – ›Schöpfung‹ als das, was altes und neues Ich von dem unterscheidet, der sich hier durch Gott als Gott erschließt (Differenz Schöpfer/Geschöpf); und ›Sünde‹ als das, was das neue vom alten Ich unterscheidet (Differenz Sünder/Geschöpf). Hier und jetzt (›Da‹) bin ich mir bzw. sind wir uns selbst fremd und zugleich neu verständlich, weil und insofern Gott in bestimmter Weise als Gott verständlich wird.

So verstanden und ausgelegt kann dieses Ereignis nur werden, weil und insofern es selbst konkrete Zeichenstruktur hat. Es ist ein Zeichenereignis, und zwar genauer ein konkretes Zeichenereignis in der dreifachen Hinsicht, dass es *bestimmte Zeichen* für ein *bestimmtes Bezeichnetes* in einem *bestimmten Bezeichnungsereignis* gebraucht. Das Erste wird in der christlichen Tradition als ›Wort Gottes‹ (›Wort vom Kreuz‹) symbolisiert, das Zweite als ›Gott‹ (›Vater, Sohn, heiliger Geist‹), das Dritte als geschichtlich-konkretes Geschehen von ›Wort und Glaube‹. Radikal kontingent ist dieses Ereignis, weil es in dreifacher Weise einen ganz bestimmten Geschichtsbezug hat und damit zugleich drei grundsätzliche Fragen aufwirft: im Bezug auf Jesus (Warum dieser und kein anderer?), im Bezug auf die Deutung Jesu als Wort Gottes (Warum so und nicht anders?), und im Bezug auf das immer wieder neu eintretende Ereignis, dass Menschen an diesen Jesus als Gottes Wort für sie glauben (Warum diese und andere – noch – nicht?). Auf keine dieser Fragen gibt es eine zureichende Antwort, ohne auf Gott zu verweisen. Gerade der Verweis auf Gott aber bietet keine Erklärung dieser dreifachen Kontingenz, sondern hält die Fragen prinzipiell offen.

Dass Gott sich als Gott nach christlichem Verständnis in dieser radikalen Kontingenz erschließt, hat christliche Theologie dazu gebracht, Gott trinitarisch zu denken: Trinitätstheologie ist die Wahrung der radikalen Kontingenz Gottes im Denken Gottes. Sie ist damit nicht etwa die Antwort auf die drei genannten Fragen, sondern die permanente Erinnerung daran, dass Theologie das nicht als notwendig erklären kann und darf, was ihr als kontingentes Geschehen voraus- und zugrunde liegt. Selbst wenn sie alles ihr Mögliche verständlich gesagt und erklärt hat, kennt sie offene Fragen, die sie selbst nicht zu beantworten vermag, weil sie mit der Kontingenz des Ereignisses gesetzt sind, das sie denkend entfaltet.

Der zur Trinität führende Gedankengang ist hermeneutisch naheliegend und theologisch konsequent: Wird Gott nur verstanden, insofern *Gott selbst sich für uns als Gott verständlich macht*, dann muss Gott als der gedacht werden, der zu diesem Sich-selbst-als-Gott-verständlich-Machen in der Lage ist, ja schärfer, der genau derjenige ist, der sich aus freien Stücken anderem als er selbst anhand von anderem als er selbst als Gott verständlich macht. Die theologische Tradition hat das im Ausbuchstabieren des Johannesprologs im Rekurs auf die Ausdifferenzierung von *Gott* und *Wort Gottes* verständlich zu machen gesucht: Gott ist derjenige, als der er sich in seinem Wort für andere von Ewigkeit her kommunikabel macht. Dieses Wort Gottes kommt für uns in Jesus Christus als *deus loquentis persona* sowie in dessen Vergegenwärtigung im *verbum externum* des Evangeliums zur Sprache, und zwar so, dass Menschen zum Orientierungswechsel vom Nichtglauben zum Glauben bewegt werden, weil ihnen das *verbum externum* durch Gott den Geist als Gottes Wort so verständlich wird, dass sie im Positiven wie Negativen zu verstehen beginnen, was es heißt, Gottes Geschöpfe zu sein.

Die Trinitätslehre, die das im Blick auf das Verständnis Gottes theologisch ausarbeitet, ist daher keine spekulative Theorie Gottes, sondern die ereignishermeneutische Summe der lebensverändernden Neuorientierung von Menschen, die durch das Wirken von Gottes Wort und Geist dazu kommen, aus freien Stücken und eigener Einsicht vom Nichtglauben zum Glauben zu wechseln – nicht weil damit zum Ziel käme, was sie von sich aus immer schon angestrebt hätten, sondern weil sie angesichts des Evangeliums nicht anders können, wenn sie nicht im Widerspruch zu ihrer eigenen Einsicht leben wollen.

11. Radikales Zeugnis

Die erläuterte *radikale Präsenz* (Sich-selbst-Ereignen), *radikale Andersheit* (alles verändern, im Sinn von: alles neu sehen, nämlich unter einem anderen Blickpunkt und in einem anderen Horizont als bisher) und *radikale Kontingenz* – von Dort (Jesus), *Dieses* (Gottes Heilswirken), für *Diese* (bestimmte Menschen) – lassen sich theologisch nur bedenken, weil und insofern sie im *Zeugnis des Glaubens* phänomenal in bestimmter Weise zur Sprache kommen. Dieses Zeugnis ist selbst ein kontingentes geschichtliches Phänomen und durch alle Partikularitäten geschichtlicher Phänomene gekennzeichnet. Das gilt von seinem ersten Auftreten über die biblischen Bezeugungen bis zu seiner immer wieder anderen lebenspraktischen und verbalen Bezeugung in der Geschichte. Theologisch fassen lässt es sich nur als Zeugnis, aber kein Zeugnis, das sich theologisch fassen lässt, ist identisch mit dem Ereignis, das es bezeugt. Im Zeugnis des Glaubens überlagern sich Erinnerung an vergangenes Zeugnis und Vergegenwärtigung zu neuem Bezeugen so, dass man jedes Zeugnis sowohl auf das hin lesen kann und muss, was es retrospektiv anaphorisch voraus- und fortsetzt, als auch auf das, was es prospektiv kreativ bzw. imaginativ initiiert, auslöst und ermöglicht. Radikal Präsentes, Anderes und Kontingentes lässt sich nur verstehen und bedenken, weil und insofern es *bezeugt* wird, und es lässt sich *als* radikal Präsentes, Anderes und Kontingentes nur verstehen und bedenken, weil und insofern es *in radikalem Sinn immer wieder neu bezeugt wird,* also in nichts anderem besteht als darin, vorausgehendes Zeugnis in neuem Zeugnis fortzusetzen.

Aus dieser Kette der Zeugnisse gibt es keinen abkürzenden Ausstieg. Wo Einzigartiges zur Sprache kommt, wird es nicht dadurch zugänglich, dass man es begrifflich zum Besondern eines Allgemeinen verkürzt. Man muss es vielmehr immer wieder neu sagen, also nicht in einen Begriff aufheben, in dem es festgelegt wird, aber auch nicht in den Fortgang einer Bestimmung von Begriffen durch Begriffe, mit denen man seiner Radikalität im Denken durch die Dynamisierung des Denkens gerecht werden zu können meint, sondern vielmehr allein so, dass es als wiederholendes Gedächtnis immer wieder neu gesagt und bezeugt wird. *Fortgesetztes Zeugnis* ist die Weise seiner Vermittlung, und zwar so, dass es als *Zeugnis etwas von sich selbst Verschiedenes* zur Sprache bringt und als *radikales Zeugnis* klarstellt, dass sich dieses nur verstehen lässt, insofern es sich selbst so vergegenwärtigt, dass es – manchmal, unvorhersehbar, methodisch nicht herbeiführbar, aber doch wirklich und immer wieder – neu verstanden wird.

12. Distanzierung und Desorientierung

Verstanden aber wird es nicht in distanzierter Kühle und interesseloser Kontemplation, sondern nur ›leidenschaftlich‹ oder gar nicht, wie Kierkegaard zu Recht einschärfte, also immer auf dieselbe Weise: Nicht durch bloße intellektuelle Kenntnisnahme auf dem bisherigen Standpunkt, sondern durch einen radikalen Positions- und Orientierungswechsel des Lebens. Der wohlfeile Vorwurf, das sei blinder Dezisionismus, verfehlt das Phänomen gründlich: Das Ereignis dieses Orientierungswechsels vollzieht sich nicht aus eigenem Entschluss, in zeichenfreier Willkür oder in reiner Unmittelbarkeit, sondern als *Widerfahrnis eines konkreten Zeichenereignisses.* Das Medium des Zeichens, der Sprache, des Wortes – und damit die Kontingenz des (lebens)geschichtlichen Konkreten, narrativ Erzählbaren und argumentativ Ausführbaren – fällt also nicht aus, sondern wird gerade radikal aufgewertet, weil in diesem Zeichenereignis das Bezeichnete mit seinem Zeichen so zusammenfällt, dass die Präsenz des Zeichens ›Gott‹ für den Rezipienten (Hörer, Leser) zur Präsenz Gottes wird. Gott kommt im Wort zum Menschen, und der bleibt nicht, was er war.

Das Einziehen der Differenz zwischen Zeichen und Bezeichneten am Ort des Zeichengebrauchs führt vielmehr am Ort des Zeichen gebrauchenden Menschen zu Differenzierungen, die so vorher nicht möglich waren. So tritt dieses Ereignis im Leben eines Menschen als Widerfahrnis einer existentiellen *Dislozierung* und *Desorientierung* auf, durch das überhaupt erst ein Distanzaufbau zum Üblichen und Gewohnten möglich wird, ohne den es keine reflektierte Orientierung im Leben gibt. Dislozieren heißt dabei, ›durch etwas bzw. jemanden von etwas zu etwas verändert werden‹, d. h., es geht um einen *Ortswechsel* im weitesten Sinn eines *Orientierungswechsels,* der mit einem anderen Standpunkt einen anderen Orientierungshorizont eröffnet. Erfolgt ein solcher Wechsel durch einen selbst, also als *Selbstveränderung,* dann kann dieses Ereignis aktiv als *Handlung* bestimmt werden. Erfolgt er dagegen durch anderes bzw. andere oder einen anderen, dann geht es um eine *Fremdveränderung* und das Ereignis wird passiv als *Widerfahrnis* erlebt.

Wer disloziert wird, hat nicht mehr den Standpunkt von zuvor (Vorher), sondern einen anderen (Nachher). Vorher hat man nicht im Glauben gelebt, jetzt lebt man im Glauben. Diesen Wechsel kann man auf zwei Weisen beschreiben. Zum einen kann man ihn als eine Veränderung von einem Sosein zu einem Anderssein darstellen. Dann handelt es sich um ein Anderswerden, insofern man jetzt etwas ist, was man vorher nicht war: Man wandert in die USA aus, tritt in eine Kirche ein, wird Christ. Vorher war man kein Bürger der USA, kein Kirchenmitglied, kein Christ, jetzt ist man es. Zum anderen kann man diesen Wechsel aber auch als einen Übergang vom Nichtsein (Nichtglauben) zum Sein (Glauben) beschreiben. Dann handelt es sich um ein Werden bzw. Neuwerden, insofern man jetzt ist, während man vorher nicht war: Man wird geboren, man lebt im Glauben, man wird Christ. Anders als im ersten Fall ist Christsein so verstanden keine besondere Weise, als Mensch zu leben (also eine Sonderform des Menschseins), sondern im Gegenteil das unerwartete Widerfahrnis, als neuer Mensch zu leben (also ein neues Menschsein). Auch wer im ersten Sinn Christ geworden ist, muss es im zweiten Sinn noch werden, wie Kierkegaard nicht müde wurde zu betonen. Seine kritische Unterscheidung von Christentum und Christenheit, die Heidegger in seinem Vortrag ›Phänomenologie und Theologie‹ aufgreift, nimmt eben auf diesen Unterschied zwischen Anderswerden (Zustandsveränderung in einem Leben) und Werden bzw. Neuwerden (Beginn eines – neuen – Lebens) Bezug. Denn ist man so geworden, dass man nicht nur anders lebt, sondern überhaupt erst lebt, dann ist das keine Zustandsveränderung, sondern ein Neuwerden, das man nicht sich, sondern nur anderen zuschreiben kann, ja streng genommen, wenn es um ein Werden vom Nichtsein zum Sein geht, nur Gott, dem als Schöpfer für diese Schöpfung zu danken ist.

Radikale Theologie verknüpft im Blick auf ein Verstehen der Entstehung des Glaubens beide Sichtweisen. Sie versteht den Wechsel vom Nichtglauben zum Glauben nicht nur als ein

Anderswerden, sondern als ein Neuwerden, oder schärfer gesagt: Sie versteht *dieses* Anderswerden *als* Neuwerden. *Verstanden* wird dabei *rückwärts*: *Vom Glauben aus* wird das Vorher als *Nichtglauben* beschrieben. *Gelebt* dagegen wird es *vorwärts*: Vom Nichtglauben wird man zum Glaubenden – und erst von daher zeigt sich überhaupt, dass man vorher nicht bloß nicht geglaubt, sondern *im Unglauben gelebt hat*. Aus der Perspektive der neu gewordenen Glaubenden ist das ein Wechsel vom Nichtsein zum Sein. Man ist jetzt, *was* man vorher nicht war (Anderswerden), aber man versteht das als *Neuwerden*: Man *ist* jetzt, während man vorher *nicht war*. Deshalb können sich Glaubende nicht als Glaubende verstehen, ohne dem Schöpfer – und nicht etwa sich selbst oder nur anderen Menschen – zu danken: Sie *sind*, obwohl sie nicht hätten sein müssen und auch nicht sein könnten.

Insofern sie das Anderswerden von Nichtglaubenden zu Glaubenden als deren *Neuwerden* versteht, hat das Denken radikaler Theologie grundlegend metaphorische und paradoxale Struktur: Sie beschreibt das Anderswerden – vom Standpunkt des Neugewordenen her – *als* Neuwerden (Glauben), versteht also *rückwärts* vom Glauben her, was *vorwärts* als Wechsel vom Unglauben zum Glauben gelebt wurde. Indem sie beides festhält, also in zwei Sprachen spricht und zwei Diskurse in einer bestimmten Ordnung verbindet, wahrt sie die wechselseitige Andersheit beider Sichtweisen und stellt zugleich klar, dass nur vom Glauben her über den Nichtglauben als Unglauben gesprochen werden kann, umgekehrt der Glaube immer nur als eine Variation des (religiösen) Lebens von Menschen in den Blick kommt. Denken lässt sich der Unglaube nur vom Glauben aus, und wer diesen nicht denken kann oder will, für den wird auch der Unglaube kein Thema sein können.

13. Neuorientierung

Aus der beschriebenen Dislozierung und Desorientierung im Blick auf das Bisher ergibt sich die Aufgabe *steter Neuorientierung*. Das Ereignis der Dislozierung, des Orts- und Orientierungswechsels unterscheidet das Leben eines Menschen in ein Vorher und Nachher. Das *Vorher* ist aber nicht einfach das Alte, und das *Nachher* nicht das Neue. In (religions)wissenschaft-licher Perspektive kommt dieser Orientierungswechsel als Anderswerden in den Blick, als Wechsel zu einer bestimmten Weise, religiös zu leben, und damit empirisch und historisch als ein bestimmtes Kulturphänomen. Alt ist hier das biographisch und geschichtlich Vergangene und Vorherige, *neu* dagegen das Gegenwärtige und Aktuelle.

In der Perspektive radikaler Theologie dagegen wird dieses Anderswerden mit dem christlichen Glauben als ein *Neuwerden* durch Gott verstanden, und das nötigt dazu, das Vorher nicht mit dem Alten, und das Nachher nicht mit dem Neuen gleich-zusetzen, sondern sowohl das Vorher wie das Nachher unter dem Gesichtspunkt des Verhältnisses zur Gegenwart Gottes kritisch zu beurteilen. Im Blick auf das Vorher ist so zu unterscheiden zwischen dem, was vergeht und beendet ist (das Alte), und dem, was auf die Zukunft vorausweist (Anzeichen des Neuen); im Nachher muss immer wieder unterschieden werden zwischen dem, was Zukunft hat und aufgebaut wird (neues Leben), und dem, was zu Ende geht und abbaut (altes Leben); und diese Unterscheidung gilt es auch im Blick auf das Gegenwärtige immer wieder zu treffen, da vieles, das aktuell ist und Früheres abzulösen beansprucht, nicht etwa neu, sondern ganz und gar alt ist: Ohne hier die nötige Urteils- und Unterscheidungskraft zu entwickeln, wird man dem Fehler nicht entgehen, das jeweils Aktuelle mit dem Neuen und das Frühere mit dem Alten zu verwechseln. Doch so einfach ist es nicht. Das Alte ist ebenso im Aktuellen wie das Neue im Früheren zu finden. Die Unterscheidung der Zeiten ist mit der Unterscheidung des Alten und Neuen nicht gleichzusetzen, sondern Vergangenes, Gegenwärtiges und Zukünftiges sind in deren Licht immer wieder kritisch zu beurteilen. Die Nötigung zu dieser kritischen Differenzierung hält an, solange das Leben geht. Denn der existenzielle Orientierungswechsel im Gewahrwerden der Präsenz Gottes nötigt stets beides, das Vorher und das Nachher, das Vergangene, Gegenwärtige und Zukünftige eines Lebens im Licht dieser Präsenz Gottes differenziert zu verstehen und zu beurteilen.

Bultmann beschrieb diesen existenziellen Orientierungswechsel traditionell: *Menschen kommen zum Glauben,* Barth mit anderem Akzent: *der Glaube kommt zu den Menschen,* und hermeneutische Theologen wie Ebeling oder Fuchs brachten es mit Begriffen wie Wortgeschehen und Sprachereignis zum Ausdruck, die Gottes Veränderungswirken im menschlichen Leben als sich selbst verständlich machendes Zeichenereignis umschrieben. Wie immer man von diesem radikalen Orientierungswechsel spricht, der alles in ein anderes Licht rückt: Entscheidend ist, dass theologische Reflexion die Tatsache, *dass* das geschieht, von den Versuchen zu verstehen, *was* da geschieht, in aller Deutlichkeit unterscheidet. Dass Gott im Leben von Menschen Aufmerksamkeit findet und Menschen sich dadurch im Blick auf Gott ganz neu zu orientieren beginnen, ist keine Notwendigkeit und auch theologisch nicht als notwendig zu verstehen. Aber würde Gott keine Aufmerksamkeit finden und würde es einen solchen radikalen Orientierungswechsel im menschlichen Leben nicht geben, dann gäbe es theologisch auch nichts zu verstehen.

14. Gottes wirksame Gegenwart als Thema der Theologie

Dieses lebensverändernde Geschehen der Gottesgegenwart, nicht die geschichtliche, gesellschaftliche oder religiöse Wirklichkeit des Christentums, der Kirchen oder des Lebens von Christen für sich genommen, macht Theologie möglich und theologisches Nachdenken notwendig. Religionen gibt es viele, aber um sie zu verstehen, bedarf es keiner Theologie. Das Christentum ist ein geschichtliches und gesellschaftliches Phänomen, aber das lässt sich auch ohne Theologie erforschen. Christen und Kirchen können unter vielen Gesichtspunkten mit Gewinn studiert werden. Theologisch aber interessiert das alles nur um der Aufgabe willen, die Christen als Kirchen und als Einzelne in der Welt haben: auf Gott aufmerksam zu machen mit dem, was sie sagen (oder nicht sagen) und tun (oder nicht tun). Gottes Gegenwart als Gottes freie Selbstvergegenwärtigung zugunsten seiner Schöpfung zu bezeugen, ist der Sinn ihres Seins in der Welt.

Dieses ausdrückliche Zeugnis ist es, was Christen in theologisch relevanter Weise von anderen Menschen unterscheidet. Gerade dieses Zeugnis aber stellt klar, dass sie nur das sind, was andere auch sein könnten: ein lebendes Zeugnis für die Möglichkeit, sich und alles im Licht der Gegenwart Gottes zu verstehen, und ein gelebter Hinweis auf den Gewinn, den das für ein Leben bedeutet, aber auch auf die Schwierigkeiten, mit denen es zu rechnen hat.

Dass Menschen tatsächlich dazu kommen, ihr Leben so zu verstehen und zu leben, bleibt die unverfügbare Vorgabe des christlichen Zeugnisses. Christen können das weder bewirken noch herbeiführen, sondern nur anaphorisch bezeugen. Bedingung der Möglichkeit des radikalen Lebens- und Orientierungswechsels ist das unverfügbare Ereignis, von dem das christliche Zeugnis spricht, das es wahrmacht, dem sich der christliche Glaube verdankt und dem radikale Theologie nachdenkt: der Einbruch des Neuen in das Leben von Menschen. Dieser Einbruch kann überraschend und unübersehbar erfolgen oder kaum merklich als sich allmählich verstärkende Veränderung, die nur rückblickend deutlich feststellbar ist. So oder so wird das Leben von Menschen dadurch für diese auf Gottes Gegenwart hin durchsichtig und bringt sie dazu, im Licht dieser Gottesgegenwart nicht nur die Vergangenheit, Gegenwart und Zukunft ihres Lebens radikal neu zu verstehen, sondern ihr Leben auch auf neue Weise zu leben – als ein Leben des Glaubens in Dankbarkeit gegenüber Gott und im Erstaunen über den eigenen Unglauben.

Forum Theologische Literaturzeitung [ThLZ.F]

Andreas Feldtkeller
Theologie und Religion
Eine Wissenschaft in
ihrem Sinnzusammenhang
2002, Band 6
110 Seiten, Paperback
ISBN 978-3-374-01953-3
EUR 14,80 [D]

Eckart Reinmuth
Neutestamentliche Historik
Probleme und Perspektiven
2003, Band 8
88 Seiten, Paperback
ISBN 978-3-374-02066-9
EUR 14,80 [D]

Otto Kaiser
**Anweisungen zum gelingenden,
gesegneten und ewigen Leben**
Eine Einführung in die
spätbiblischen Weisheitsbücher
2003, Band 9
136 Seiten, Paperback
ISBN 978-3-374-02067-6
EUR 14,80 [D]

Christian Grethlein
**Kommunikation des Evangeliums
in der Mediengesellschaft**
2003, Band 10
120 Seiten, Paperback
ISBN 978-3-374-02086-7
EUR 14,80 [D]

Ingolf U. Dalferth
**Evangelische Theologie
als Interpretationspraxis**
Ein systematische Orientierung
2004, Band 11/12
208 Seiten, Paperback
ISBN 978-3-374-02120-8
EUR 18,80 [D]

Christoph Markschies
**Warum hat das Christentum
in der Antike überlebt?**
Ein Beitrag zum Gespräch
zwischen Kirchengeschichte und
Systematischer Theologie
2. Auflage 2005, Band 13
68 Seiten, Paperback
ISBN 978-3-374-02187-1
EUR 12,80 [D]

Helmut Goerlich/Wolfgang Huber/
Karl Lehmann
Verfassung ohne Gottesbezug?
Zu einer aktuellen
europäischen Kontroverse
2004, Band 14
88 Seiten, Paperback
ISBN 978-3-374-02254-0
EUR 14,80 [D]

EVANGELISCHE VERLAGSANSTALT
Leipzig

www.eva-leipzig.de

Forum Theologische Literaturzeitung [ThLZ.F]

Ulrich Kühn
Zum evangelisch-katholischen Dialog
Grundfragen einer
ökumenischen Verständigung
2005, Band 15
96 Seiten, Paperback
ISBN 978-3-374-02279-3
EUR 14,80 [D]

Martin Greschat
Kirchliche Zeitgeschichte
Versuch einer Orientierung
2005, Band 16
112 Seiten, Paperback
ISBN 978-3-374-02318-9
EUR 14,80 [D]

Ingolf U. Dalferth (Hrsg.)
Eine Wissenschaft oder viele?
Die Einheit evangelischer Theologie in der Sicht ihrer Disziplinen
2006, Band 17
144 Seiten, Paperback
ISBN 978-3-374-02353-0
EUR 16,80 [D]

Bernhard Dressler
Unterscheidungen
Religion und Bildung
2006, Band 18/19
208 Seiten, Paperback
ISBN 978-3-374-02416-2
EUR 18,80 [D]

Werner Thiede
Theologie und Esoterik
Eine gegenseitige
Herausforderung
2007, Band 20
104 Seiten, Paperback
ISBN 978-3-374-02481-0
EUR 16,80 [D]

Jörg Lauster
Zwischen Entzauberung und Remythisierung
Zum Verhältnis von
Bibel und Dogma
2008, Band 21
112 Seiten, Paperback
ISBN 978-3-374-02599-2
EUR 16,80 [D]

Hans-Martin Rieger
Altern anerkennen und gestalten
Ein Beitrag zu einer
gerontologischen Ethik
2008, Band 22
160 Seiten, Paperback
ISBN 978-3-374-02651-7
EUR 18,80 [D]

Ingolf U. Dalferth
Radikale Theologie
2010, Band 23
264 Seiten, Paperback
ISBN 978-3-374-02786-6
EUR 18,80 [D]

EVANGELISCHE VERLAGSANSTALT
Leipzig

www.eva-leipzig.de

Bezugsmöglichkeiten im Abonnement:

Die Theologische Literaturzeitung erscheint monatlich als gedrucktes Heft sowie als Volltext unter **www.thlz.de** zur Recherche nach Erscheinungstermin, Verlag sowie theologischen Fächern (Sparten), Autor bzw. Herausgeber, Schlagworten in Titel und Untertitel.

Das Vollabonnement umfasst die Lieferung von 12 Heften in 11 Ausgaben sowie den Zugriff auf die komplette Internetrecherche und Volltextanzeige in allen Ausgaben seit 1996.

Bezugspreise Vollabonnement:

Deutschland einschl. Zustellung und 7 % MwSt.:		Ausland einschl. Zustellung per Luftpost, zuzügl. 7 % MwSt.:	
- Jahresabo Privatkunden	€ 136,00	- Jahresabo Privatkunden	€ 169,00
- Jahresabo Institutionen	€ 168,00	- Jahresabo Institutionen	€ 198,00
- Einzelheft	€ 16,80	- Einzelheft	€ 19,80

Das Spartenabonnement für die einzelnen theologischen Fächer beinhaltet kein gedrucktes Heft sondern nur die Recherche und Volltextanzeige unter **www.thlz.de** in dem abonnierten Spezialfach (Sparte) in in allen Ausgaben seit 1996.

Bezugspreise Spartenabonnement (incl. 19% MWSt.):

Altertumswissenschaft	€ 30,-	Kirchengeschichte Alte Kirche,	
Christliche Kunst und Literatur	€ 30,-	christl. Archäologie	€ 42,-
Kirchenrecht	€ 30,-	Religionswissenschaft	€ 42,-
Missionswissenschaft	€ 30,-	Dogmen- und Theologiegeschichte	€ 42,-
Kirchengeschichte 20. Jahrhundert	€ 30,-	Systematische Theologie: Ethik	€ 42,-
Judaistik	€ 36,-	Systematische Theologie: Dogmatik	€ 42,-
Kirchengeschichte Mittelalter	€ 36,-	Religionspädagogik, Katechetik	€ 42,-
Kirchengeschichte Reformation	€ 36,-	Philosophie, Religionsphilosophie	€ 48,-
Kirchengeschichte Neuzeit	€ 36,-	Praktische Theologie	€ 48,-
Ökumenik, Konfessionskunde	€ 36,-	Altes Testament	€ 54,-
		Neues Testament	€ 66,-

EVANGELISCHE VERLAGSANSTALT
Leipzig

www.eva-leipzig.de